HELMUT HABERKAMM
ANNALENA WEBER

Kleine SAMMLUNG *fränkischer* DÖRFER

ARS
VIVENDI

IMPRESSUM

Bei der Realisierung dieses Buches ließen wir größtmögliche Sorgfalt walten. Falls dennoch Informationen falsch oder inzwischen überholt sein sollten, bedauern wir dies, können aber auf keinen Fall eine Haftung übernehmen. Korrekturvorschläge und Anmerkungen an: lektorat@arsvivendiverlag.de

Quellen

S. 12/13	Bayerisches Landesamt für Statistik (Zensus 2011); Wikipedia (aktual. Städtedaten zu Zensus 2011, Stand: 09/2018)
S. 56/57	Bayerisches Landesamt für Statistik (2017)
S. 100/101	Wikipedia (Stand: 09/2018)
S. 140/141	Werner König, Kleiner Bayerischer Sprachatlas, 3. korr. u. überarb. Auflage, München 2009; Wikipedia (Stand: 09/2018)
S. 184/185	Bayerisches Landesamt für Statistik (2017)
S. 222/223	Bayerische Landesanstalt für Weinbau und Gartenanbau (2017/2018); www.franken-bierland.de (Stand: 09/2018)

Die Dorfkarten und Dörfer-Statistiken entstanden im Austausch mit den Ansprechpartnerinnen und Ansprechpartnern vor Ort. Herzlichen Dank für die Mithilfe!

Originalausgabe
3. Auflage 2020

Bauhof 1, 90556 Cadolzburg

www.arsvivendi.com

Konzept, Grafik, Illustration, Umschlag: Annalena Weber – Buchdesign
Text: Helmut Haberkamm
Druck: Pustet, Regensburg
Printed in Germany
ISBN 978-3-86913-990-6

INHALT

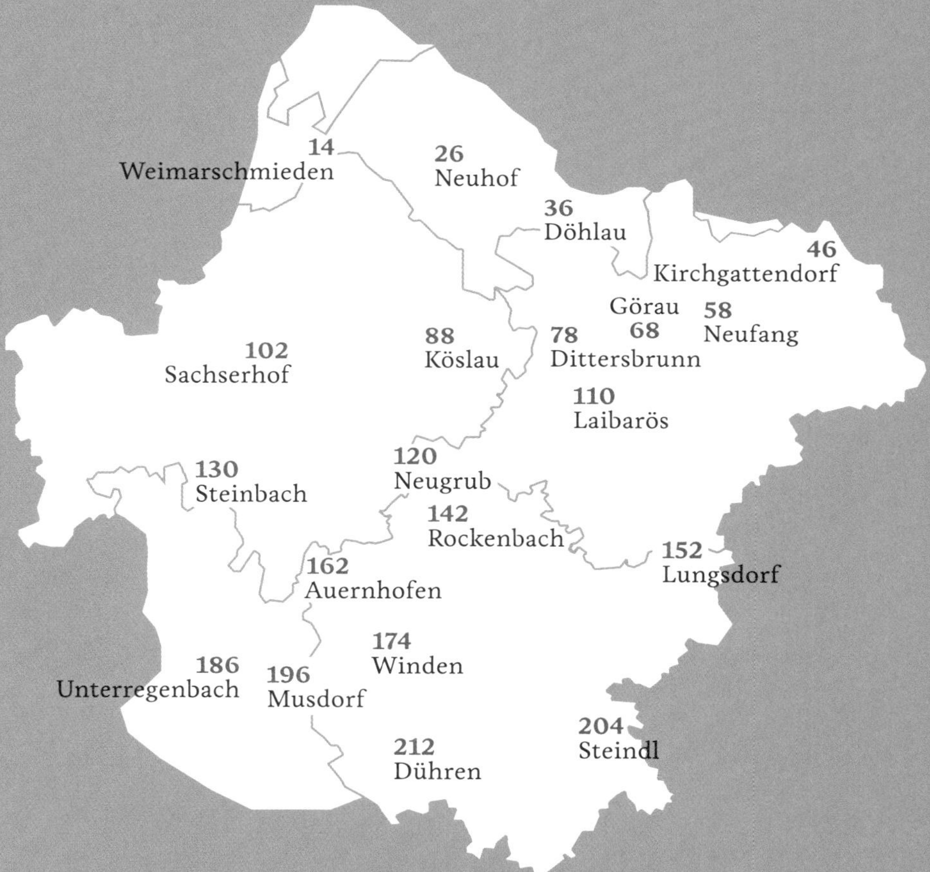
14
Weimarschmieden
26
Neuhof
36
Döhlau
46
Kirchgattendorf
Görau
58
68
Neufang
88
Köslau
78
Dittersbrunn
102
Sachserhof
110
Laibarös
130
Steinbach
120
Neugrub
142
Rockenbach
152
Lungsdorf
162
Auernhofen
174
Winden
186
Unterregenbach
196
Musdorf
204
Steindl
212
Dühren

WAS IST FRANKEN?

Sucht man nach Bildern von Franken, findet man Burgen und Schlösser, Kirchen und Bürgerhäuser, Fachwerk und Sandstein. Ein Kleinod neben dem anderen. Von Meisterwerken und Prunkstücken ist da die Rede, entzückt schwärmt man von Weltruf und Höhepunkten. Meist handelt es sich um Bauten lang verstorbener Bischöfe oder Markgrafen, Aristokraten oder Patrizier.

Oft sieht man auch Kulinarisches: Wein und Bier, Wurst und Brot. Die Region hat in dieser Hinsicht auch so manches zu bieten: Klöße, Schäufele, Bratwürste, Karpfen, Forellen, Spargel, Meerrettich, Schnäpse, Lebkuchen, Küchle. Die Prospekte überbieten sich mit Spezialitäten, Köstlichkeiten und Delikatessen.

Dann folgen gleich die Events, Festivals und Volksfeste: Kinderzeche und Meistertrunk, Bardentreffen und Bergkerwa, Blaue Nacht und Bratwurstgipfel. Ganz zu schweigen von Musikspektakeln zu Wagner, Bach und Mozart, zu Samba, Afrika und Karibik.

Zuletzt ist die Rede von Rad- und Wanderwegen, Gasthöfen, Museen und Weihnachtsmärkten. Angesichts von Etiketten wie Weltkulturerbe und Naturpark, Biosphärenreservat und Genussregion kommt man leicht ins Grübeln: Was haben diese Aushängeschilder von Franken mit dem Alltagsleben der Menschen zu tun? Sind diese werbewirksamen Attraktionen und Klischees bestimmend und aussagekräftig für die »ganz normalen« Menschen dieser Gegend?

Was prägt und beeinflusst das Denken und Empfinden der Einwohner in den kleinen Orten »draußen auf dem flachen Land«? Im vermeintlichen »Kaff in der Pampa«, wie man es vorschnell abtut und belächelt.

Da ist die liebliche Landschaft voller Abwechslung und Anmut, mit einer Kleinräumigkeit, die man als Enge oder auch als Vielfalt wahrnehmen kann.

Aber wie lebt es sich hier für die Einwohner? Zumal im sehr kleinen Dorf? Was verbinden sie mit ihrem Wohnort? Was schätzen sie, was vermissen sie? Was ärgert sie, was hält sie?

Solche Fragen trieben mich hinaus auf die Dörfer, die Weiler. Zu den Provinzlern, ihren Geschichten und Ansichten. Zu einem Verständnis von Heimat, das nicht von oben, von den Großstädten und Sehenswürdigkeiten her gespeist wird, sondern von unten, vom Unscheinbaren und scheinbar Unbedeutenden.

Alle in diesem Buch vertretenen Dörfer haben weniger als 150 Einwohner, die meisten sogar unter hundert. So lautete die Bedingung. Aus der großen Menge an vorgeschlagenen und empfohlenen, besuchten und erwogenen Orten wählten wir die hier versammelten zwanzig »kleinen Dörfer« aus, weil sie etwas Anziehendes ausstrahlen und repräsentativ verteilt sind. Es sollten Ortschaften sein, in die man normalerweise nie hinkommt, die einen überraschen und ins Staunen bringen. Also keine Touristenorte und keine öden, abschreckenden »Käffer«. Schon beim ersten Besuch in einem Dorf spürt man intuitiv die Anziehungskraft eines Ortes, die Aufgeschlossenheit und Lebensfreude seiner Bewohner, ihren Gemeinschaftssinn und Zusammenhalt. Unvoreingenommen ließ ich mich auf jedes einzelne Dorf ein, widmete ihm mindestens zwei oder drei Tage und war gespannt, wem ich begegnen würde und was er oder sie mir über den Ort zu erzählen hätte. Entscheidend waren dabei stets die Gesprächspartner, ihre Kooperationsbereitschaft und die Qualität ihrer Informationen. Teilweise boten sich diese Einheimischen selbst an oder wurden uns als kundige Gewährsleute genannt, teilweise lagen auch Zufallsbegegnungen vor Ort zugrunde. Die Unterhaltungen fanden auf der Straße oder in der Kneipe statt, aber auch in Privathäusern oder am Gartenzaun – je nachdem, wie es sich gerade anbot. Bei den Befragungen verhielt ich mich möglichst

Ein Verständnis von Heimat, das nicht von oben, von den Großstädten und Sehenswürdigkeiten her gespeist wird, sondern von unten, vom Unscheinbaren und scheinbar Unbedeutenden.

neutral, blieb in erster Linie neugieriger Stichwortgeber und interessierter Zuhörer, versuchte wie eine Kamera zu beobachten und aufzuzeichnen, um das Erfahrene schlaglichtartig festzuhalten und in Sprache zu fassen. Vollständigkeit war dabei niemals das Ziel. Genauso wenig sollte eine Art Reiseführer entstehen, mit Serviceteil sowie Einkehr- und Einkaufstipps. Was uns vorschwebte, war eine Sammlung von literarischen Essays, ergänzt mit anschaulichen und aufschlussreichen Fakten, um Franken als Kulturregion (neu) zu entdecken.

Ursprünglich beabsichtigte ich, bewusst Kritisches und Fragwürdiges aufzuspüren und herauszustellen, zum Beispiel die Zerstrittenheit und Missgunst in so manchen Familien und Ortschaften, die Verdrängung der Nazi-Verstrickungen, die Ausgrenzung von Fremden und Andersdenkenden. Dann wurde mir klar, dass mit einer solchen negativen Sicht, einer Bloßstellung von Menschen, niemandem gedient wäre. Viel wichtiger erschien es mir, Erfreuliches und Beeindruckendes kennenzulernen, das wiederum anregend und ermutigend wirken kann. Und ehrlich gesagt war ich selbst überrascht, auf wie viel Sympathisches und Kostbares man stößt, wenn man anfängt, sich intensiver auf einen (unbekannten) Ort einzulassen und mit zunächst wildfremden Menschen ins Gespräch zu kommen.

Bei der Auswahl der fränkischen Dörfer war es uns wichtig, nicht nur alle drei Regierungsbezirke angemessen zu berücksichtigen, sondern auch Franken als historisch alten Sprach- und Kulturraum in Erinnerung zu rufen, der über das heutige Bundesland Bayern hinausweist. Deshalb gehören auch die Dörfer aus dem Henneberger Land südlich des Rennsteigs sowie aus dem Hohenlohischen gleichberechtigt in dieses Buch mit hinein. Sie verdeutlichen, dass der Kulturraum Franken weit über tausend Jahre in die Geschichte zurückreicht und bis heute relevant und erfahrbar geblieben ist. Zudem wird einem so

Es gibt Hunderte, Tausende solche Dörfer – aber ein einziges genügt, um uns etwas wirklich Wesentliches zu erzählen.

bewusst, dass (macht-)politische Grenzen und Verwaltungseinheiten immer vergänglich und von daher prinzipiell auch fließend und veränderbar sind.

Natürlich ist die Auswahl dieser zwanzig Dörfer subjektiv, anders geht es ja gar nicht. Aber sie ist hoffentlich nachvollziehbar, ergiebig, abwechslungsreich und inspirierend. Wir wollen Beispiele dafür geben, was man lernen und erfahren kann, wenn man sich aufmacht und einen noch so kleinen Ort genauer unter die Lupe nimmt.

Es gibt Hunderte, Tausende solche Dörfer – aber ein einziges genügt, um uns etwas wirklich Wesentliches zu erzählen. Der kleinste Ort kann zur Schatzkammer werden – man muss nur genau hinschauen und hineinhorchen, nachschlagen und nachfragen, zuhören und erinnern, weitergeben und beherzigen. Er kann zu einem Spiegel werden für die eigene Familie und Lebensgeschichte. Wer denkt, er oder sie kenne Franken bereits, wird so rasch eines Besseren belehrt.

Von daher lautet unsere Empfehlung: Machen Sie sich auf, um Ihre eigenen kleinen fränkischen Dörfer zu entdecken und neu wertzuschätzen. Eine Bereicherung ist es allenthalben, vielleicht sogar eine Anstoß gebende Erfahrung. Wie wollen wir die Welt verstehen, wenn wir das Ureigene weder kennen noch erkunden? Selbst-Bewusstsein beginnt nicht mit Fahnen und Reden, sondern mit Wissen und Kennen.

Wir leben in einer Zeit rasant zunehmender Monokultur. Das sieht man in der Landschaft, der Tier- und Pflanzenwelt. Genauso aber auch in der ästhetischen Ödnis der wuchernden, immer gleichen Gewerbegebiete und Einkaufsmärkte, der Neubausiedlungen, Ortsränder und Straßen. Wir werden überflutet von mitunter banalen Serien, Sendungen und Werbefilmen, von medial aufbereiteten Meldungen über Promis und Stars – Spielereien und Moden, die mit unserem konkreten Leben oft nichts zu tun haben.

Dieser Belanglosigkeit und Verflachung gilt es etwas Positives entgegenzusetzen. Insofern steckt in diesem Buch auch ein Plädoyer für Vielfalt und Eigenheit, für Individualität im Alltäglichen und für das vermeintlich Provinzielle im Besonderen. Beim Lesen können wir im besten Fall sogar erfahren, woher unsere Prägungen kommen, wie unsere (fränkische) Gegenwart

Wir bedanken uns ganz herzlich bei allen unseren Unterstützerinnen und Unterstützern für das aufrichtige Interesse, die wertvollen Ratschläge und die finanziellen Beiträge, die dieses Buchprojekt erst möglich gemacht haben. Namentlich seien genannt:

Karin Abele · Rainer Applis · Anita Bardenbacher · Thorsten Best · Ralf Birke · Familie Bräuninger · Erwin Christofori · Norbert Dietz · Per Dittmann · Bernhard Engelhardt · Hanna und Heiner Ermann · Benedikt Feser / Verein Unterfränkisch · Franconian Society · Wolf Eike Gellinek · Stella Held · Martin Hoheisel · IG herzoGästeführer · Doris M. Ittner · Stefan Kappner · Helga Karner · Peter Kenkel · Simone Kleeberger · Michael Leibrecht / quatschen.de · Daniela Merkl · Sabine Niemann / Dölling und Galitz Verlag · Eberhard Oertel · Ofenstudio Bienert GmbH · Sabine Pfahl · Elisabeth Preuß · Horst Prosch · Petra Raymond · Gerd Richter · Hermann Riederer · Christoph Riekert · Eckehard Rossberg · Sabine Schmid · Paula Schmidt · Johannes Seyerlein · Oliver Schwinn · Martin Truckenbrodt · Universitätsbuchhandlung Korn & Berg / Nürnberg · Marion Voigt · Victoria Walter · Familie Weber · Susanne Weissman · Harald Wietasch · Cameron Wright ·

ANNALENA WEBER, 1987 in Münster geboren, ist aufgewachsen im Dorf Frohnhof in Mittelfranken, studierte Kommunikationsdesign in Stuttgart und Book Design in Reading, England. Heute arbeitet sie als freischaffende Buchdesignerin in Hamburg.
www.annalenaweber.com

HELMUT HABERKAMM wurde 1961 in Dachsbach geboren und ist dort, im mittelfränkischen Aischgrund, aufgewachsen. Er ist promovierter Germanist, Anglist und Amerikanist und als Mundartdichter, Theater- und Romanautor sowie als Betexter von Bäckereitüten und Kunstfotografien tätig. Haberkamm lebt in Spardorf.
www.helmuthaberkamm.de

so geworden ist, wie sie ist. Welche Möglichkeiten es gäbe, unsere Lebenswelt zu gestalten und positiv zu verändern.

Aber auch, welche Abgründe sich auftun, wenn man zurückschaut in die Vergangenheit: Kriege, Seuchen, Schicksalsschläge, viel Armut und Not, und immer wieder Gewalt und Tod. Im kleinsten Dorf findet man solche Geschichten und ihre Spuren. Die Erinnerung und Überlieferung helfen uns jedoch, die eigene Gegenwart besser zu durchleuchten, wichtige Einsichten zu gewinnen, Errungenschaften wertzuschätzen – und damit auch zufriedener und dankbarer zu werden.

Dieses Projekt beruht auf einer Idee von Annalena Weber. Für die Abschlussarbeit ihres Studiums nahm sie insgesamt 19 Weiler aus den unterschiedlichen deutschen Bundesländern unter die Lupe und stellte diese mit Texten und Grafiken in Buchform eindrucksvoll dar. Die Kulturregion Franken auf ganz ähnliche Weise zu untersuchen und zu präsentieren, das war unser Vorhaben. Bei der Planung im Jahr 2017 war schnell klar, dass dies zeitaufwendig, anstrengend und kostspielig werden würde. Aus diesem Grunde erschien es nur realisierbar, wenn von Anfang an eine Grundfinanzierung gesichert wäre. Also wagten wir eine öffentliche Crowdfunding-Aktion, die schnell erstaunlich viele Freunde und Geldgeber fand. In wenigen Wochen war eine wirklich ansehnliche Summe zusammengekommen – und damit der Weg frei für die Umsetzung. Nur so konnten wir uns überhaupt an die Arbeit machen – nur deshalb gibt es nun dieses Buch. Von daher ein herzliches Dankeschön an alle unsere Förderer und Unterstützer – Sie haben mitgeholfen, etwas Außergewöhnliches, Schönes und Wertvolles in die Welt zu bringen. Wir hoffen, das Buch bereitet Ihnen, aber auch allen anderen Käufern und Lesern, genauso viel Freude wie uns.

Helmut Haberkamm
Annalena Weber
September 2018

UNTERFRANKEN

Bevölkerung 1 313 152 Personen
Gesamtfläche 8 531,39 km²
Bevölkerungsdichte 154 Personen / km²
Verwaltungssitz Würzburg
Durchschnittsalter 44,6 Jahre
Stadt-/Landbevölkerung
ca. 22,1 % in größeren Städten
ca. 77,9 % in Kleinstädten / Dörfern

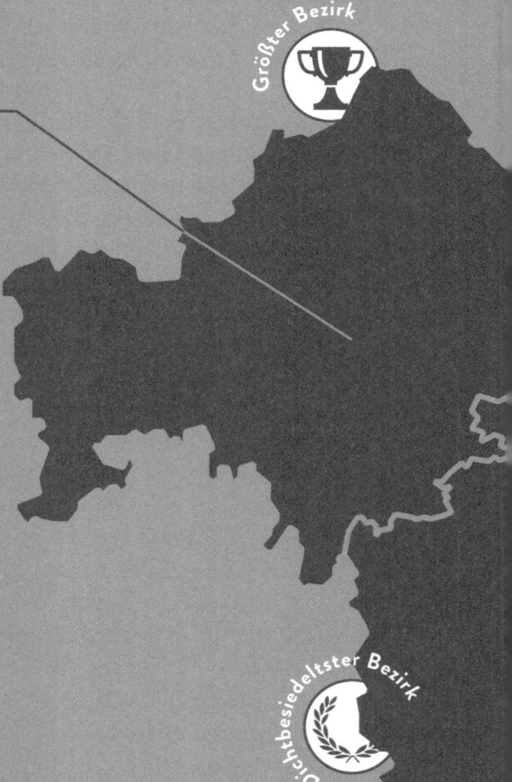

Würzburg 126 010 EinwohnerInnen
Aschaffenburg 69 187 EinwohnerInnen
Schweinfurt 52 724 EinwohnerInnen
Bad Kissingen 21 879 EinwohnerInnen
Kitzingen 20 892 EinwohnerInnen

FRANKEN

Gesamtbevölkerung 4 137 263 Personen
Gesamtfläche 23 007,76 km²
Bevölkerungsdichte 181 Personen / km²
Durchschnittsalter 44,5 Jahre
Stadt-/Landbevölkerung
ca. 32,4 % in größeren Städten
ca. 67,6 % in Kleinstädten / Dörfern

Bamberg 75 743 EinwohnerInnen
Bayreuth 73 065 EinwohnerInnen
Hof 45 183 EinwohnerInnen
Coburg 41 071 EinwohnerInnen
Forchheim 31 942 EinwohnerInnen
Kulmbach 25 853 EinwohnerInnen
Lichtenfels 20 064 EinwohnerInnen

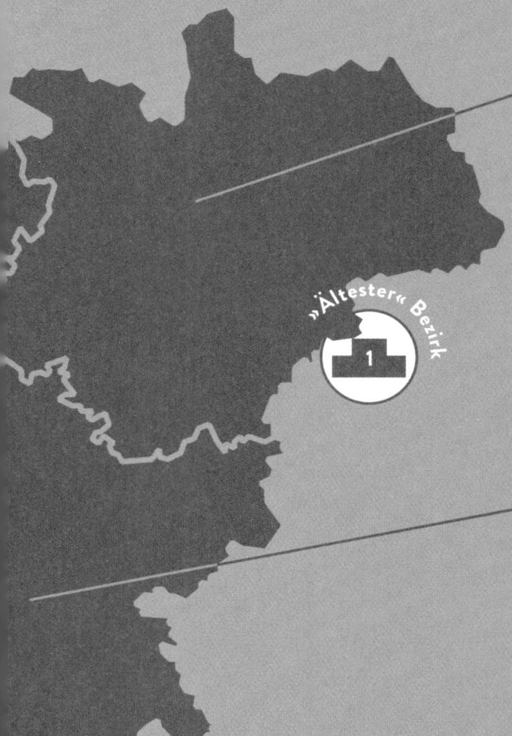

OBERFRANKEN

Bevölkerung 1 065 724 Personen
Gesamtfläche 7 231,48 km^2
Bevölkerungsdichte 147 Personen / km^2
Verwaltungssitz Bayreuth
Durchschnittsalter 45,2 Jahre
Stadt-/Landbevölkerung
ca. 22,3 % in größeren Städten
ca. 77,7 % in Kleinstädten / Dörfern

MITTELFRANKEN

Bevölkerung 1 758 387 Personen
Gesamtfläche 7 244,89 km^2
Bevölkerungsdichte 243 Personen / km^2
Verwaltungssitz Ansbach
Durchschnittsalter 43,7 Jahre
Stadt-/Landbevölkerung
ca. 52,9 % in größeren Städten
ca. 47,1 % in Kleinstädten / Dörfern

Nürnberg 511 628 EinwohnerInnen
Fürth 125 403 EinwohnerInnen
Erlangen 110 238 EinwohnerInnen
Ansbach 41 532 EinwohnerInnen
Schwabach 40 707 EinwohnerInnen
Lauf an der Pegnitz 26 378 EinwohnerInnen
Zirndorf 25 515 EinwohnerInnen
Roth 25 102 EinwohnerInnen
Herzogenaurach 23 081 EinwohnerInnen

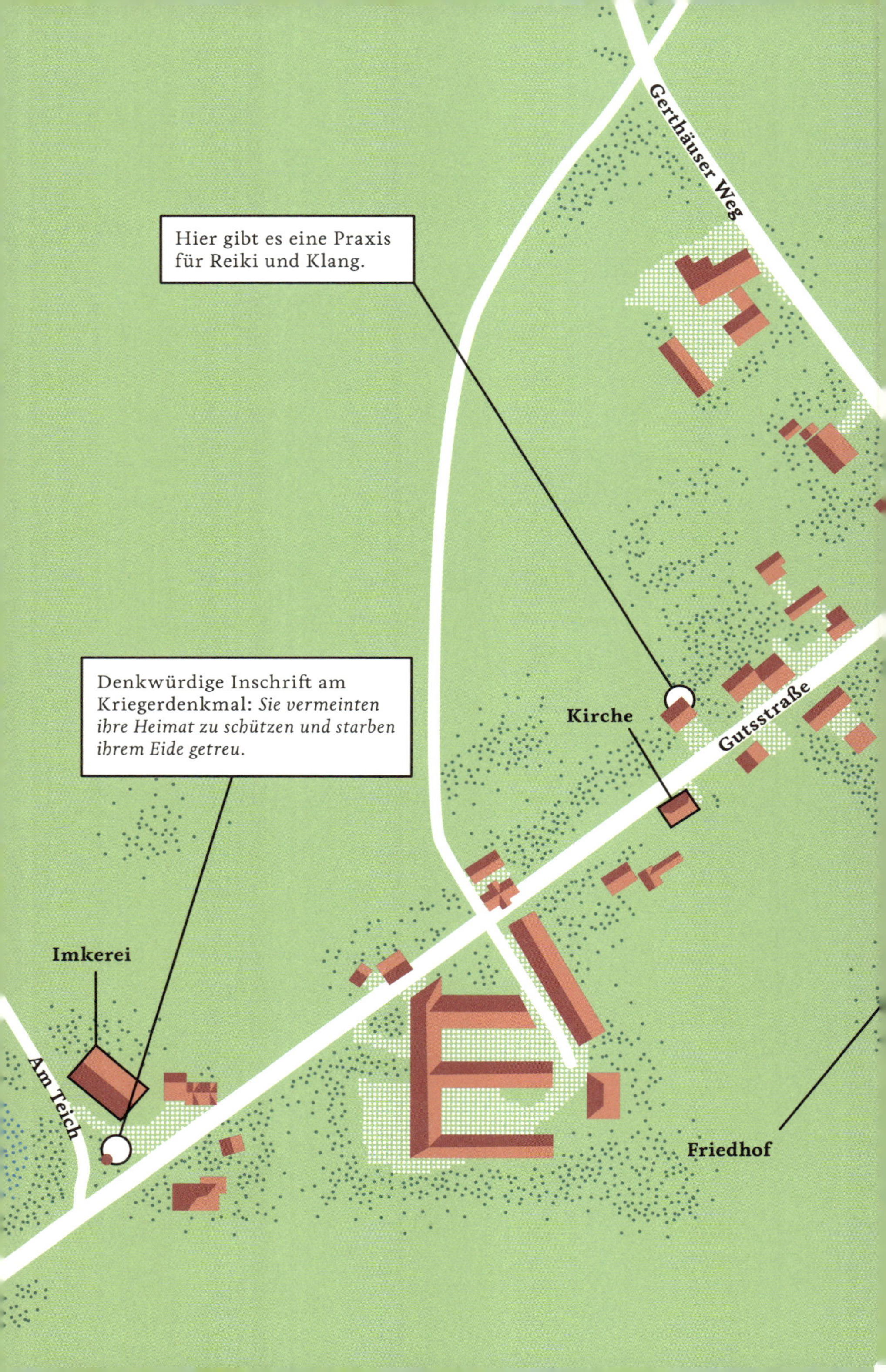
Gerthäuser Weg
Hier gibt es eine Praxis für Reiki und Klang.
Denkwürdige Inschrift am Kriegerdenkmal: *Sie vermeinten ihre Heimat zu schützen und starben ihrem Eide getreu.*
Kirche
Gutsstraße
Imkerei
Am Teich
Friedhof

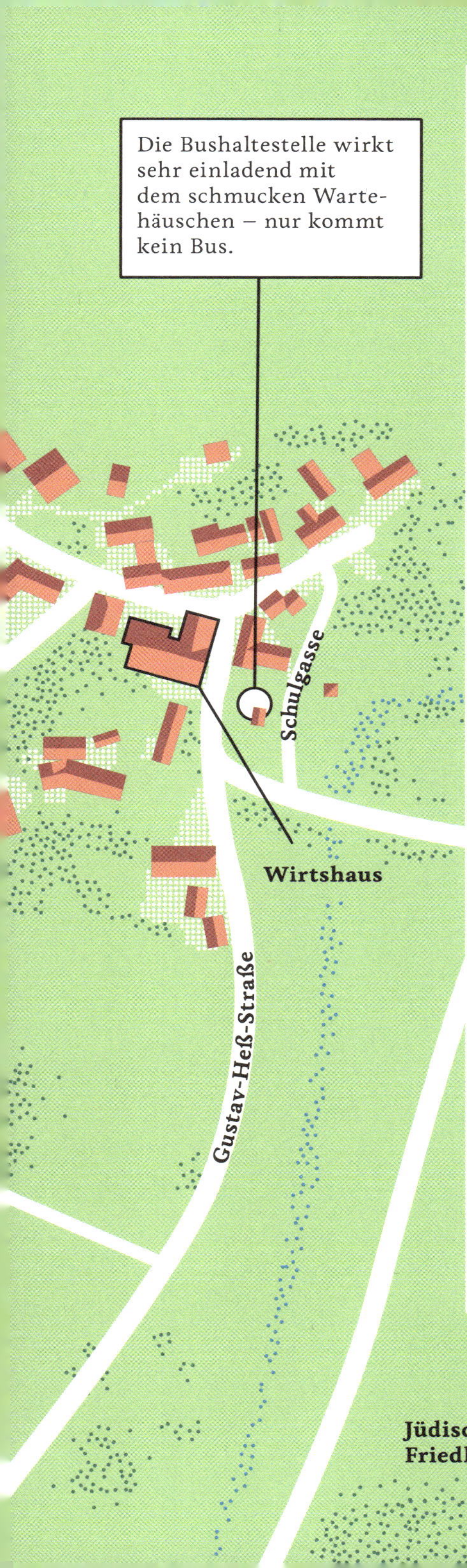

Weimarschmieden

Weimarschmiedn

(rhönfränkisch)

Gemeinde Fladungen
Landkreis Rhön-Grabfeld
Bezirk Unterfranken

Dorffeste Feuerwehrfest, Backhausfest, Oktoberfest

Vereine Freiwillige Feuerwehr

Der Name **Weimarschmieden** kommt von der Schmiede als Keimzelle und erinnert an sächsische Landesherren.

Weimarschmieden wurde das erste Mal 1317 urkundlich erwähnt.

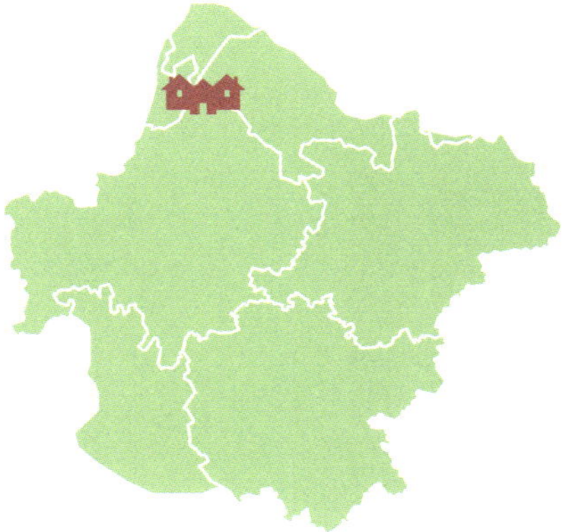

WEIMARSCHMIEDEN

Ein bunter Haufen im Dreiländereck

Dies ist das Dorf der Individualisten und Neuzugezogenen. Ein zusammengewürfelter Haufen. Jeder kommt woanders her, jeder darf dazugehören. Auch wer nicht dazugehören will, ist ein Teil des Ganzen. Beim Frühschoppen sitzt eine bunte Mischung am Wirtshaustisch: je einer aus Schlesien, Hannover, Leipzig, Hessen.

Der eine ist schon seit Jahrzehnten hier, der andere kommt nur am Wochenende und will als Rentner ganz hierherziehen. »Früher wollte man keine Fremden haben, aber heute sind alle aufgeschlossen«, ist man sich einig, »deine Freiheit wird respektiert.« »Die Eingeborenen werden ausgezüchtet«, bemerkt einer lächelnd. »Als Zugereister hast du es hier leicht«, sagt eine drahtige Ruheständlerin aus Frankfurt, die in den Siebzigerjahren hierherkam. »Ich glaub, es gibt keinen toleranteren Flecken als dieses Dorf. Jeder darf sein, was er ist. Wenn einer ruft, sind alle da.«

Es ist ein abgeschiedener und einladender Ort, aber auch einer mit Merkwürdigkeiten zuhauf. Das fängt schon mit einer Bushaltestelle an, die ein Schild aufweist sowie ein Wartehäuschen mit Fahrplan und Fahrtzeiten. Die Einheimischen beschwören jedoch, dass noch niemals ein Bus gekommen ist.

Die evangelische Kirche wurde 1804 von einem Grundherrn erbaut, und einmal im Monat findet auch ein Gottesdienst darin statt, zugleich wird begrüßt, dass im Ort die Konfession »Gott sei Dank« keinerlei Rolle spiele, dafür umso mehr Offenheit, Humor und Respekt. Kurioserweise ist der kleine, schön gelegene Friedhof außerhalb des Dorfes: »ohne Protz, kein Schnickschnack«. Es gibt keinen direkten Verbindungsweg vom Gotteshaus zum Totenacker.

Auch die Häuser bezeugen diese Eigenwilligkeit. Neben den Fachwerk- und Sandsteinhäusern stößt man unvermittelt auf ein Holzhaus aus Baumstämmen wie im amerikanischen Westen oder auf Häuser im Cottage-Stil. Da gibt es ein ehemaliges Zöllnerhaus, bei einem anderen ist ein Trafoturm mit ins Haus integriert. Da sieht man viele Gartenzwerge, dort prangt ein auffälliges Schwalben-Graffito an einer Hauswand. »Nix passt zusammen, aber es funktioniert gut«, sagt die adrette Geschäftsfrau aus Frankfurt, die vor mehr als vierzig Jahren ihr erstes Haus hier kaufte. Inzwischen besitzt sie acht, unter anderem die ehemalige Kinderbewahranstalt, ein schönes altes Fachwerkhaus. Sie rettet so manches alte Gebäude, lässt es herrichten, um es Einwohnern zur Verfügung zu stellen. »Sie ist ein Segen für den Ort«, heißt es.

Weimarschmieden ist so ziemlich das nördlichste Dorf Bayerns und liegt genau im Dreiländereck Franken, Hessen, Thüringen. Bis 1990 war es auf drei Seiten durch die innerdeutsche Grenze abgeriegelt.

Größere Bekanntheit erlangte das Dorf durch ein dreitägiges Jazz-Festival, das in den Siebzigerjahren als privates Dorffest begann und bis 1989 immer größere Besuchermassen anzog. Die Eigenleistung der Dorfbewohner und der vielen ehrenamtlichen Helfer war enorm. Es kostete keinen Eintritt, alles lief über Spenden, und Tausende kamen. »Wir hatten Glück, es ist nie etwas passiert: kein Unfall, keine Randale, kein Brand.« Dann jedoch wurden die Auflagen immer drückender, die Befürchtungen größer, sodass man beschloss, mit dem Festival im Juli 1989 das Ganze zu beenden. »Das war gut so, mit den

10 katholisch **12** evangelisch
00 andere **24** konfessionslos

Keine Busverbindung
in die nächste Stadt

02 Familien mit
Migrationshintergrund

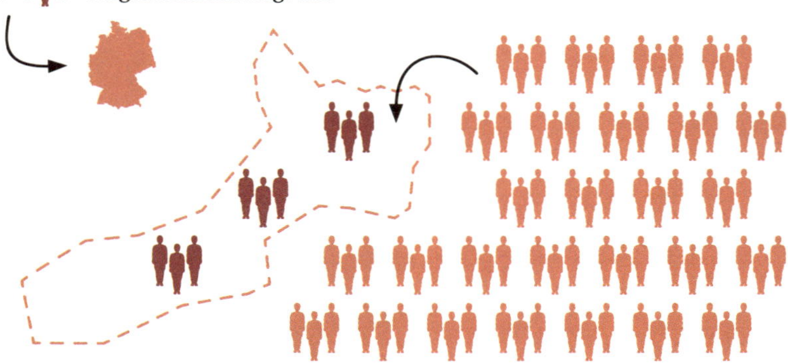

03 Alteingesessene Familien
27 Zugezogene Familien

zusätzlichen Besuchern aus dem Osten wäre alles aus dem Ruder gelaufen. So gab es keinen Niedergang, und die Legende lebt weiter.«

Weimarschmieden ist ein Ort voller Geschichte. Ein Zeilendorf, die Anwesen aufgereiht entlang der Straße. Entstanden ist es aus zwei Rittergütern: Vorder- und Hinterweimarschmieden. Das eine ist als Gutshof, das andere als Wirtshaus heute noch vorhanden. Die adeligen Herren besaßen das Land und den Wald. Zwischen den Gütern entstanden dann die Häuser der Arbeiter, Tagelöhner, Kleinbauern und Handwerker. Sie besaßen kaum Grund und Geld, dafür viele Kinder, und lebten in armseligen Gebäuden. Wie der Speiseplan damals aussah, beschreibt ein alter Kindervers so: »Kartoffel und Brüh in aller Früh, Mittag Kartoffel und Sauerbrüh. Kartoffel und Brüh zu jeder Zeit, Kartoffel und Brüh in Ewigkeit!« Das erste Paar Lederschuhe bekam man zur Konfirmation, vorher lief man barfuß oder in Holzschuhen. Unterwäsche kannte man weder bei Kindern noch bei Erwachsenen. Vielen jungen Paaren wurde die Genehmigung zur Heirat verweigert, weil sie entweder kein Geld besaßen oder weil sie als unwürdige, liederliche Subjekte erachtet wurden. Kein Wunder, dass jedes zweite Kind unehelich auf die Welt kam, meist mit amtlich nicht bekanntem Vater. Waren die Tagelöhner nicht mehr arbeitsfähig, musste ihre Heimatgemeinde sie wieder aufnehmen und versorgen.

Das Leben der Gutsbesitzer klingt wie ein Kinofilm. Oft wollten sie mit Holzeinschlag möglichst viel Reibach machen, wurden jedoch von ihren eigenen Gutsinspektoren betrogen, die Hungerlöhne zahlten und in die eigene Tasche wirtschafteten. So mancher endete in Trunksucht, Verschuldung und Unglück. Einer wurde reich mit Börsenspekulationen, geriet jedoch in einen Streit mit seinen Geschwistern: Im Gerichtssaal erschoss sein Bruder einen Juristen. Ein anderer Bruder vergiftete sich. Mit einer Metzgerstochter aus Wien hatte der Gutsbesitzer einen Sohn, dem man mit 21 Jahren eröffnete, dass seine Mutter nur seine Tante, ihre Schwester aber seine leibliche Mutter und er das Produkt eines »Fehltritts« sei. Sein Vater investierte in ein Berliner Filmatelier, fiel auf Schwindler herein und verlor ein Vermögen – die Frau traf der Schlag,

46 EinwohnerInnen **30** Haushalte **00** Verwandtschaften

12 EinwohnerInnen arbeiten außerhalb
04 EinwohnerInnen arbeiten im Dorf

01 Familie mit Feldern

00 Nebenerwerbshöfe

00 Familien mit Nutzvieh

01 Vollerwerbshof

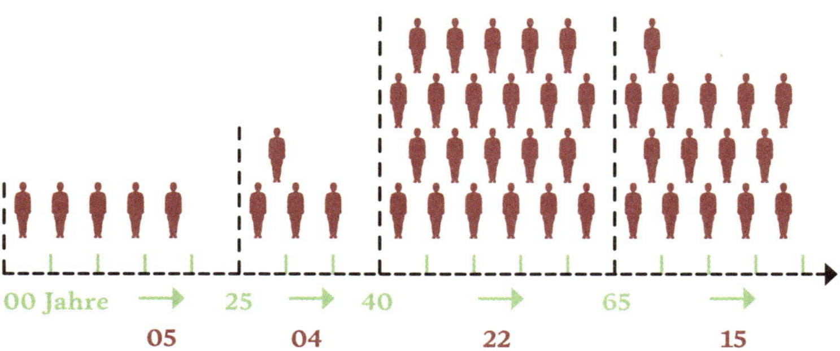

der Mann starb. Der Sohn heiratete, doch seine Frau brannte mit dem Gutsvolontär durch. Seinen Erbteil steckte er in eine Zementfabrik, die in der Inflation bankrottging. Später heiratete er eine gewisse Tatjana von Rutnewa, eine Frau von wohl zweifelhaftem Ruf, die eigentlich Berta Drath hieß und die Tochter eines Handwerkers aus Nürnberg war. Alles, was der Sohn besaß, machte er zu Geld, doch »Madame Tatjana« ließ ihn alsbald sitzen. Ein Käufer eines Anteils des Gutes erkannte erst im Nachhinein die Belastungen im Grundbuch und erschoss sich deswegen.

Tragödien spielten sich auch während der deutschen Teilung hier ab. Ein paar Hundert Meter vom Dorf entfernt verlief die Grenze. Ein 26-jähriger DDR-Leutnant beging zusammen mit einem Kameraden Fahnenflucht, um auf westliches Gebiet zu gelangen. Der Freund war bemerkt worden und lief rechtzeitig wieder zurück. Der Leutnant kam durch, lebte im Westen und verdiente gutes Geld. Er wollte seine Frau mitsamt den beiden Kindern nachholen und schickte ihr über Verwandte Nachrichten, wie er sie im Wald bei Weimarschmieden über die Grenze bringen würde. Er ging zum verabredeten Zeitpunkt dorthin – den Grenztruppen genau in die Falle. Seine Frau war von der Stasi »umgedreht« worden und hatte seine Pläne verraten. Als der Offizier erkannte, dass er eingekreist war und nicht mehr zurückkonnte, schoss er sich in den Kopf und starb: »Lebendig kriegen die mich nicht!«, hatte er vorher angekündigt.

Ein paar Hundert Meter vom Dorf entfernt verlief die Grenze.

Anekdoten über diese Zeiten hört man viele hier. Zwei Brüder aus Meiningen gruben nachts einen Tunnel unter dem Grenzzaun hindurch, während Grenzposten an ihnen vorbeiliefen, und schafften es nach Weimarschmieden. Ein Grenzsoldat kam zu Fuß mit seiner Schwester ins Dorf und rauchte vorm Zollhaus dann seine letzte DDR-Zigarette Marke *Turf*.

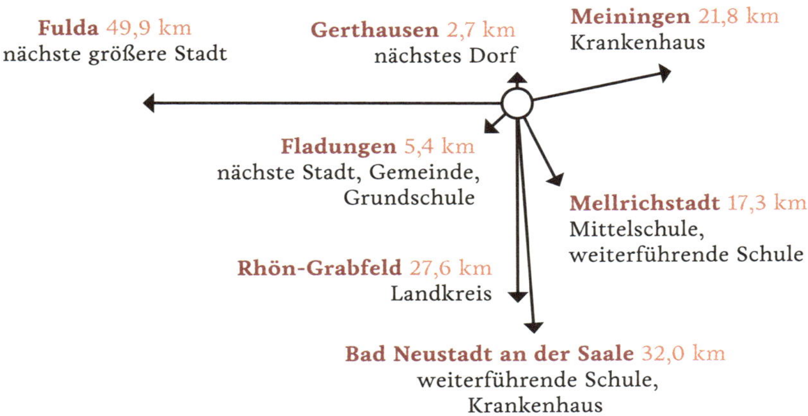

Als ein Beamter ihn entdeckte in seiner zerrissenen Uniform, bemerkte er zur Begrüßung nur: »Ach, auch das noch!«

Zwei Zöllner verirrten sich auf Streife einmal auf DDR-Gebiet, wurden gesehen und versteckten sich in einem Getreidefeld. Einer von den beiden wurde festgenommen, in Meiningen eingesperrt und erst nach Tagen wieder freigelassen.

Beim Baumschneiden im Wald fiel eine Fichte ins Niemandsland. Im Nu zog man sie zurück auf westliches Gebiet. Plötzlich erschienen zwei Grenzpolizisten mit MG und Schäferhund, blickten mit vereisten Mienen an den Holzarbeitern vorbei und gingen wortlos weiter – sie wollten ihnen wohl nur Angst einjagen.

Einmal kam ein Russenpanzer ins Dorf gerollt, und als die Soldaten sahen, dass sie sich in den Westen verfahren hatten, machten sie schleunigst kehrt, aus Furcht, versehentlich Kriegshandlungen auszulösen.

Heute liegt das Land friedlich und lieblich vor den Augen. Der Friedensweg, das Grüne Band, verläuft hier. Eine trügerische Idylle. Gewalt lauerte früher gleich um die Ecke. Unschuldige Frauen wurden als Hexen verbrannt, Falschmünzer als »Kipper und Wipper« geköpft, Diebe gehängt.

Im Dreißigjährigen Krieg zogen die Katholischen hier durch, dann die Schweden und die Pest, danach war Weimarschmieden jahrzehntelang vollständig verwüstet. Angesichts der Armut ist es wenig verwunderlich, dass einst Familien mit den Namen Notnagel und Hartleben hier wohnten. So mancher musste sich Fleisch als Wilderer aus dem Wald holen. Einmal verfolgten Gendarmen einen solchen Frevler ins Dorf, klopften an einer Tür und fragten das Kind, das ihnen öffnete: »Wo sind deine Eltern?« »Net daheim.« »Wo ist das Gewehr?« »Bei der Kuh am Arsch.« Unverrichteter Dinge mussten die Polizisten abziehen, im Glauben, das Kind treibe seinen Spott mit ihnen. Mitnichten. Hätten sie die Steine der Stallwand genauer in Augenschein genommen, hätten sie dahinter das Versteck gefunden – mit dem Gewehr.

Heute liegt das Land friedlich und lieblich vor den Augen. Der Friedensweg, das Grüne Band, verläuft hier. Eine trügerische Idylle. Gewalt lauerte früher gleich um die Ecke.

Um 1800 lebten in Weimarschmieden bei etwa achtzig christlichen auch über sechzig jüdische Einwohner. Noch heute findet man im Wald außerhalb des Dorfes einen Judenfriedhof mit fast hundert Grabsteinen. Begräbnisse fanden hier bis 1909 statt, dann waren die letzten Juden weggezogen, vor allem in die Städte, wo es für Neuankömmlinge gute Verdienstmöglichkeiten gab. Hier am Land ernährten sie sich kümmerlich als Vieh- und Wanderhändler oder als Gebäudemakler – sehr viel mehr war ihnen gar nicht möglich. Als das eine Gut verkauft werden sollte, kamen jüdische Kaufleute, erwarben es und zerlegten das Ganze in Einzelteile, um es gewinnbringend weiterzuverkaufen. Gängige Praxis am Immobilienmarkt bis heute – den Juden jedoch wurde es böswillig vorgeworfen.

Das ehemalige Herrenhaus wurde 1854 als Wirtshaus eröffnet und besteht noch heute. Die Wirtin kocht mit Temperament, Fantasie und persönlicher Note. Immer mit dem Blick aufs Regionale, auf Jahreszeit und Wetter. Für sie ist Weimarschmieden ein »Knotenpunkt« mit einer ganz besonderen Energie und Atmosphäre: »Jeder, der irgendwie eigen ist, fühlt sich hier wohl.«

Gibt es Negatives? »Die Dorfgemeinschaft war schon besser«, hört man. »Die neu herziehen, wollen oft ihre Ruhe und net am Dorfleben teilnehmen. Wir bräuchten wieder was Neues, einen kleinen Laden oder ein kulturelles Ereignis.« »Für Kinder ist es schwierig: keine Spielkameraden, keine Busverbindung.« »Wir sind im Biosphärenreservat, aber sobald's schön ist, heulen die Motorräder hier auf, ganze Gangs heizen manchmal durchs Dorf.« »Hier im Naturschutzgebiet findest du die

unterschiedlichsten Tiere, Pflanzen, Bäume, Hochmoore, Hutebuchen, alles – aber drumherum wird so viel zerstört und zersiedelt.«

Gerade die Zugezogenen aus der Großstadt schätzen die Ruhe: »Hier kann ich zwanzig Kilometer laufen und bin nicht so kaputt wie nach zwei Stunden in der Großstadt«, sagt die Rentnerin, die teilweise immer noch in Frankfurt lebt bei den Kindern und Enkeln. »Dort hörst du immer Lärm, Autobahnrauschen, und die Leute rennen herum wie verrückt. Das ist keine Erholung.«

Selbst in der Nacht hat dieser Ort viel zu bieten: »Die Rhön hier ist ein Sternenpark, ohne Lichtsmog. Nachts ist es noch richtig finster, und wenn du hinaufschaust, stehn die Sternbilder und Galaxien in voller Klarheit vor den Augen.«

»Man ist mitten in Deutschland und merkt's net«, sagt der junge Landwirt, der mittlerweile seine Flächen hier ökologisch bewirtschaftet und Getreide und Kartoffeln anbaut. »Es ist ein kraftvoller Ort mit viel Natur, gut für Ruhe und Erdung«, meint auch eine vor Kurzem zugezogene Frau. »Man sieht viel mehr Wild hier.« Der Blick geht nach Norden, hinaus auf die Felder und Wälder. »Es ist der richtige Platz. Der letzte Umzug geht da rüber«, sagt sie und weist zum Friedhof, dem stillen, schönen Ort.

Neuhof

Näühof (hennebergisches Fränkisch)

Gemeinde Kloster Veßra
Landkreis Hildburghausen
Bundesland Thüringen

Dorffeste Walpurgisfeuer, Kinderfest, Weihnachtsmarkt

Vereine Feuerwehrverein, Freiwillige Feuerwehr

Neuhof war ein neu gegründetes Zinsdorf des benachbarten Klosters Veßra und erhielt so seinen Namen.

Neuhof wurde 1347 das erste Mal urkundlich erwähnt.

Dieses Anwesen gehörte früher zur LPG, heute gibt es hier noch einen landwirtschaftlichen Betrieb.

50 m

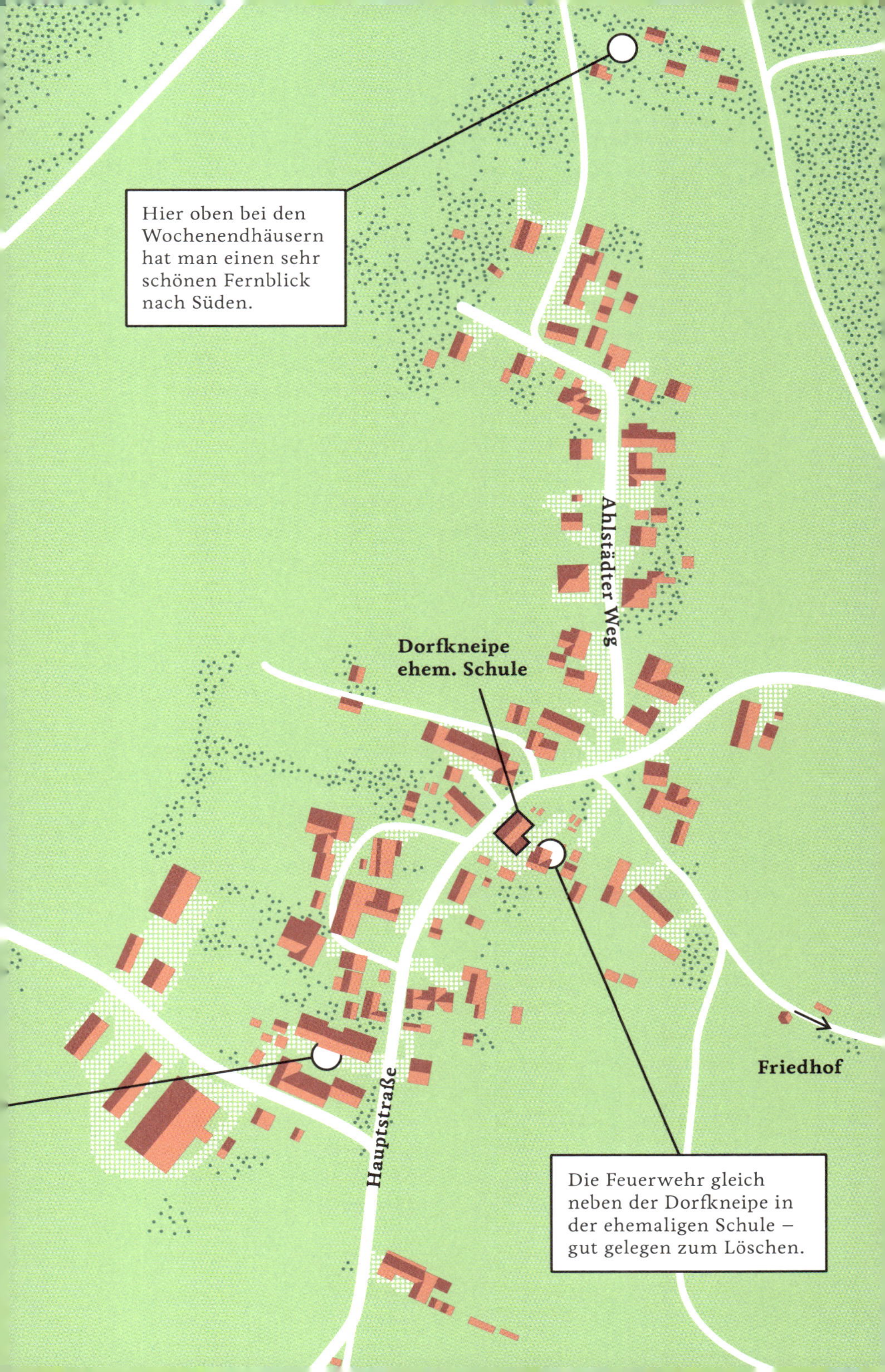
Hier oben bei den Wochenendhäusern hat man einen sehr schönen Fernblick nach Süden.
Ahlstädter Weg
Dorfkneipe
ehem. Schule
Friedhof
Hauptstraße
Die Feuerwehr gleich neben der Dorfkneipe in der ehemaligen Schule – gut gelegen zum Löschen.

NEUHOF

Idylle und Grenzen

»So is herganga: I bin hieganga, dann is zuganga, auf amoll is aufganga – un so bin i hemmganga!« Dieser Bericht über einen feucht-fröhlichen Kneipenabend erzählt im schönsten Fränkisch von Rausch und Rauferei. Er hängt als Bild über dem Tresen in der Alten Schule, wo der Feuerwehrverein Neuhof seit 1991 in Eigenregie seine Dorfkneipe betreibt. Die zwei früheren Klassenzimmer sind nun gemütliche, liebevoll gepflegte Wirtshausstuben: das Herz des Dorfes. Zweimal pro Woche ist offiziell geöffnet, aber jeder kann jederzeit hinein, wenn er einen Schlüssel hat – und es kursieren sehr viele Schlüssel.

Was man trinkt, trägt man in eine Liste ein, auf Treu und Gewissen. Das funktioniert einwandfrei. Sobald abends Licht brennt oder im Winter Rauch aufsteigt aus dem Schlot, kommen andere Dorfbewohner dazu, plaudern, trinken und rauchen. Jeden Dienstag trifft sich hier der Rentnerclub zum Kaffeeplausch, dann wird gesungen, gebastelt, Geburtstag gefeiert. Der Feuerwehrverein organisierte schon viele Feiern, holte Volksmusikgruppen und Blaskapellen ins Dorf und sorgte für die gesamte Logistik. Mehrtägige Bustouren, etwa in die Eifel, das Rheinland, den Bayerischen Wald wurden unternommen. Man kümmert sich um die Blumenpflege. Es gibt eine Jugendfeuerwehr, einen Ausflug für die Kinder und ein Jugendzeltlager. Was immer als positives Merkmal Neuhofs hervorgehoben wird, das ist der Zusammenhalt, das Miteinander von Jung und Alt.

Als nach dem 6. Jahrhundert die Franken aus den Mainlanden bis ins Werragebiet strömten, kolonisierten und später christianisierten, kam das Fränkische als Umgangssprache in dieses Vorland des Thüringer Waldes. Manches klingt komisch: Kartoffelbrei heißt hier »Dulich«, Klöße sind »Hüts«. Anderes klingt vollkommen vertraut: »Moo un Fraa«, »Läüt« und »Ärwet«, so kommt es aus der »Gusche«. Kartoffeln sind »Ardäffel«, »Ruwe« die Rüben. Hahn und Henne sind hier »Göker« und »Hur«. »Bann de Göker schreit, wärd anner Waater.« Genau, – wenn der Hahn kräht, ändert sich das Wetter.

Dieses Hennebergische ist eine Spielart des Fränkischen. In der DDR war es verpönt, die Mundart zu benutzen oder die Verbindung zum Fränkischen zu erwähnen. Deshalb sind heute engagierte Kulturvermittler in Südthüringen wieder dabei, dieses sprachliche und kulturelle Erbe hervorzuheben und bewusst ins Feld zu führen. Das Henneberger Land geht zurück auf ein fränkisches Herrschergeschlecht, das um das Jahr 1000 vor dem Rennsteig an die Macht kam. Als Naturraum wird es eingerahmt vom Thüringer Wald im Norden, den Höhen der Rhön im Westen, dem Schiefergebirge im Osten und dem Grabfeld im Süden. Die Nähe zum Würzburger Bistum und dem Kloster Fulda schlug sich nieder in der Besiedlung, Sprache und Volkskultur.

Eine weitere Verbindung zwischen dem Fränkischen und Thüringischen liegt auf der Hand: Bratwurst, Bier und Klöße.

Das sieht man etwa bei Rodungen mit der Aufteilung in Hufen (Hofstellen mit Ackerland) oder auch beim Erbzinsrecht, d.h. wie die Grundherrschaft ausgeübt wurde: Die Bauern waren relativ frei, sie konnten grundherrliches Land besitzen und vererben, sofern sie Zinsen und Abgaben entrichteten und ihre meist geringen Frondienste leisteten.

Mit dem Vordringen der Franken vom Main und vom Grabfeld her verbreitete sich das Fachwerk. Beim Bauen wurde »aufgerichtet und ausgefacht«: Auf einem massiven Fundament bzw. Geschoss stehen wandhohe Streben, die zu Figuren verzapft werden, beispielsweise Wilder Mann oder Andreaskreuz. So kommt es, dass man bis heute an stattlichen Wohn- und

135 EinwohnerInnen **41** Haushalte **09** Verwandtschaften

01 Familie mit Feldern

00 Nebenerwerbshöfe

01 Familie mit Nutzvieh

01 Vollerwerbshof

Wirtschaftsgebäuden oder Rathäusern diverse Buchstaben aus handbehauenen, tragfesten Holzbalken von den Wänden ablesen kann: A, K, M, V, X, Y. Wo entstehen solche großartigen, zeitlos schönen und beredten Bauwerke heute noch?

Eine weitere offenkundige Verbindung zwischen dem Fränkischen und Thüringischen liegt auf der Hand: Bratwurst, Bier und Klöße. Diese kulinarische Dreieinigkeit hat im Hennebergischen ihre ganz spezielle Eigenheit herausgebildet: die »Hüts«. Jeder Alteingesessene weiß ein Lied zu singen von der langwierigen, heiklen und kraftzehrenden Prozedur, die früher für die Thüringer Klöße vonnöten war. Sobald die Rede darauf kommt, beginnt ein Strom an Erklärungen und Erinnerungen: Wie viele rohe und gekochte Kartoffeln man brauchte. Wie der Brei quackern musste, bis die anderen Kartoffeln hinzukamen, und wie das dann geschlagen werden musste mit einer »Zwerbel«. Das ist eine Art Rührstab, handgeschnitzt aus Fichten- oder Tannenholz. Dafür verwendet man ausgediente Weihnachtsbäume, die entrindet und geglättet werden, dass nur ein halbes Dutzend fingerlange Zweigansätze am unteren Ende übrig bleiben. Beim Umrühren des »Ardäffelbreis« benötigte man zwei Personen: eine zum Schlagen, eine zum Halten. Außer man besaß eine »Hütstäägschösselfeesthallvürrichtungsdängk«, also eine Vorrichtung zum Festhalten der Schüssel mit dem Kloßteig darin.

Manche besaßen ein »Hütstäägschösselfeesthallvürrichtungsdängk.«

Auf die fränkische Landnahme und den folgenden Landesausbau sind Orte auf -heim, -hausen und -hof zurückzuführen. Eine nach einem Adelhold benannte Siedlung wurde wieder aufgegeben, bevor an gleicher Stelle der »Neuhof« gegründet wurde. In der wald- und hügelreichen Gegend entstanden primär Haufendörfer, so auch in Neuhof. Blickt man von der nördlichen Höhe auf den Ort hinab, sieht man im Hintergrund die beiden Gleichberge,

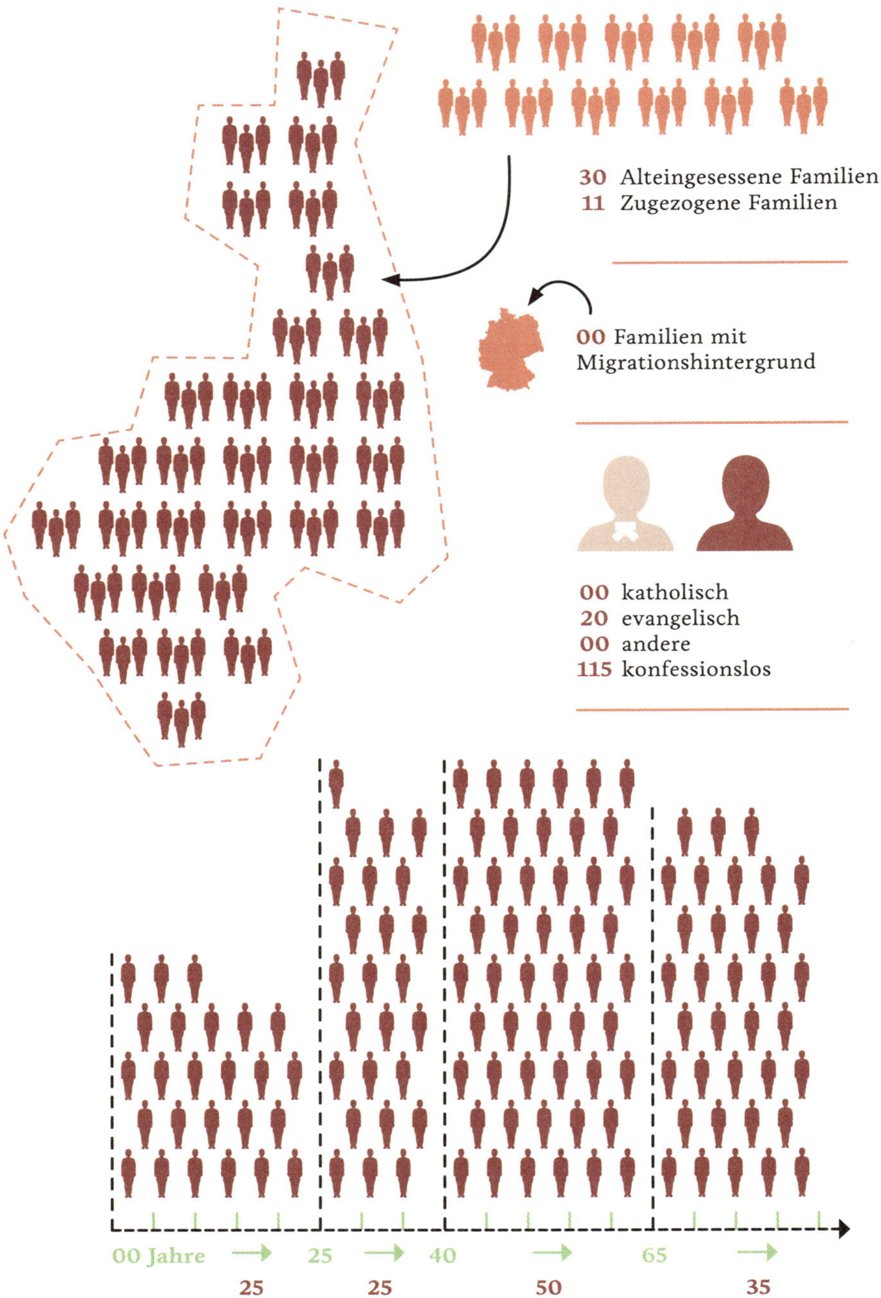

30 Alteingesessene Familien
11 Zugezogene Familien
00 Familien mit Migrationshintergrund
00 katholisch
20 evangelisch
00 andere
115 konfessionslos
00 Jahre
25
40
65
25
25
50
35

Busverbindung nach
Themar und Schleusingen
bei Schulbetrieb

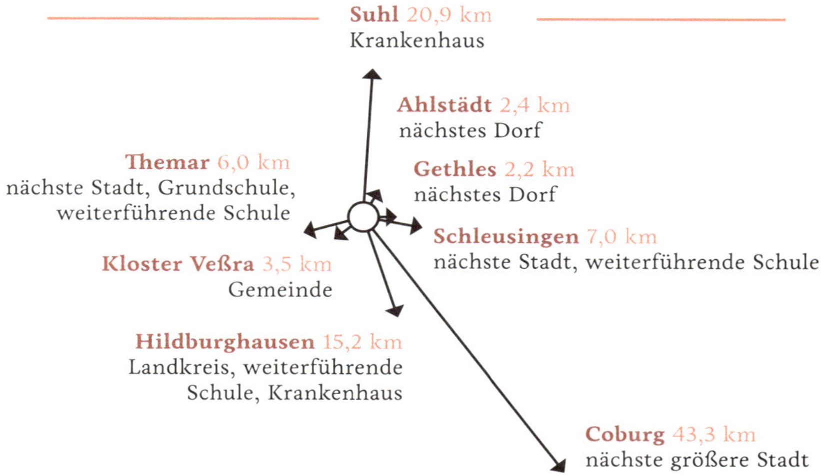

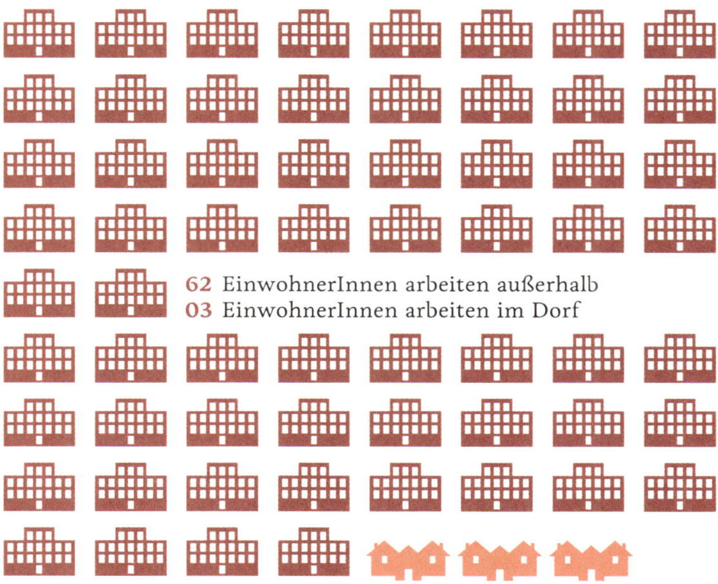

die sich an der thüringisch-bayerischen Grenze erheben, »anmutig wie Mädchenbrüste«, wie ein Einheimischer schmunzelnd schwärmt und seine Formulierung sichtlich genießt.

Das Dorf hatte keine Kirche, aber viele Bauernhöfe. Nur ein einziger Betrieb ist übrig geblieben. Zu DDR-Zeiten arbeiteten die meisten Bewohner in der LPG (Landwirtschaftliche Produktionsgenossenschaft). Die Spuren der Landwirtschaft sieht man noch: umgebaute Scheunen, Ställe, Gehöfte. Schlepper stehen in Garagen, Kreissägen heulen, Holzstöße trocknen. Pferde und Fohlen grasen im Sonnenschein auf den Weiden. Läuft man am allseits beliebten Kinderspielplatz vorbei hinaus zum kleinen Friedhof mit den Urnengräbern, sieht man die Folgen der Vergangenheit: kein Kreuz, kein Christus, kein Bibelspruch. Die Volksfrömmigkeit und Kirchenbindung früherer Jahrhunderte sind in der DDR-Ära gänzlich verschwunden.

Am sonnigen Nachmittag sitzen Einwohner zusammen in Gartenstühlen bei Kaffee und Kuchen, beim Bier oder einer Zigarette. Schlager und Volksmusik aus dem Radio sind zu hören.

Was sind die Probleme hierzulande? Der Fremdenverkehr, es fehlt an Gastronomie. Alte Gasthöfe sind geschlossen, neue entstehen keine. »Warum kriegen wir das nicht hin?« Wirtschaftliche Sorgen? »Die Supermärkte sind voll, alle haben ein Auto und kaufen ein. Wer arbeiten will, der findet Arbeit.« Zehntausende Berufspendler aus Thüringen fahren tagtäglich nach Franken, weil der Verdienst dort höher ist. In Neuhof sind es nur wenige. Bitter redet einer von der Treuhand, die Wälder, Grund und Boden an Investoren und Adelige aus dem Westen versilbert habe. Betriebe plattgemacht, langlebige Werkzeuge und Maschinen an Schrotthändler aus Coburg verscherbelt. Dann zeigt er entzückt auf den Lavendel, wo die Schmetterlinge in reicher Zahl herumflattern: Schwalbenschwanz und Zitronenfalter, Pfauenauge und Kleiner Fuchs, Schachbrett und Taubenschwanzschwärmer.

Eine Idylle, ungetrübt von den mehr als fünfzig Prozent AfD-Wählern in den Orten und den Rechtsextremen drüben im Gasthof in Kloster Veßra?

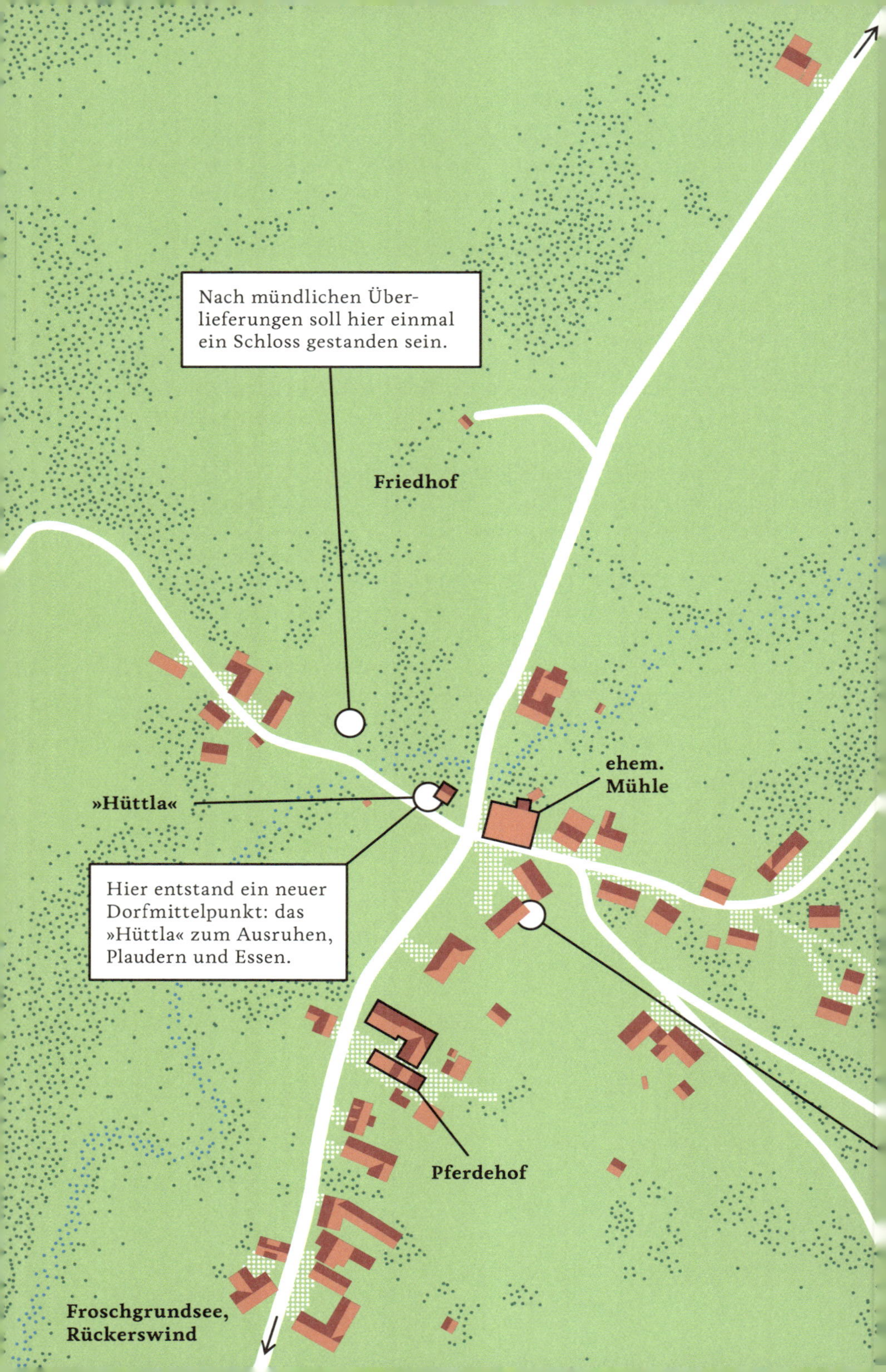
Nach mündlichen Überlieferungen soll hier einmal ein Schloss gestanden sein.
Friedhof
ehem. Mühle
»Hüttla«
Hier entstand ein neuer Dorfmittelpunkt: das »Hüttla« zum Ausruhen, Plaudern und Essen.
Pferdehof
Froschgrundsee, Rückerswind

Döhlau

Dühla / Dührla (itzgründisches Fränkisch)

Gemeinde Frankenblick
Landkreis Sonneberg
Bundesland Thüringen

Dorffeste Musikalischer Abend, Dorffest (1996 – 2011 und 2016)

Der Name Döhlau kommt vom slawischen *dolina* für Vertiefung, Tal (d. h. »Ort im Effeldertal«).

Döhlau wurde 1516 das erste Mal urkundlich erwähnt.

Im Hof sieht man originalgetreu nachgebaute Schlösser und Burgen – die Fleißarbeit von zwei Wintern.

DÖHLAU

Vom Sperr- zum Naturschutzgebiet

Dass dieser Teil Thüringens südlich des Rennsteigs zum fränkischen Kulturraum gehört, merkt man sofort an der Mundart. Mit dem Landesausbau und der fränkischen Besiedlung nach dem Jahr 1000 kam der Dialekt des Itzgrundes hierher, eine Variante des (Ost-)Fränkischen. Der Name des Dorfes klingt auf der Zunge der Einheimischen wie Dühla oder Dührla – die Buchstaben geben unsere Laute eben nur unzureichend wieder.

So heißt es in einem alten Spottlied: »Wissder denn, wo Dühla licht? Dühla licht im Gründla. Senn so schönna Mädla drin, gauzn wie die Hündla. Langa Bä, korza Bä, Nousn wie die Pfundstä.« »Pfundstä« sind Halbkilosteine beim Wiegen, »Bä« sind Beine und Hunde, die bellen, die »gauzn« hier. Manchmal klingt die Mundart geradezu gereimt – »Dou mädsa die Bäza« bedeutet: Da meint sie, die Frau Bätz. »So, do konnst du etz aa mit geplauder.«

Bis 1990 war Döhlau in der DDR, der *Klassenfeind* saß einen guten Kilometer entfernt drüben auf der anderen Seite, im Ausland. In früheren Jahrhunderten gehörte Döhlau zum sächsischen Herzogtum Meiningen, und damals war das benachbarte Herzogtum Coburg ebenfalls Ausland – der Grenzverlauf war sogar ziemlich identisch. Heute dominiert dagegen das Verbindende. Der Landkreis Sonneberg gehört zur Metropolregion Nürnberg. Etliche Einheimische arbeiten im nahen Ober- und Unterfranken und pendeln tagtäglich zwischen den Bundesländern hin und her. Coburg, Rödental und Neustadt sind nur einen Katzensprung entfernt und werden zum Einkaufen und Ausgehen gern besucht. Döhlau liegt im ruhigen Naturschutzgebiet Effeldertal, das eine anmutige Landschaft mit großer Biodiversität aufzuweisen hat. Man kann es als Verbindung zwischen dem Werra- und dem Maintalradweg nutzen. Radwanderer strampeln immer wieder durch das Dorf, auch Motorradfahrer suchen hier abgelegene Winkel und Kurven. Der ehemalige Grenzstreifen ist heute ein Naturschutzprojekt, das Grüne Band, und führt gleich in der Nachbarschaft vorbei.

Döhlau ist ein Dorf ohne Schule und Kirche, ohne Wirtshaus und Laden. Bis 1974 gab es die markante *Gaststätte zum Lindenbaum*. Hier sangen die Vereine, wurde getanzt und gefeiert. Nicht wenige Männer der stationierten DDR-Grenztruppen fanden dabei ihre Frau. Bis 1988 existierte ein *Konsum* im Dorf. Die Ironie des Schicksals wollte es, dass kurz nach dem Spatenstich für ein neues Mehrzweckgebäude mit Ladengeschäft im September 1989 gleich der ganze Staat zusammenbrach.

Kirchgänger gibt es auch lange nach dem Ende des Sozialismus nur sehr wenige, man kann sie an einer Hand abzählen. Die Schulen waren zu DDR-Zeiten näher gelegen, man konnte mit dem Fahrrad hinkommen und wieder heim. Heute werden die Kinder über weite Wege in größere Gebäude und Klassen transportiert – ob dies besser sei, wird bezweifelt.

2016 feierte man die erste urkundliche Erwähnung vor 500 Jahren, verfasste gemeinsam eine ausführliche Dorfchronik und baute ein massives, überdachtes »Hüttla« in der Dorfmitte im Schatten der schönen Linden. Damit entstand ein neuer Dorfmittelpunkt. »Das hat das Eis gebrochen«, erinnert man sich zufrieden. So stärkte man das eigene Selbstbewusstsein und Zusammengehörigkeitsgefühl.

47 EinwohnerInnen
24 Haushalte
03 Verwandtschaften

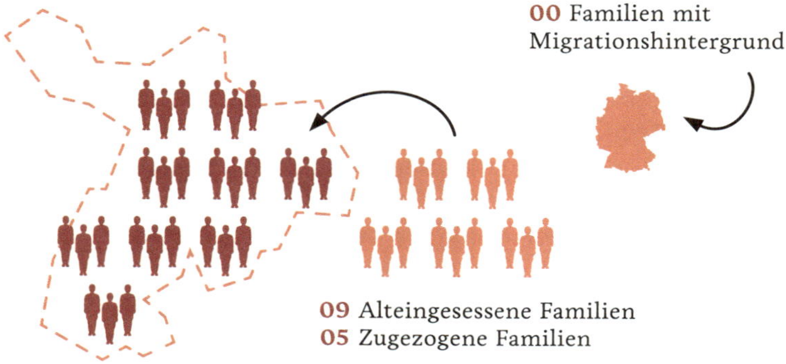

23 EinwohnerInnen arbeiten außerhalb
01 EinwohnerIn arbeitet im Dorf selbst

Nur ein Schulbus fährt in die nächstgelegene Stadt

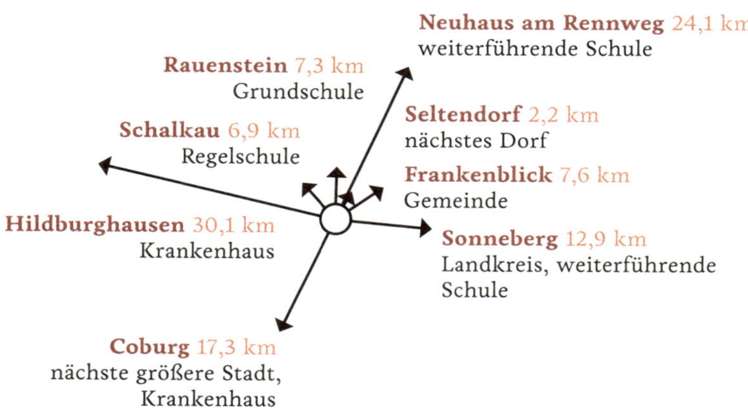

Heute kommt man dort gern zusammen: Der Pilzberater erzählt von den »Pfiffern«, dem Knoblauchschwindling und der Krausen Glucke so groß wie ein Bienenschwarm. Der Jäger von den Rehen, die am helllichten Tag durchs Dorf spazieren. Der alte Bauer von den vielen Umbrüchen seit den Dreißigerjahren.

Döhlau ist ein Dorf ohne Bauern. Die Gehöfte stehen zum Teil noch, hochwassersicher angelegt als Zeilendorf entlang der Straße. Typisch fränkische Dreiseithöfe mit einem giebelständigen Hauptgebäude, der Scheune als Querriegel und Wetterschutz, und einem kleineren Nebengebäude als Stall, Holzlege oder Austragshaus: Fachwerkbalken und Schieferschindeln wie in Ober- und Unterfranken. In den Fünfzigerjahren konnte man den eigenen Hof noch privat bewirtschaften, das Ernte-Soll wurde im Plan vorgegeben und musste eingehalten werden. Die Abgabe von Vieh, Milch, Getreide und Hackfrüchten war zwar genau geregelt, wurde aber angemessen bezahlt. Mit der Einführung der LPG (Landwirtschaftliche Produktionsgenossenschaft) um 1960 vollzog sich der Schritt »vom Ich zum Wir«: Die Flächen gehörten zwar noch den Bauern, wurden jedoch genossenschaftlich bewirtschaftet. Damit wurde der Grund und Boden pro forma nicht enteignet und verstaatlicht, aber die Bauern wurden Angestellte der LPG, die nun Ackerbau und Viehzucht, Arbeit und Ernte bestimmte.

Jede Person, die nach Döhlau wollte, brauchte einen Passierschein – und einen guten Grund, damit der Passierscheinantrag genehmigt wurde.

Natürlich sind die Grenze und die DDR in den Lebensgeschichten immer präsent. Döhlau lag im Sperrgebiet, wie zunächst fast der gesamte Kreis Sonneberg. 1972 wurde dieser Streifen verkleinert, doch nun war ein Schlagbaum zwischen Döhlau und dem Nachbardorf Seltendorf. Jede Person, die nach Döhlau wollte, brauchte einen Passierschein – und einen guten Grund, damit der Passierscheinantrag genehmigt wurde. Nicht nur wenn die Verwandtschaft zu Besuch eingeladen war, konnte es Schwierigkeiten geben. Auch Maurer, Zimmerleute, Dachdecker benötigten einen. Das brachte oft Ärger und Probleme, vor allem für Leute, die ihr Haus renovieren wollten. LPG-Bauern und Fußballspieler brauchten ebenso einen Passierschein wie Blaubeerensammler oder Jäger. Eine Frau, die einkaufen fuhr, wurde angehalten und ohne Passierschein erwischt – von ihrem eigenen Sohn, dem Grenzpolizisten. Zwei Jugendliche wurden beobachtet und als Fluchtverdächtige verfolgt und gesucht – sie waren baden gegangen in einem Teich. Ein Jäger saß auf einem Hochsitz und wartete geduldig, um einen Rehbock zu schießen – stundenlang kontrolliert von zwei Grenzpolizisten, die unter ihm in Volltarnung ausharrten: »Beobachtet ist man immer worden.«

Vieles klingt heute amüsant und lässt den Zuhörer den Kopf schütteln. Dennoch sollte man nie vergessen, mit wie viel Angst und Not, Gewalt und Unterdrückung diese Vergangenheit verbunden ist, wie oft es um Leben und Tod ging. Nicht jeder hatte so viel Glück wie der Mann, der in den 1960er-Jahren mit seinem Traktor durch die Grenzsperren fuhr und es tatsächlich auf westliches Gebiet schaffte.

An der Demarkationslinie kam es nach 1945 zu etlichen tragischen Zwischenfällen, die bis heute erzählt werden. In Döhlau gab es viele Grenzgänger. Einer von ihnen stammte aus der amerikanischen Zone. Er hatte sich mit den Grenzposten der Russen angefreundet und bestach sie mit Schnaps, sodass sie ihm den Schmuggel von Waren und Personen erlaubten. Im September 1945 sollte er einen aus französischer Kriegsgefangenschaft entlassenen Wehrmachtsoldaten in die Sowjetische Besatzungszone bringen, was verboten war. Dessen Frau war Eisenbahnerin und kam von Chemnitz nach Döhlau, wo sie ihren Mann erwartete. In der Nacht hörte man Schüsse, Stiefel, Flüche. Niemand wagte es nachzusehen. Am Morgen klopfte es am Fenster einer Waschküche, es war die Frau aus Chemnitz. Sie hielt ein

blutiges Taschentuch in der Hand und bat, es auszuspülen. In diesem Augenblick erschien ein russischer Soldat mit dem Gewehr im Anschlag.

Was war in der Nacht vorgefallen? Beim Grenzübertritt der Männer waren die Grenzposten ausgetauscht worden. Die kamen mit ihren Waffen auf die beiden ihnen Unbekannten zu. Der Grenzgänger versuchte das Gewehr des Infanteristen festzuhalten, dieser drückte ab und schoss dem entlassenen Kriegsgefangenen in die Brust. Der Schmuggler aus der amerikanischen Zone wurde mit dem Gewehrkolben erschlagen und verscharrt. Sein Vater konnte später nur mit viel Alkohol und einem Fürsprecher erreichen, den Leichnam seines Sohnes wieder ausgraben und nach Hause bringen zu dürfen. Den Verletzten mit dem Lungenschuss brachte man nach Döhlau. Er blieb dort die Nacht liegen, umsorgt von seiner Frau. Auf dem Transport zum Arzt, der erst am folgenden Mittag begann, verstarb der Heimkehrer. Das Schicksal dieses Mannes war kein Einzelfall. Gut, dass die Dorfchronik solche Ereignisse aufbewahrt.

Fragt man nach der Besatzung durch die Russen, hört man von zwangseinquartierten Soldaten, konfiszierten Häusern und völlig ramponierten Gebäuden: »Als die gegangen sind, war alles weg, alle Möbel verfeuert, sogar die Türklinken waren abgeschraubt. Aber die Soldaten waren ja auch arme Hünd, die sind geschlagen worden von ihren

Vorgesetzten.« Danach kamen die ostdeutschen Grenztruppen. Schmuggel und Schiebereien gab es weiterhin. Ganze Güterzüge wurden heimlich in den Westen geschafft, ganze Fabriken. Einmal wurde eine gesamte Kompanie Berliner Grenzer verhaftet und abgezogen – weil sie selbst beim Schmuggeln erwischt worden waren! Mit den Jahren wurde alles strenger, gefährlicher und undurchdringlich. Es kam zu brutalen Umsiedlungen, Dörfer wurden dem Erdboden gleichgemacht und ausgelöscht, wie das Nachbardorf Korberoth. »Da hat sich dann keiner mehr gemuckst, da musste man ständig vorsichtig sein.« Das erklärt auch, warum die Menschen des ehemaligen Sperrgebiets manchmal verschlossener sind. »Ich hau ab!«, rief ein junger Mann im Scherz zu seinen Arbeitskollegen am Abend – als er heimkam, wartete schon die Stasi auf ihn. Er wurde im Schnellverfahren verurteilt und ins Gefängnis gesteckt. Diese Zeiten sind glücklicherweise vorüber.

Im 19. Jahrhundert war die Gegend eine Hochburg der Spielwarenproduktion. Viele Menschen versuchten, als Holzarbeiter (»Schnitzer«), Spielzeug- und Schachtelmacher ihr Auskommen zu finden, oft auch in Heimarbeit, andere als Schiefermaler und Korbflechter. Reste dieser handwerklichen Traditionen sind noch vorhanden, etwa Hersteller von Tierstimmen-Kästchen.

Insgesamt hat sich hier in den letzten dreißig Jahren unglaublich viel verändert. Zuletzt kam die neue ICE-Trasse, die man jedoch kaum hört. Eine Schwachstelle ist noch das Funkloch hier: »Internet wär schon mal nett.« Was ebenfalls zu wünschen übrig lässt, ist das Angebot an Gaststätten. »Mit dem Essengehen sieht es hier eher schlecht aus. Da fahrn wir meist rüber nach Coburg. So was wie Biergärten und ›auf die Keller sitzen‹ gibt es hier nicht. Man bleibt deswegen mehr zu Hause.«

Fühlen sich die Einheimischen als Franken? »Auf jeden Fall.« Auch als Teil der Kulturregion Franken? »Schon, aber für Franken-Tourismus sind wir noch zu sehr Randfiguren, da fehlt die Vernetzung, die Gemeinsamkeit. Die Lokalpolitiker denken zuerst immer nur an die eigene Gemeinde, da werkelt jeder für sich und gönnt dem anderen nichts. Dadurch geht so wenig zusammen.« Und für Erfurt sind sie schlichtweg Thüringer, nur eben jenseits des Rennsteigs.

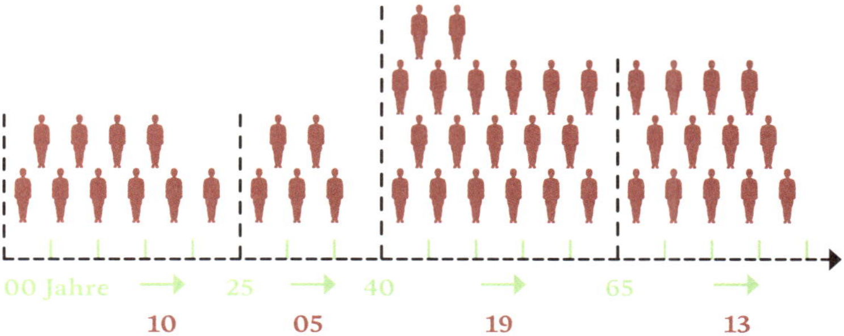

00 Familien mit Feldern

01 Nebenerwerbshof

00 Familien mit Nutzvieh

00 Vollerwerbshöfe

04 katholisch 15 evangelisch
00 andere 28 konfessionslos

»Es is nix los hier am Arsch der Welt, da is echt der Hund begraben.« Gleichzeitig spricht man schmunzelnd vom »Dorf der Freaks«: »In Döhlau kannst du Burgen bauen vor deinem Haus, kannst am Fenster zur Straße nackig in der Küche rumlaufen, um zwei in der Nacht Saxophon spielen oder früh um halb vier dein Auto abwaschen, es ist das Normalste von der Welt und keiner sagt was.« Der so spricht, hat Koch gelernt, als Eisenbahner gearbeitet und betreibt mittlerweile eine Gebäudereinigungsfirma mit sieben Angestellten. Er lebt in einem um 1700 erbauten Haus mit einem Tonstudio und hat eine Musikgruppe namens »Hinnawidde« (wörtlich: hin und her). Im Sommer veranstalten sie ihren musikalischen Abend auf der Hofwiese, wo ein »U-Wohnwagen« steht, mit mehreren Bands und Köstlichkeiten wie Schiefertrüffelsuppe und Wildschwein am Spieß. Beste Voraussetzungen für viel »Hinnawidde«.

Kirchgattendorf

Gaddndorf bzw. Eberdorf

(oberfränkisch)

Gemeinde Gattendorf
Landkreis Hof
Bezirk Oberfranken

Dorffeste Dorffest, Feuer (»Besenbrennen«), »Singa und Waafn« (einmal im Monat)

Vereine Freiwillige Feuerwehr, Obst- und Gartenbauverein

Der Name Kirchgattendorf kommt vermutlich von einem Eigennamen (z. B. Gatt, Gett, Geto).

Kirchgattendorf wurde 1234 das erste Mal urkundlich erwähnt.

50 m

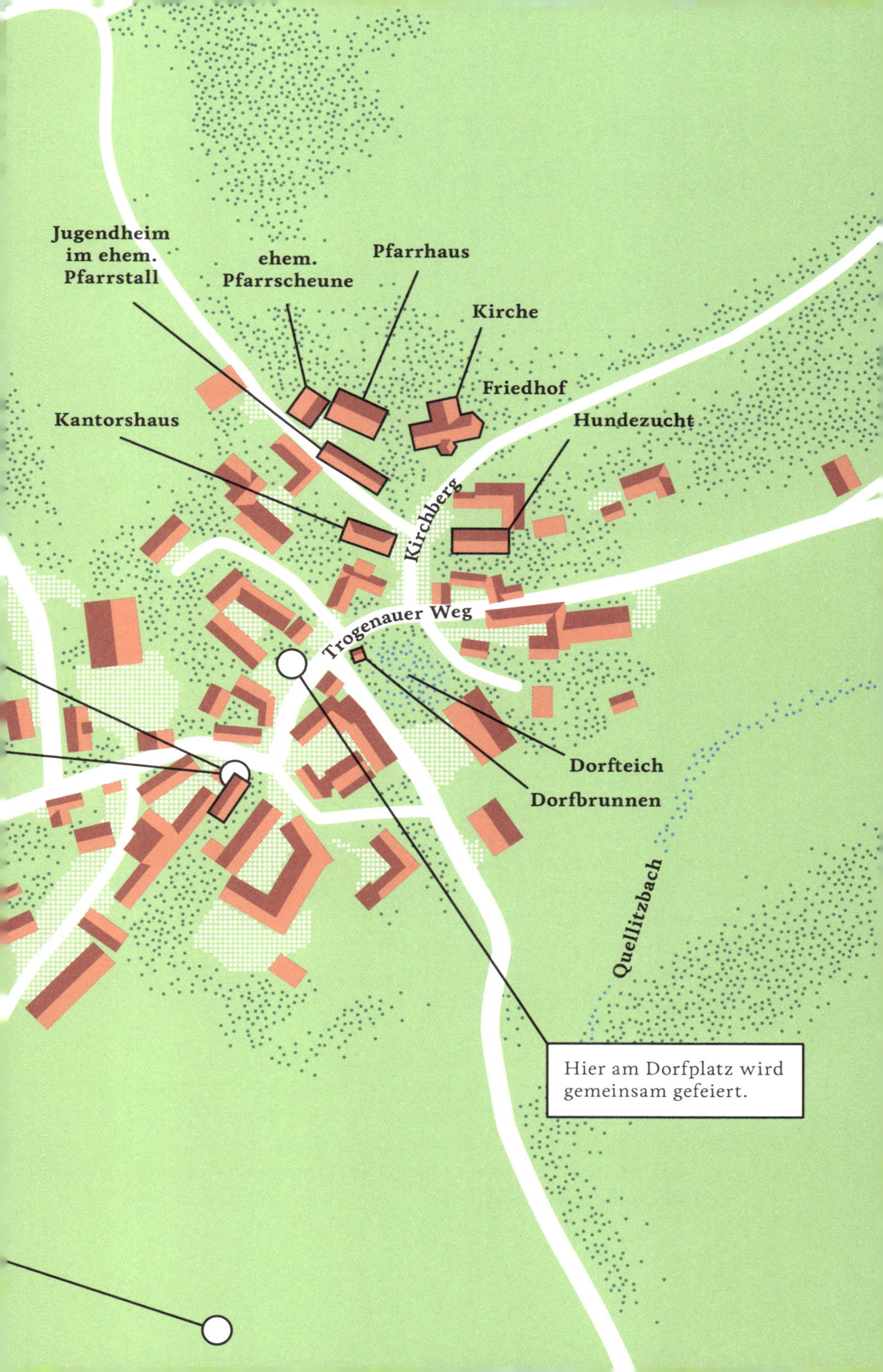
Jugendheim
im ehem.
Pfarrstall
ehem.
Pfarrscheune
Pfarrhaus
Kirche
Friedhof
Kantorshaus
Hundezucht
Kirchberg
Trogenauer Weg
Dorfteich
Dorfbrunnen
Quellitzbach
Hier am Dorfplatz wird gemeinsam gefeiert.

KIRCHGATTENDORF

Das bäuerliche Erbe im Heute

Das Dorf war vierzig Jahre lang das letzte fränkische Dorf vor der innerdeutschen Grenze, dem Todesstreifen. Eine Sackgasse, hier ging es nicht weiter. Offiziell heißt die Gegend Bayerisches Vogtland, müsste jedoch eigentlich *Fränkisches* Vogtland heißen, denn die gesprochene Mundart liefert den eindeutigen Beweis. Schon im nächsten Dorf spricht man dagegen echtes Vogtländisch: »Die Sachsen, die raunzen, also mehr so durch die Nasn, mit ihrm komischen R.« Im Fränkischen hier sagt man »Ho« statt Ja, die »Gunga« zu den jungen Leuten, und »hammer schee midnanner gsproochd« heißt es, wenn man miteinander geplaudert hat. Auf die Frage »Und wohie kersd du?« kommt die Antwort: »Ich bin doo derhamm!«

Kirchgattendorf liegt »an der sächsischen Grenze auf einer Anhöhe mit einem fruchtbaren Getreideboden« und hat »auch schönen Wieswuchs und Viehzucht«, notierte ein Pfarrer um 1800. Beim Gang durch den Ort kann man dies heute noch sehen, die stattlichen, massiven Bauernanwesen sind beredte Zeugen dieser Vergangenheit – und Gegenwart. Ein halbes Dutzend Vollerwerbsbauern gibt es hier, drei davon Milchlieferer. In vielen größeren Dörfern dagegen findet man heute weder Vollerwerbsbauern noch Milchviehhalter. Die Probleme der Landwirte sind jedoch die gleichen: HofnachfolgerInnen müssen passende PartnerInnen finden, eines der Kinder Interesse haben an Ackerbau und Viehzucht, und »unner Erzeugnis muss wos kosten, wos einbringa« – aber »mir müssen halt des nehma, wossi uns geem.«

Sowohl geografisch als auch geschichtlich ist es ein Dorf am Rande gewesen, an der Grenzmark des Reiches. Das schützte keineswegs vor Krieg und Gewalt: 1430 wüteten hier die Hussiten, 200 Jahre später der Dreißigjährige Krieg. Dem sogenannten Landfrieden war niemals zu trauen: 1523 wurde Burg Gattendorf im Fränkischen Krieg als Raubritternest zerstört. Der Durchzug von Napoleons Truppen schleppte ein Nervenfieber ein, das ganze Familien dahinraffte. Das 19. Jahrhundert brachte noch andere tödliche Krankheiten: die Cholera, die Blattern und Masern, Scharlach und Diphtherie, die Maul- und Klauenseuche, darüber hinaus Dürre- und Hungerjahre. Kein Wunder, dass viele ihr Heil in der Auswanderung nach Amerika suchten. Ach ja, die gute alte Zeit.

Jean Paul, der Winkel-Virtuose, der großartigste Schriftsteller, den Franken hervorgebracht hat, verfasste 1796 in »Hof im Voigtlande« einen unvollendeten Text mit dem Titel »Biographische Belustigungen unter der Hirnschale einer Riesin«. Darin taucht ein Ort namens Waldkappel auf, der von (Kirch-)Gattendorf inspiriert wurde. Ein lichter Frühling geht darin wie eine Sonne auf und überhäuft die Natur »mit Brautnächten und Schöpfungstagen« – »alles quillt, blüht, schillert und singt«.

Feilitzsch 8,5 km
Grundschule, Mittelschule

Hof 7,9 km
nächste Stadt, weiterführende Schule, Krankenhaus

Schloßgattendorf 1,9 km
nächstes Dorf

Gattendorf 1,7 km
Gemeinde

Neugattendorf 1,0 km
nächstes Dorf

02 katholisch **66** evangelisch
00 andere **00** konfessionslos

Keine Verbindung per Bus / Bahn in die nächste Stadt

Was würde er zu diesem strahlend blauen Frühlingssonntag heute wohl sagen, wo man hier ein stimmungsfrohes Dorffest feiert? Die Hüpfburg lockt, Bratwurst und Bier betören die Sinne, Kaffee und Kuchen laben das Gemüt, schallstarke Schlager und Ohrwürmer reizen zum Mitsingen, Schunkeln und Klatschen. Es wäre ein gefundenes Fressen für ihn gewesen, dieses »Idyll im Schatten der Grenze«.

Lange ist Kirchgattendorf nicht das modernste Dorf gewesen. Das hat sich geändert. Vieles wurde in den Neunzigerjahren erneuert und umgestaltet. Statt eines morastigen Weihers mit einem »Mistsoribach« gibt es in der Mitte nun einen Dorfteich, in dem Kinder planschen und herumpaddeln. Man legte neue Rohre und Kabel, pflasterte und teerte, pflanzte Bäume an Plätzen und Straßen. Unansehnliche »Wellblechgaragen« und »Kaisers Hühnerstall« wurden abgerissen, wie es in einem eigens dafür getexteten Lied heißt. Der Erfolg blieb nicht aus: Vor fast zwanzig Jahren wurde man mit Gold prämiert als »as schennsta Derfla«. Dann gewann man den Brunnenwettbewerb einer bayerischen Großbrauerei: Man bekam einen Dorfbrunnen spendiert und dazu ein Freibierfest. Zum freudigen Anlass wurde ein »Brunnenlied« getextet: »Und der Brunnen singt bei Tag und bei Nacht die vertraute Melodie ... Wer sie hört, vergisst sie nie.« Wen wundert es da, dass die Stimmung im Dorf besser geworden ist?

Die Einwohnerzahl ist konstant. Zwar gibt es zwei Leerstände und keine ausgewiesenen Bauplätze, aber es kommen Zuzügler ins Dorf und junge Leute bleiben da. Kinder? »Sennera scho do.« »Mehr wie zehn!« Ein junger Familienvater, der sich erst unlängst ein Haus gekauft hat im Dorf, liebt seinen neuen Lebensort. Heimkommen von der Arbeit aus der Stadt ist für ihn wie Urlaub: »Du steigst aus und hörst nur Vögel zwitschern, sonst nichts.« Die Kinder können unbesorgt überall spielen, meint er, schnitzen, Lager bauen, auf dem Wasser und im Wald herumtoben.
Er genießt es, mit ihnen ein Feuer zu machen oder im Dorfteich eingesetzte Krebse zu fangen, zu kochen, mit Kräutern

Kinder? »Sennera scho do.« »Mehr wie zehn!«

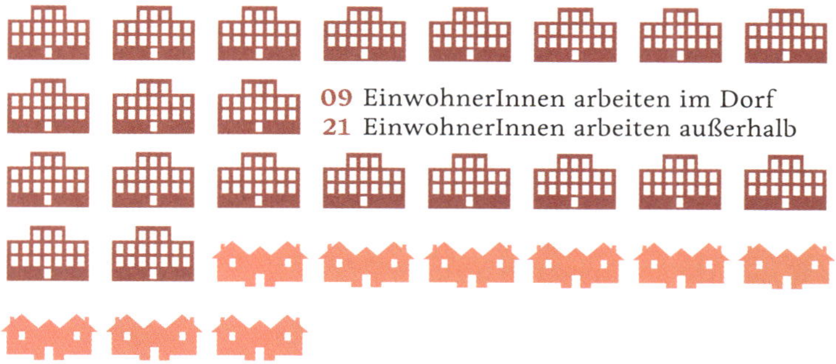

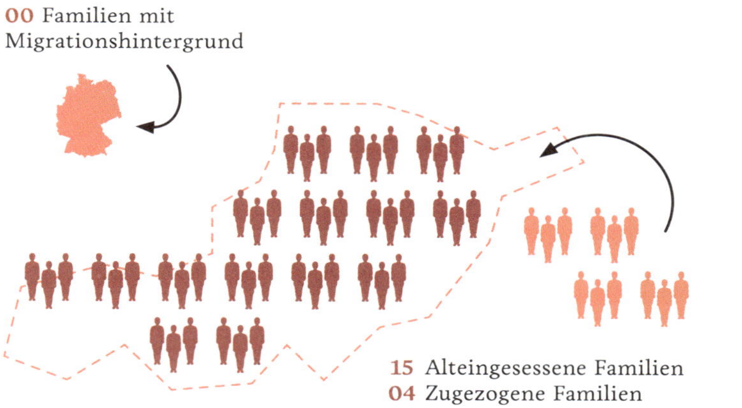

und Knoblauch zu braten und gemeinsam zu verzehren: »Die haben großartig geschmeckt, zart, wie Hummer.«

Seine handwerklich geschickte Frau liebt das Selbermachen. Sie baut Gemüse an, verwertet Obst, sammelt Kräuter, stellt Heilmittel und Kosmetik her, Seife, Shampoo, Marmeladen, Liköre. Nun wollen sie sich noch Hühner anschaffen für eigene frische Eier, der Stall steht schon bereit. Am Dorf schätzen sie, dass man sich kennt und für den andern wirklich interessiert: »Als wir einzogen und uns vorstellen wollten, haben die Leute unseren Namen schon gewusst, wie alt wir sind, woher, Beruf, Kinder, alles.« Ist das nicht auch einengend? »Ungewohnt, ja, wenn man aus der Stadt kommt, aber beruhigend.

Man kann unbesorgt in Urlaub fahren, denn auf das Haus passen alle auf. Da passiert garantiert nix.«

Die nahe Grenze haben die Menschen immer als selbstverständlich hingenommen. Dramatische Fluchtgeschichten spielten sich hier nicht ab. Einmal verirrte sich eine Kalbin in das Niemandsland, wurde von MG tragenden Soldaten gestellt und bewacht, bis sie nach einer langwierigen Staatsaktion zurückgeholt werden konnte: »Ein Zirkus!«

Traditionell gab es zwar Verbindungen ins Vogtland, nach Oelsnitz, Klingenthal, Bad Elster, Plauen, aber die Teilung des Landes wurde hingenommen wie ein Gebirge. Als nach der Maueröffnung in Berlin auch im nahen Wald oben die Grenze aufging, strömten Tausende von Trabis herüber, sodass der benötigte Tierarzt nicht mehr ins Dorf kam. In Kirchgattendorf begrüßte man die neuen Landsleute dennoch mit Kaffee und Kuchen. Mit der Kirchengemeinde im benachbarten Sachsgrün feiert man jährlich im Juni einen Flurgottesdienst an der ehemaligen Grenze, um die unverhoffte Einheit in Erinnerung zu behalten. Ansonsten ist die Teilung verblasst, die jahrhundertealte Verbindung zur neuen Normalität geworden: Niemand pendelt von hier ins Sächsische Vogtland hinüber, aber sehr viele kommen nach Hof: »Vo driem ärbern viel hiem.«

»Vo driem ärbern viel hiem.«

Beim Bau der Autobahn A93 kamen Ängste auf vor Lärm und Gestank, manche Leute munkelten von Drogenkurieren mit den neuesten Produkten aus tschechischen Laborküchen, Autoschiebern, Geldwäschern oder Waffenhändlern. Man fürchtete um seine Ruhe und Ordnung: »Der Jagdpächter hadd gegrinna.« Nichts dergleichen kam, alles blieb beim Alten. Aber Neues tauchte auf: achtzehn Windräder sieht man von hier, sechs davon stehen auf Gattendorfer Flur. Die meisten Leute haben sich damit abgefunden und halten sie nicht für störend.

Geologisch gesehen gehört Kirchgattendorf zum Mittelvogtländischen Kuppenland. Der ortsnahe Steinbruch gilt als ein Naturdenkmal. Warum? Ach, so etwas muss man sich einfach von Wissenschaftlern sagen lassen: »Der Bruch ist die

Typlokalität der Gattendorfia-Stufe im Karbon. Von dem früher aufgeschlossenen lückenlosen Profil der Devon/Karbon-Grenze (oberdevonischer Clymenienkalk und Kalkknollen führende Schiefer des tiefsten Unterkarbon) sind nur noch die obersten sieben Meter vorhanden, da ein überwiegender Teil des Bruches verfüllt ist.« – Ganz genau, alles klar?

Ein Schmuckstück des Dorfes stellt die Kirche dar. Allein schon das am Berg gelegene Ensemble ist äußerst ansprechend: das Pfarrhaus mit der Pfarrscheune und dem Jugendheim, daneben das renovierte Gotteshaus und der Kirchhof. Im umgebauten Pfarrstall übt der Posaunenchor, trifft man sich zur Bibelstunde, unterm Dach können sogar Jakobswegwanderer nächtigen. Die Kirche selbst geht auf einen Vorgängerbau aus dem 13. Jahrhundert zurück und wurde später stark barockisiert. Sie bietet jedoch Erstaunliches: Frauengestühl unten mit den Namen alteingesessener Familien wie Voigt oder Steinhäußer, gemalte Tafelbilder an der Empore, einen knienden Taufengel, der das Becken trägt, kunstvolle Insignien im Chorgestühl, einen imposanten Kanzelaltar, eine Herrschaftsloge sowie hinter einer Metalltür mit dem Totengerippe eine vermauerte Patronatsgrabstätte. Das Chorgestühl stammt aus der Zeit um 1500: ein beeindruckendes Werk Alt-Hofer Schnitzkunst mit Wappen und Symbolen in schwarzer Schablonenbrandmalerei. Zum gotischen Inventar gehört ein lebensgroßes Kruzifix, das um 1460 entstand und als Kuriosität einen hölzernen Gekreuzigten trägt – mit echtem Menschenhaar.

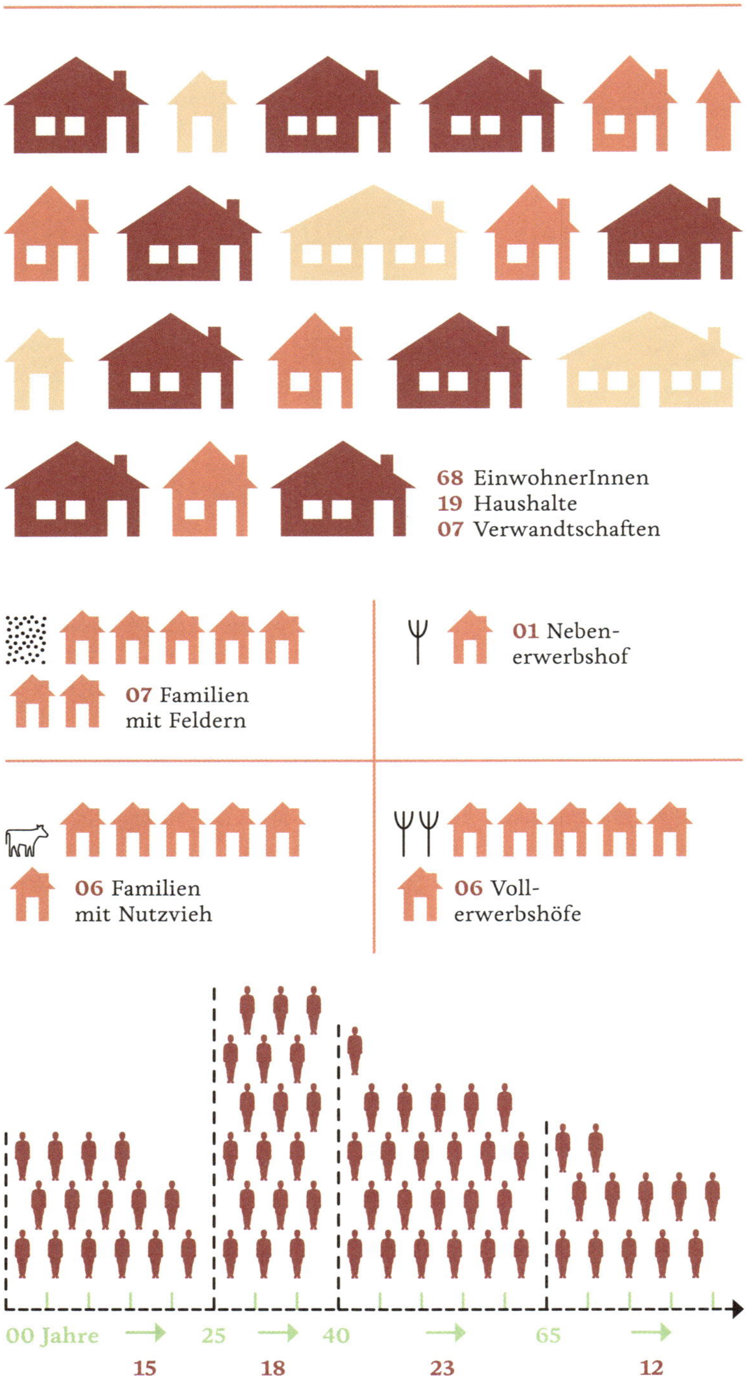
68 EinwohnerInnen
19 Haushalte
07 Verwandtschaften
07 Familien mit Feldern
01 Nebenerwerbshof
06 Familien mit Nutzvieh
06 Vollerwerbshöfe
00 Jahre
25
40
65
15
18
23
12

Er blickt den Betrachter an wie ein ausgemergelter Rockstar nach einer kraftzehrenden Konzertnacht. Ein anderes Glanzstück indes ist umgezogen: Der Flügelaltar aus der Zeit um 1510 steht heute als Gattendorfer Marienaltar im Bamberger Dom.

Das am Kirchberg gelegene alte Kantorshaus kann man als das Sinnbild der Dorfgeschichte erachten. Früher diente es als Schule und Lehrerwohnung, dann beherbergte es Polizisten, später die Gemeindeverwaltung. Die heutigen Besitzer verkörpern das eminent wichtige Ehrenamt auf generationenübergreifende Weise. Gleichsam als Familientradition versieht man das benötigte Amt des Posaunenchorleiters, Mesners, Organisten, Kirchenvorstands oder Feuerwehrkommandanten. Davon lebt eine Dorfgemeinschaft, genauso auch von der Dokumentation und Überlieferung all dessen, was vorhanden ist und hier geschieht. Was nicht gepflegt und weitergegeben wird, geht verloren und wird später schmerzlich vermisst.

Insofern sieht es mit Kirchgattendorf gut aus. Nicht nur, weil man zu feiern versteht, sogar spontan alles Nötige herbeischafft, sondern auch, weil man in der Not zusammensteht. Als eines Mittags Scheune und Stall eines Hofes in Flammen standen, halfen alle Einwohner zusammen und retteten das Vieh. Die betroffene Familie quartierte sich in einem leerstehenden Gebäude ein, eine Nachbarin kümmerte sich um den Haushalt, um Essen und Wäsche.

Das kleine Dorf zeigt immer wieder, was in ihm steckt: Einmal richtete man die »Hochfrankenspiele« aus für über eintausend Besucher. Im Winter wird gemeinsam ein Weihnachtsbaum für die Adventszeit aufgestellt, Kerzen angebracht und nach getaner Arbeit ein Schnaps getrunken. Mittlerweile gibt es im Ort auch wieder eine Wirtschaft, die *Bedarfs-Haltestelle.* Dreimal in der Woche kann man dort Herzhaftes schnabulieren: Backsteinkäs oder Sülze mit Musik, Brathering oder Obatzter mit Brot. Einmal im Monat findet sonntags auch das »Singa und Waafn« statt, ein geselliges Zusammensein bei Liedern und Gesprächen. Man kann sich vorstellen, wie Jean Paul dabeisitzt bei Bier und Brotzeit, wie er träumt von Waldkappel und Kuhschnappel, wie er singt, jauchzt und jubiliert, vielleicht sogar in schönstem Hochfränkisch.

Land- und Forstwirtschaft

Deutschland	0,7 %
Oberfranken	0,5 %
Mittelfranken	0,5 %
Unterfranken	0,7 %

Dienstleistungen

Deutschland	68,7 %
Oberfranken	60,9 %
Mittelfranken	67,8 %
Unterfranken	62,6 %

Produzierendes Gewerbe

Deutschland	30,5 %
Oberfranken	38,5 %
Mittelfranken	31,7 %
Unterfranken	36,8 %

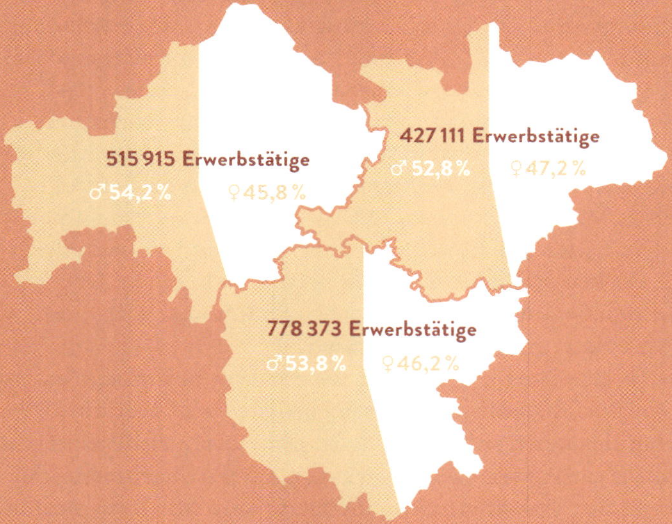

SchülerInnen Allgemeinbildende Schulen

OF 99 781 ♀49,1 % ♂50,9 %
MF 175 200 ♀48,4 % ♂51,6 %
UF 126 462 ♀48,87 % ♂51,13 %

SchülerInnen berufliche Schulen

OF 34 146 ♀43,7 % ♂56,3 %
MF 61 520 ♀45,4 % ♂54,6 %
UF 40 880 ♀43,8 % ♂56,2 %

Ø Klassengröße Allgemeinbildende Schulen

OF 23 SchülerInnen
MF 23 SchülerInnen
UF 22 SchülerInnen

Ø Klassengröße berufliche Schulen

OF 21 SchülerInnen
MF 21 SchülerInnen
UF 21 SchülerInnen

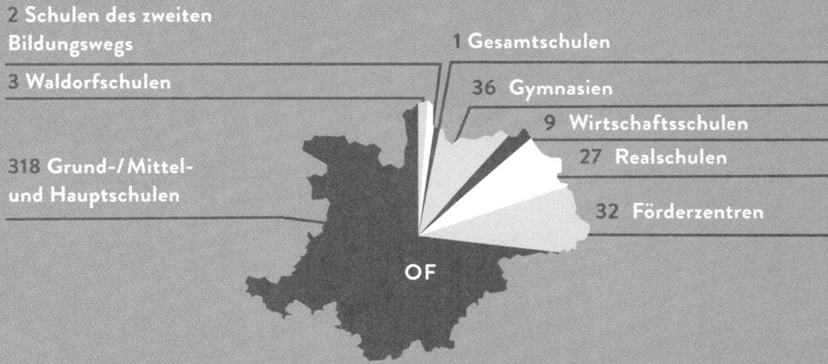

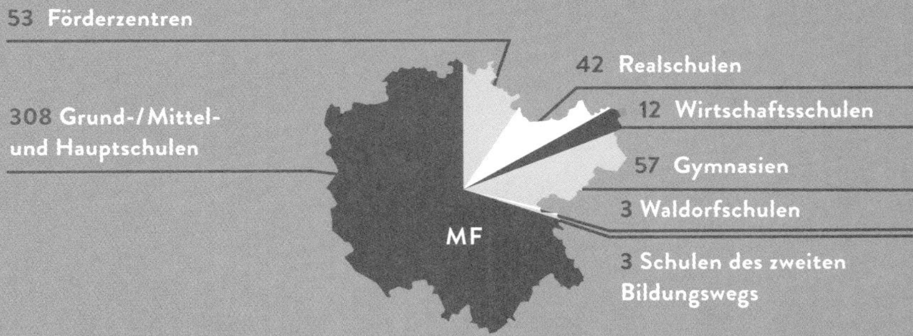

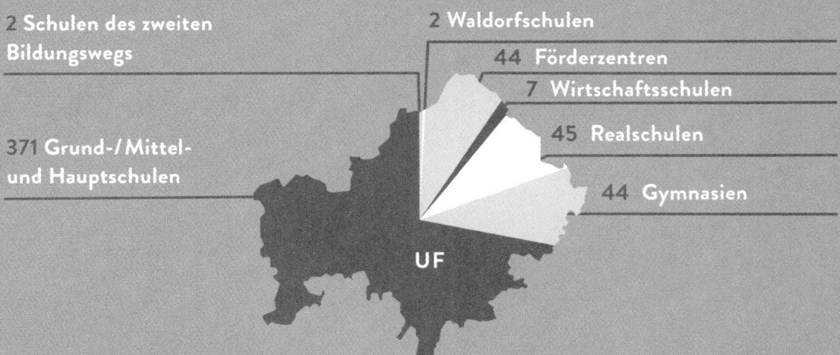

Lehrkräfte berufliche Schulen

OF 1689 ♀50,1% ♂49,1%
MF 3191 ♀53,2% ♂46,8%
UF 1949 ♀51,5% ♂48,5%

Lehrkräfte allgemeinbildende Schulen

OF 7651 ♀77,1% ♂32,9%
MF 13387 ♀70,9% ♂29,1%
UF 9900 ♀68,9% ♂31,1%

Hier oben am Flurkreuz hat man einen herrlichen Rundumblick in die Ferne.
zum Kreuz
Freiwillige Feuerwehr
ehem. Dorfteich
ehem. Schmiede
ehem. Dorfschule
Gasthaus
Das Gasthaus hat eine eigene Brennerei und einen Biergarten.

Neufang

Eifing (oberfränkisch)

Gemeinde Markt Wirsberg
Landkreis Kulmbach
Bezirk Oberfranken

Dorffeste Maibaumaufstellen mit Dorffest, Schützenfest

Vereine Freiwillige Feuerwehr, Schützenverein

Der Name Neufang kommt vom neu »eingefangenen«, eingezäunten Land

Neufang wurde 1406 das erste Mal urkundlich erwähnt.

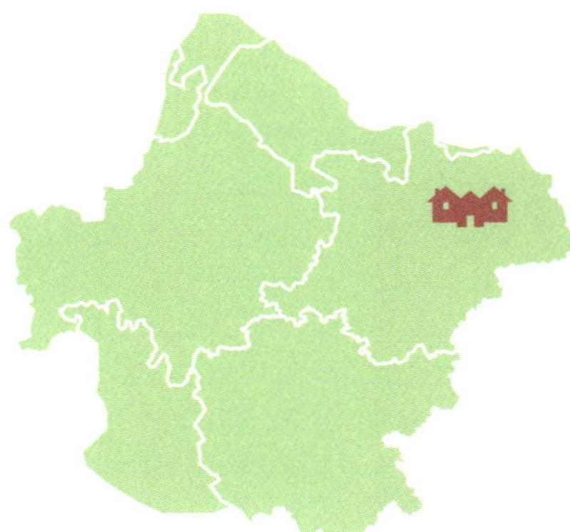

Hofbach

Auf diesem Feldweg gelangt man zur mittelalterlichen Kirchenruine.

50 m

NEUFANG

Der erste Neubau seit 58 Jahren

»Eifing hat an urichen Wirt, a Ruina, und licht droom am Berch.« So geht die Rede, dahin führt der Weg. Vom Luftkurort Wirsberg mit seinem bekannten *Posthotel* hinauf Richtung Kupferberg, wo es einst Bergwerke gab und wo Südtiroler und welsche Mineure in den Familien ihre unverkennbaren Spuren hinterließen.

Ein bergbaugeschichtlicher Wanderweg führt durch Neufang, dazu der Frankenwaldsteig und der Nortwaldweg. Kein Frankenbus stört den Frieden, nur ab und zu ein Schlepper oder Auto. Hunde laufen frei auf der Straße herum, Hühner gackern hinterm Zaun, Gänse und Ziegen starren den Besucher an. Ruhestörung gibt es hier nicht. Man glaubt es kaum, dass ein Geflecht von alten Hochstraßen und Wegkreuzungen dieses Reihendorf berührt. »Ein schönes kleines Kaff im Frankenwald, im Herzen Europas«, sagt ein Historiker im Ruhestand, der als Flüchtlingskind aus Oberschlesien in Neufang landete und Jahrzehnte später wieder hierherzog. Vom Flurkreuz oberhalb des Dorfes hat man einen herrlichen Blick in die Ferne: Der Ochsenkopf, der Schneeberg, die Kulmbacher Plassenburg, die Lanzendorfer Talbrücke der A9 liegen in leuchtender Klarheit vor den Augen.

Die Ruine am Wald außerhalb Neufangs ist die Giebelfront einer gotischen Wallfahrtskirche, die im 15. Jahrhundert erbaut wurde, eine kurze Blütezeit erlebte und hundert Jahre später wieder abgebrochen wurde. Geweiht war die sogenannte Heilingskirche den Drei Marien, den Zeuginnen von Jesu Auferstehung am Ostermorgen. Ihre Größe war für ein solches Frankenwaldnest imposant: mehr als dreißig Meter lang und zwölf Meter breit. Heute steht nur noch die Westmauer wie ein einsamer Zahnstumpf im Kiefer der Zeit. Allerlei Legenden ranken sich um diese Stätte. Ein unterirdischer Gang soll die Kirche mit Wirsberg verbunden haben, heißt es. In ihm sollen zwölf goldene Apostel versteckt gewesen sein. Als das Gotteshaus abgetragen wurde, brach man Steine heraus, um sie für die Höfe im Dorf zu verwenden. Anderntags soll man dieselben Steine jedoch wieder fest eingefügt in der Kirchenmauer gefunden haben. Wer sie für private Bauten benutzte, zog Viehsterben auf sich, sagt die Überlieferung. Die Steine wurden schließlich fortgeschafft, um das erste Wirsberger Schulhaus zu errichten. »Sunst wärn die Werschbercher niemools zu aana Schul kumma«, spotten böse Zungen. Alle hundert Jahre, am Tag ihrer Zerstörung, ersteht sie wieder im alten Glanz und wird sichtbar, wenn man sich um Mitternacht der Ruine nähert. Ob man sich vorher diverse geistige Getränke im Wirtshaus einverleibt haben muss, bleibt offen.

Neufang ist ein leicht überaltertes Dorf, besitzt aber Anziehungskraft. Ein neues Haus entsteht: der erste Neubau seit 58 Jahren.

»Uns fehlen zehn neue Familien, bunt gemischt«, sagt ein Gemeinderat. In etlichen Gebäuden leben nur wenige Personen, Kontaktmöglichkeiten schrumpfen. Eine alleinstehende alte Frau wird von der Nachbarin mit dem Nötigsten versorgt. Da jeder jeden kennt, nimmt man sich des anderen an. Ein Bauer machte beispielsweise mit einer Rentnerin aus,

58 EinwohnerInnen **15** Haushalte **06** Verwandtschaften

Nur ein Schulbus
fährt nach Kulmbach

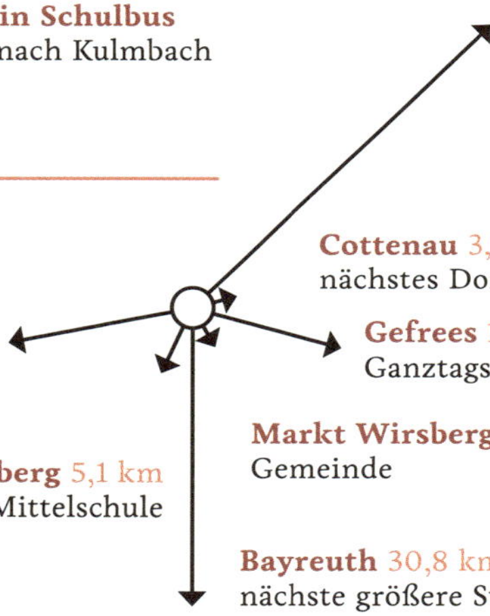

15 EinwohnerInnen arbeiten außerhalb
09 EinwohnerInnen arbeiten im Dorf selbst

dass sie jeden Morgen den Herd anschürt, damit er den Rauch aufsteigen sehen kann, als Zeichen, dass mit ihr alles in Ordnung sei. Das funktionierte lange Zeit so – bis der Schlot kalt blieb und die alte Frau tot in der Wohnung lag. »Du lachst mit alle mit, du greinst mit alle mit, so is des halt in am glanna Dorf.«

»Du lachst mit alle mit, du greinst mit alle mit, so is des halt in am glanna Dorf.«

Zwei Frauen, die in hiesige Bauernhöfe eingeheiratet haben, stammen aus Berlin. In den Jahrzehnten nach dem Krieg kamen viele Berliner als Urlauber und Kurgäste hierher. Die Wirtschaft war am Wochenende gerammelt voll »mit lauter Breißn«. Eine der Frauen zog mit ihren Eltern 1969 hierher, mit zwölf Jahren. Das Dorf hatte es ihr von Anfang an angetan. Sie schätzt die Ruhe und Natur, die Freundlichkeit und Hilfsbereitschaft der Bewohner. Wie man hier werkelt und arbeitet und schafft. Eine Grundschulfreundin hat sie noch in der Hauptstadt: »Ich fahr gern mal nach Berlin, aber noch viel lieber fahr ich wieder heim.« Hier am Land leben die Generationen oft noch zusammen: Sie selbst pflegte ihre kranke Mutter, die sie ins Dorf holte, nun zieht ihre eigene Tochter ins renovierte Haus der verstorbenen Oma.

Ein Urlauberehepaar aus Westfalen kam vor 28 Jahren zum ersten Mal nach Neufang und gehört heute im Gasthaus quasi mit zur Familie. »Damals war das Dorf noch nicht so herausgeputzt, weniger farbig. Vieles ist aber auch so geblieben: ruhig, einfach, entspannt.« Das Paar liebt die schöne Landschaft, das gute Bier, die Brotzeiten, das deftig-herzhafte Essen. Was es hier in Franken auch schätzt, kann man nur staunend zur Kenntnis nehmen: »Man setzt sich zu anderen an einen Tisch, kommt sofort ins Gespräch und plaudert offen und direkt, ohne Gesülze.« Wo wir Franken doch immer als zurückhaltend, distanziert und maulfaul bezeichnet werden!

Besonders beeindruckt hat das Paar die 600-Jahr-Feier in Neufang: Es goss aus Eimern, das Wasser lief den Berg und die

Dorfstraße herunter, aber alle waren auf den Beinen und die Stimmung war unglaublich toll. Die gemeinsame Tochter erinnert sich an die unbeschwerten Ferientage als Kind: Herumtollen ohne Erwachsene, das ganze Dorf als Spielraum, Fußball bei Vollmond. Eine rustikale Kindheit, naturbelassen und luftgetrocknet. Vor ein paar Jahren entschloss sie sich als Mittdreißigerin, ganz hierherzuziehen. Heute lebt sie in Neufang und genießt ihr »neues« Leben in der fränkischen Provinz.

Vorzeichen eines Trends? Der Historiker wagt die Prognose, dass es zu einer Renaissance des Landes kommen wird: »Das Dorf wird auch hierzulande wieder attraktiv, weil das Leben in der Stadt zu teuer wird. Familien mit Kindern gehen aufs Land, die Wirtschaft und Arbeitgeber ziehen nach.« Weg vom Trubel und Remmidemmi, von Feinstaub und Stress? Hin zur eingeschränkten Anbindung und Infrastruktur?

Nach dem Krieg besuchte er die einklassige Dorfschule in Neufang: 27 Schüler in acht Klassen mit einem einzigen Lehrer in einem Raum. »Gelernt hat man auch was, schließlich ist etwas Vorzeigbares aus uns geworden.« Was war das Entscheidende? »Damals war der Lehrer angesehen, die Schule hatte Bedeutung. Nach dem Krieg und der Flucht waren wir dankbar, dass wir zum Unterricht gehen durften. Es herrschte nicht Schul-Pflicht, sondern Schul-Recht.« Ist das Verklärung im Alter – oder des Pudels Kern?

Im Dritten Reich gab es hier eine Hans-Schemm-Schule, benannt nach dem Schustersohn (1891–1935) aus Bayreuth, der vom Dorfschullehrer zum NS-Funktionär aufstieg und somit also zu zweifelhafter Berühmtheit gelangte. Von Kindesbeinen an soll er heimatverbunden und interessiert an Naturkunde, Geschichte und Mythen gewesen sein. Mit 19 Jahren begann er als Volksschullehrer zu arbeiten und kam 1911 nach Neufang, wo er sich als engagierter Dorfschulmeister großer Beliebtheit erfreute. 1923 trat er der NSDAP bei und traf erstmals Adolf Hitler, 1925 gründete er die NSDAP-Ortsgruppe Bayreuth sowie den Gau Oberfranken, den er als NSDAP-Gauleiter der Bayerischen Ostmark dann befehligte. Er gründete den Nationalsozialistischen Lehrerbund, dessen Reichswalter er war. Schemm wurde in den Landtag, dann in den Reichstag gewählt und genoss eine enorme Popularität in Franken.

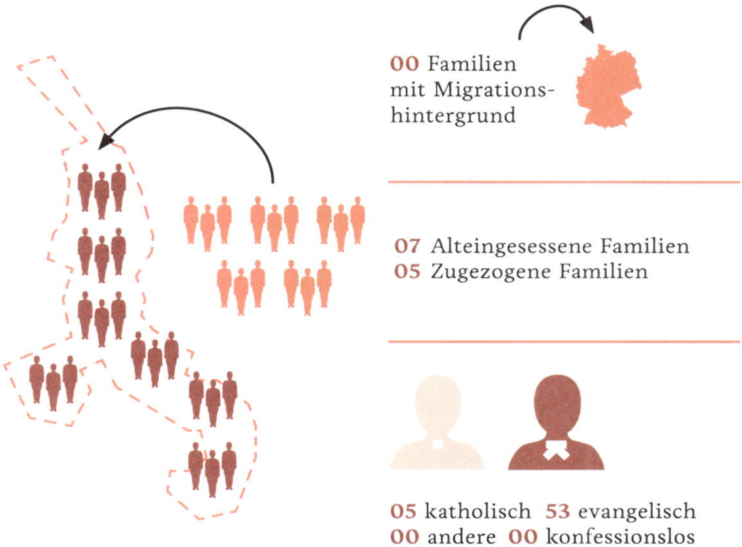

Nach der Machtergreifung und der brutalen Gleichschaltung wurde Schemm bayerischer Kultusminister, und Hitler selbst ernannte ihn zum »Leiter der kulturellen und erzieherischen Angelegenheiten Bayerns«. In dieser Funktion stattete er Neufang einmal einen Besuch ab. Der Tag wurde zum unvergesslichen Volksfest im Dorf. Als Schemm 1935 überraschend mit einem Flugzeug abstürzte und an den Unfallfolgen starb, hieß es, der Führer habe den aufstrebenden, leutseligen Rivalen aus dem Weg räumen lassen.

Zu den unauslöschlichen Wunden in Franken gehört das rasante Aufkommen der NSDAP hierzulande. Dass Rassenwahn, Judenhass und Kriegshetze gerade in dieser Region auf einen solchen Nährboden fielen, sollte niemals vergessen oder kleingeredet werden. Julius Streicher, Gregor Strasser, Karl Holz, Otto Hellmuth, Fritz Kempfler, Hans Schemm – diese Namen und Lebensläufe erzählen leider sehr viel Furchtbares über Franken.

»Der Schemm war schon ein verrückter Hund«, meint der emeritierte Historiker in Neufang, »der hat sogar Nachtigallen gezüchtet!« Dann zitiert er ein satirisches Tischgebet, das im Dritten Reich kursierte, das er jedoch in einem Schulbuch vor zwanzig Jahren nicht abdrucken durfte, weil der Verlag

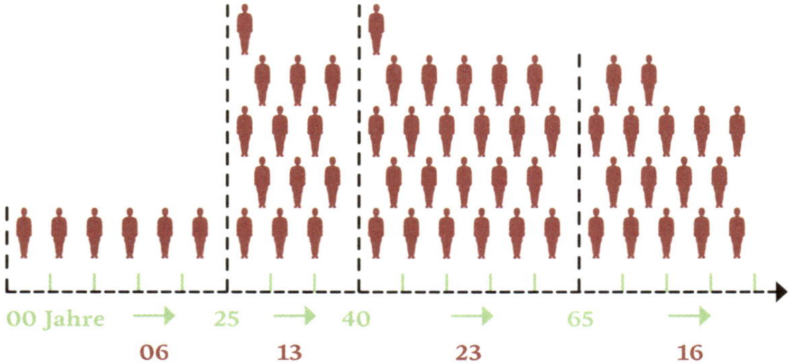

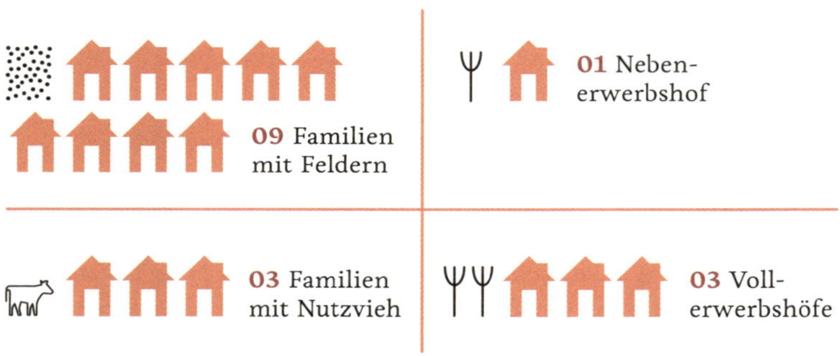

Unannehmlichkeiten befürchtete: »Komm, Adolf Hitler, sei unser Gast und segne, was du uns bescheret hast: Nicht immer nur Kartoffeln und Hering, sondern reichlich Essen wie bei Göring!«

Ein kleines Dorf birgt komische Geschichten. Seit einigen Jahren steht am Berg oberhalb des Ortes ein neun Meter hohes Eichenkreuz. Wie es dazu kam? Ein Bauer hatte im Radio einen Bericht darüber gehört, dass Richter das Anbringen von Kreuzen in Schulen untersagt hätten, und dachte: »Des kann doch wohl net wohr sei! Wo simmer denn? Am liebsten stellerdi selber ergendwo a Greuz hie!« Das sagte er Politikern, die ihm ihre rückhaltlose Unterstützung versprachen. Der Bauer jedoch war ihnen gegenüber skeptisch: »Wenns gut nausgeht, dann hamm des alles sie selber gmacht. Wenns obber dumm nausgeht, sinn die andern schuld.« Also besorgte er selbst Bagger und Beton, Eisenständer und Eichenbalken. Geplant war, dass es von zwei Pfarrern geweiht werden würde, aber nur der evangelische erschien, der katholische blieb weg. Weil das Flurkreuz quasi über Nacht errichtet wurde und nicht von jeder Seite zu sehen ist, hatte es im Ort tagelang niemand bemerkt. Dann aber war es Dorfgespräch. Ein Schild hängt heute daran: »Mensch, gedenke Deinem Schöpfer an jedem Tag Deines Lebens!« Eine erste Version des Kreuzes war übrigens aus Lärche; in die schlug der Blitz ein, dass nur verkohlte Brocken übrig blieben. Was das wohl zu sagen hatte?

Ein Dorf lebt aber auch von seinen Originalen, seinen unverwechselbaren Charakteren. Der Wirt in Neufang ist eine Marke für sich. Nicht nur, weil er exquisite Edelbrände herstellt, sein Sohn auch Whisky und Gin, die bereits verkauft sind, bevor sie abgefüllt werden. Er ist vor allem ein amüsanter, bodenständiger Geschichtenerzähler, dem man gerne zuhört, weil er Dorf und Welt mit einem Schmunzeln nimmt und zum Besten gibt. Wie er Gemeindearbeiter beobachtete, die Steine zu dubiosen Haufen aufschichteten. Als er fragte, was das werden solle, erhielt er die geheimnisvolle Antwort: »Ausgleichsflächen, da sollen Schlangen rein.« Oder vom nächtlichen Anruf eines jungen Gastes, der infolge Betrunkenheit um sofortige Abholung bat, aber nicht sagen konnte, in welchem Ort er sich eigentlich befand. Der Wirt beorderte ihn zum Ortsausgang und fragte: »Und? Wos liest etz am Schild?« »Herzlich willkommen.«

Ein Dorf lebt aber auch von seinen Originalen, seinen unverwechselbaren Charakteren.

Was das Sympathische an Neufang sei? Der Wirt lächelt und deutet zur Nachbarscheune: »Des!« Beim genaueren Hinsehen erkennt man dann das Geheimnis: Ein alter Kaugummiautomat hängt an der wetterzerfurchten Bretterwand und lockt mit verführerischen Fingerringen und Ansteck-Buttons aus längst versunkenen Jahrzehnten – eine Schatzkiste ohnegleichen.

Görau

Göra (oberfränkisch)

Gemeinde Stadt Weismain
Landkreis Lichtenfels
Bezirk Oberfranken

Dorffeste Dorffest, Patronatsfest (Kerwa), Kerwa, Sonnwendfeuer, Wallfahrten

Vereine Freiwillige Feuerwehr, Gartenbauverein und Jugendgruppe Görauer Fröschla, Kapellenbauverein, Stammtisch Halba Höih

Der Name Görau kommt vom slawischen Wort *gora* für Berg bzw. *gorina* für Bergland.

Görau wurde 1137 das erste Mal urkundlich erwähnt.

Geutenreuth,
Dörfles
Hier wohnt ein Antiquitätenhändler.
Ferienwohnung
Feuerwehr
Bestatter
Schreinerei
Ehemalige Dorfwirtschaft mit einer Laube im Hof, ideal für sommerliche Trinkrunden mit Flaschenbier.
Kreuz
Katholische Kapelle
St. Heinrich und
Kunigunde
zum Anger
Neudorf,
Modschiedel
Korbflechterei

GÖRAU

Vorgeschichtliches und Kindersegen

Görau liegt eingebettet auf einer Hochfläche zwischen Kulmbach und Weismain, am Frankenweg vom Rennsteig zur Schwäbischen Alb. Fährt man am Friedhof vorbei auf die Höhe, gelangt man zum »Ranga«, dem Görauer Anger, einem Aussichtspunkt mit einem Steilabfall am nördlichen Rand der Fränkischen Alb. Der Blick geht weit ins Land, ins Obermaingebiet, zum Thüringer Wald, zum Frankenwald, ins Fichtelgebirge.

Es ist der nördlichste Ausläufer des Frankenjura, der Fränkischen Schweiz, charakterisiert durch tiefe Täler, steile Ränder, magere Hochflächen mit lichten Wacholderheiden, den Spuren vorzeitlicher Dolinen. Eine Altlandschaft, ideal für Schafe und Ziegen. Der Ackerbau war dürftig und beschwerlich: »Viele Steine, wenig Brot, wenig Wasser und viel Not.«

> *Lange bevor die Franken kamen, lebten slawische Weidebauern an diesem Fleck auf der Höhe.*

Schon vor Jahrtausenden siedelten hier Menschen: In vorzeitlichen Hügelgräbern fand man Waffen, Schmuck und Werkzeug, sogar einen Wagen als Beigabe. Lange bevor die Franken kamen, vor mehr als zwölfhundert Jahren, lebten slawische Weidebauern an diesem Fleck auf der Höhe. Ihnen verdankt das Dorf seinen Namen, der sinngemäß »Bergland« bedeutet. Sie müssen sich schnell und problemlos mit den Franken arrangiert und vermischt haben. Man nimmt an, dass sie ihre slawische Sprache über wenige Generationen zugunsten der althochdeutsch-ostfränkisch geprägten Umgangssprache der neuen Herren aufgaben. Nur in den Namen für Orte, Flurstücke, Flüsse, da hallen ihre Echos bis heute nach (»nauf die Gleetsch«).

Seit dem Hochmittelalter gehört das katholische Straßendorf Görau zum Bistum Bamberg. Es war nie eigene Pfarrei, besitzt jedoch seit 1939 eine Kirche. Sie wurde vom Dorf selbst erbaut, aus den Steinen des ehemaligen Hirtenhauses. Geweiht ist sie Heinrich und Kunigunde, in den Glasfenstern beigesellt sind ihnen Notburga und Wendelin, die Heiligen der Bauern und Hirten. Der Altar aus Nussbaum ruht auf heimischem Dolomit und zeigt eine Besonderheit: Die Kreuzigungsszene, gemalt im Stil Albrecht Altdorfers, spielt sich am Görauer Anger ab. Das Kreuz steht auf einem Jurafelsen, fränkische Bauern und Waldarbeiter sind Zeugen des Heilsgeschehens, im Hintergrund ist in der Ferne die Plassenburg zu erkennen. Der zuständige Maler wurde 1946 dafür übrigens mit Naturalien bezahlt: Schweinefleisch, Geflügel, Getreide, Obst, Butter, Eier und Brennholz waren in der Notzeit wichtiger als Geld. Der Reichtum war hier ohnehin nicht zu Hause, nicht einmal bei den Herren von Görau. In ihrem »Schloss«, wohl eher ein

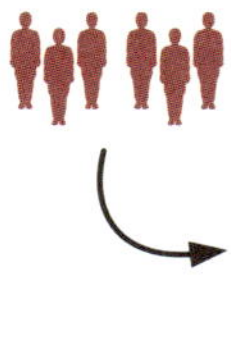

02 Familien mit Migrationshintergrund

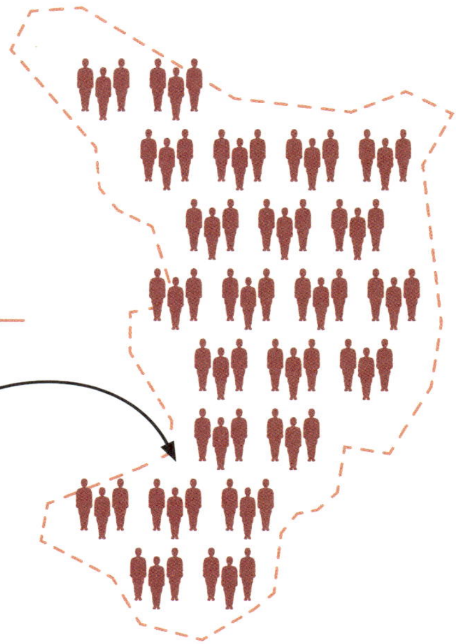

23 Alteingesessene Familien
07 Zugezogene Familien

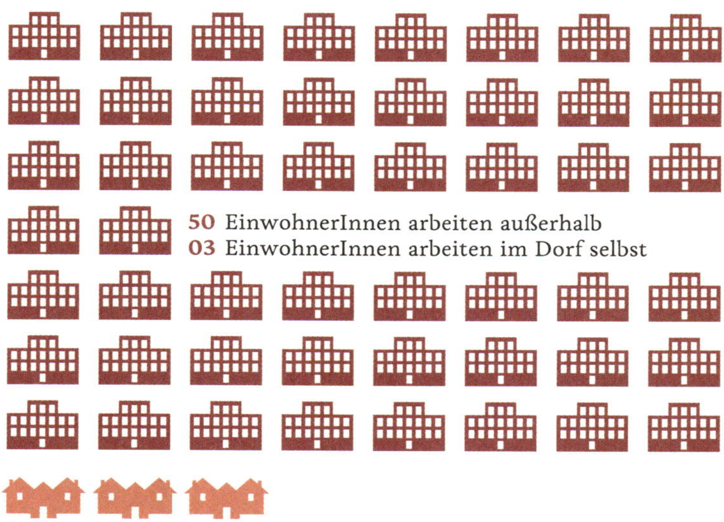

50 EinwohnerInnen arbeiten außerhalb
03 EinwohnerInnen arbeiten im Dorf selbst

14 Familien mit Feldern
10 Neben-erwerbshöfe
00 Familien mit Nutzvieh
00 Voll-erwerbshöfe
125 EinwohnerInnen
46 Haushalte
08 Verwandtschaften

schlichtes Wohnhaus denn ein stolzes Rittergut, lebte 1525 ein betagter Landadeliger mit seinem »bettrisskranken Weib«. Die aufrührerischen Bauern zündeten es aus Mitleid nicht an, sondern deckten nur das Dach ab – »ohne Ursache, auch ohne allen Fug und Glimpf, mit tödlichem Frevel«, wie der Grundherr dem Bamberger Bischof klagte. Im Dreißigjährigen Krieg wurden Dorf und Schloss schließlich zerstört, die Adelsfamilie starb aus. Am westlichen Ortsausgang steht noch eine Sandsteinsäule, eine barocke Marter aus jenem furchtbaren 17. Jahrhundert, als auch die Pest die Menschen hier haufenweise dahinraffte.

Auf Initiative einiger engagierter Görauer sammelt der Gartenbauverein die Erinnerungen von älteren Dorfbewohnern, um die Geschichte des Ortes und somit die Herkunft der Gegenwart zu beleuchten und aufzuheben. Ein alter Mann erzählt von seiner Schulzeit, den Strapazen und Ängsten, die er als Sechsjähriger durchleben musste. Er war das einzige Schulkind in Görau, das evangelisch war, deshalb musste er ganz allein drei Kilometer zum Unterricht nach Buchau laufen – im meterhohen Winterschnee, in der Dunkelheit, in der Gluthitze, im Sturm. Er gehörte zu jener Generation, die dann als Soldaten auch noch in den Weltkrieg zogen, um fremde Länder zu überfallen. Kein Wunder, dass sie ihre Gefühle stets hintanstellen und tief in sich vergraben mussten.

Schaut man hinein in die Familien und Häuser, auch in diesem kleinen Dorf auf der Jurahochfläche, findet man Tragödien des Alltags wie Blitzeinschläge, Unfälle, Verkehrstote. Einmal ging ein Jäger in den Wald, setzte sich auf einen Hochsitz und erschoss sich mit seinem Gewehr. Während des Krieges, als die meisten Männer fort waren, zündelten Kinder in einem Bauernhof und lösten einen Großbrand aus: Fünf Scheunen und drei Häuser wurden in Schutt und Asche gelegt. Im Sommer 1945 sprengten die Amerikaner eingesammelte deutsche Granaten und Explosivwaffen oben am Görauer Anger. Tiefe Krater und Trichter im Gelände sind heute noch zu erkennen. Vom größeren Unglück sieht man nichts mehr: Kinder entdeckten Blindgänger und Fundmunition und spielten damit herum, bis es zur tödlichen Detonation kam. Zwei Buben starben, sieben Kinder wurden zum Teil schwer verletzt. Die Erinnerung ist heute noch schmerzhaft lebendig.

Ein Ort braucht Antreiber mit Ideen und Energie, dazu Projekte und Aktivitäten, die Leute zusammenbringen und zusammenschweißen. In Görau sind das die Naturfreunde im Gartenbauverein mit der Jugendgruppe, den »Fröschla«, und der Stammtisch »Halbe Höih«. Der Name spielt auf die Lage des Dorfes an – auf »halber Höhe« hinauf zum Aussichtspunkt – aber auch auf den Mundartausdruck »Höih« für den Rausch. Der Gemeinschaftssinn, so heißt es, sei hier groß. Das war schon 1938 so, als der eigens gegründete Kapellenbauverein dafür sorgte, dass das Dorf ein Gotteshaus erhielt. Den Verein gibt es heute noch, auch der Friedhof mit seiner Kapelle wird von ihm betreut.

Sichtbares Zeichen für den Zusammenhalt ist das neue Feuerwehr-Gemeinschaftshaus, das in Eigenleistung erbaut wurde. Die Gemeindeflächen werden vom Dorf selbst gepflegt, ohne großes Tamtam, ohne dass Sprit oder Arbeitszeit der Stadt Weismain in Rechnung gestellt würden: »Die hamm ka Geld, drum müssmer's selber machen.«

Auffällig ist, wie selbstverständlich Jung und Alt hier noch zusammenleben. In einer Zeit, in der jede Generation andere Themen und Probleme, andere Vorstellungen und Vorlieben hat, sorgt in Görau die Familie noch für das Zuhause, für Absicherung und Geborgenheit. Alte Menschen werden gepflegt,

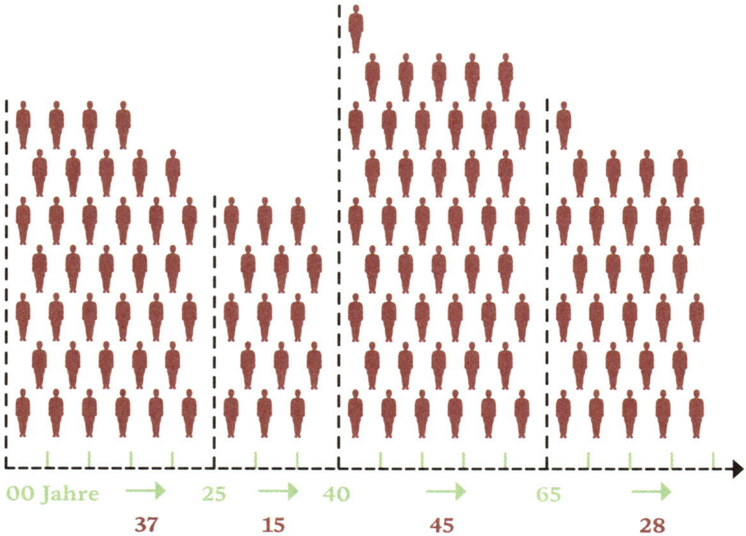

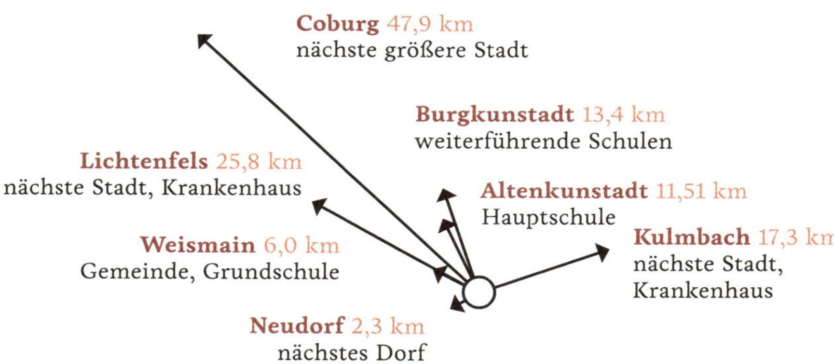

105 katholisch **12** evangelisch
00 andere **08** konfessionslos

Nur ein Schulbus fährt
in die nächste Stadt

den Jungen werden Ausbildung und Studium ermöglicht, Großeltern kümmern sich um Kinder und Jugendliche. 2008 wurde Görau prämiert als »kinderreichstes Dorf Deutschlands«. Auch zurzeit gibt es erfreulich viel Nachwuchs im Ort, junge Leute bleiben da, bauen und gründen Familien. Einträgliche Arbeitsplätze gibt es glücklicherweise in ausreichender Zahl. Das Leben am Land scheint seinen Reiz und Wert zu behalten. Fast alle Einwohner sind in den Vereinen dabei. Wenn jemand heiratet im Dorf, gibt es einen Polterabend, wird Spalier gestanden. »Man nimmt einfach teil am Dorf, man ist ein Teil davon. Wer mitmachen will, g'hört dazu.«

Auch zurzeit gibt es erfreulich viel Nachwuchs im Ort, junge Leute bleiben da, bauen und gründen Familien. Einträgliche Arbeitsplätze gibt es glücklicherweise in ausreichender Zahl.

Die Menschen hier, hört man, seien »Arbeitsnarren und Feierbiester mit Reisefieber«. Gewerkelt und geschafft wird viel, gemäß dem Motto am Land: »Unter der Woche wird Geld verdient, am Samstag wird gearbeitet.« Aber auch die Geselligkeit, das Miteinander-Feiern, stehen hoch im Kurs. Von den einst zwei Wirtshäusern wird eines noch als Flaschenbier-Laube gehegt und gepflegt. Alle Vereine machen Ausflüge, »Mehrdooch-Durn« und weltweite Urlaubsreisen, sogar als »Obermain Globetrotters« nach Asien, Afrika, Südamerika und Australien. Man führt Jura-Meisterschaften im Preisschafkopfen durch: »Da machen aa die Junga mit, aa die Mädla. Des Karteln kummt widder!«

Dittersbrunn

Didderschbrunn

(oberfränkisch)

Gemeinde Ebensfeld
Landkreis Lichtenfels
Bezirk Oberfranken

Dorffeste Maibaumaufstellen, Patronatsfest, Johannisfeuer, Veitsbergfest, Martinikirchweih

Vereine Feuerwehrverein, Stammtischverein Veitsbergfreunde, Gartenbauverein

Der Name Dittersbrunn kommt wohl vom Eigennamen Dieter bzw. Diether.

Die Burg Ansberg an der Stelle der heutigen St.-Veit-Kapelle wurde im Jahr 1087 mit »Gozwin de Ansperc« erstmals urkundlich erwähnt.

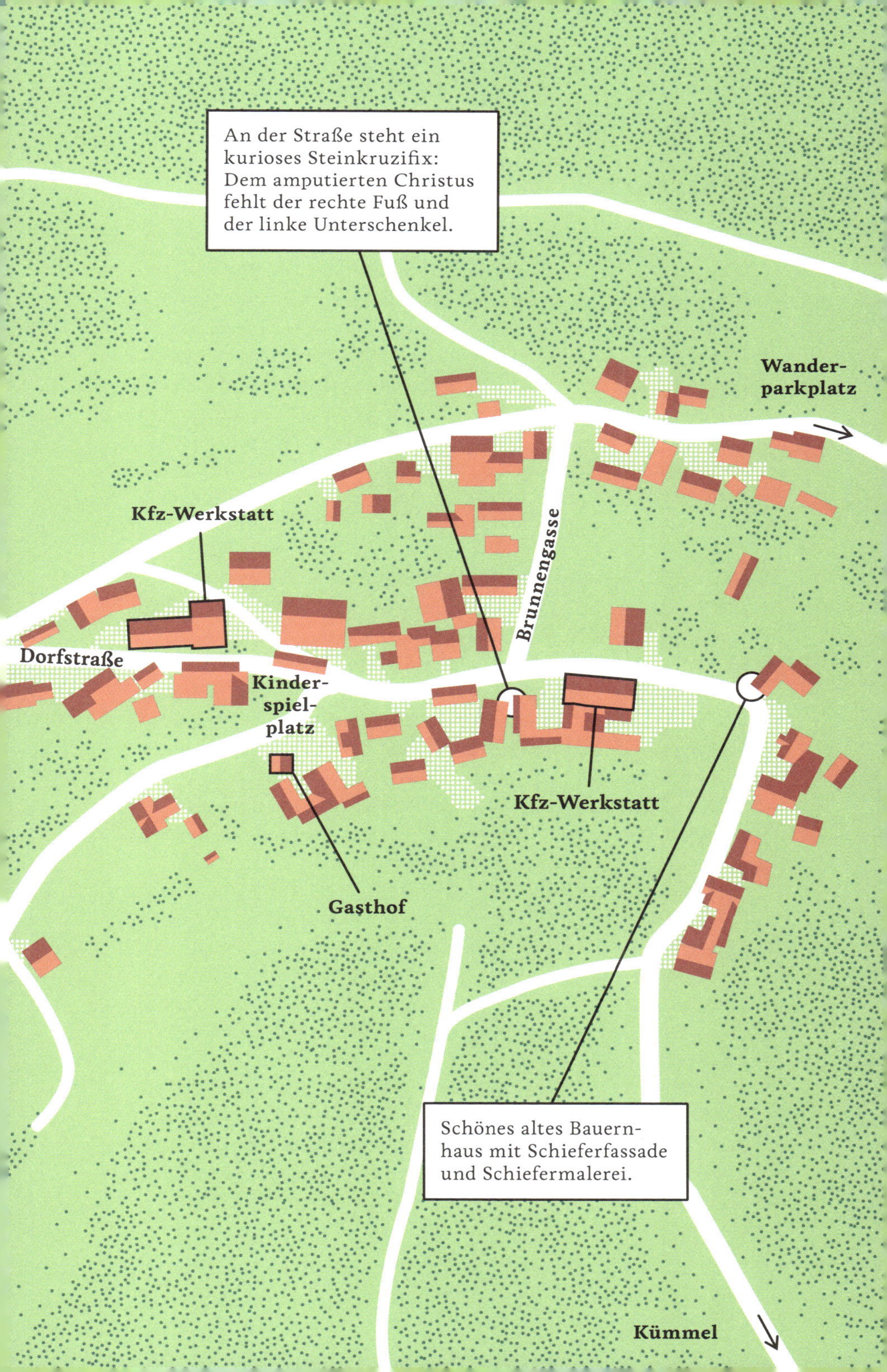
An der Straße steht ein kurioses Steinkruzifix: Dem amputierten Christus fehlt der rechte Fuß und der linke Unterschenkel.
Wander-
parkplatz
Kfz-Werkstatt
Brunnengasse
Dorfstraße
Kinder-
spiel-
platz
Kfz-Werkstatt
Gasthof
Schönes altes Bauernhaus mit Schieferfassade und Schiefermalerei.
Kümmel

DITTERSBRUNN

Meisterwerke und Bausünden

Wie ein Nest schmiegt es sich an den Veitsberg. Die Straße gabelt sich am Ortseingang, führt links an Häusern vorbei in die Höhe, während die eigentliche Dorfstraße einen nach rechts hineinlotst, um in Flur- und Wanderwegen zu enden. Weite Blicke tun sich auf ins Obermaintal, während einem zu beiden Seiten Dutzende von herumstehenden Gebrauchtwagen ins Auge stechen. Je länger man sie ansieht, die Fahrbereiten und Ausrangierten zwischen Holzstößen und Vogelgezwitscher, desto menschlicher schauen sie aus: gezeichnet vom Leben.

»Das Dorf der Schrauber und Scheidungen«, nennt es jemand. Die zweistellige Zahl an Scheidungen und Trennungen für so einen kleinen Ort ist beachtlich. Vor allem eingeheiratete Frauen verließen ihre Partner und gingen wieder weg von hier. Ein Zeichen unserer Zeit? Die einen klagen da über Zerfall und Beliebigkeit, die anderen sehen darin Veränderung, Neuorientierung und Flexibilität. Weder das eine noch das andere muss unwahr oder schlecht sein.

Die Zeiten ändern sich, und die Spuren sieht man im kleinsten Dorf. Vor dreißig Jahren war Dittersbrunn ein Bauerndorf, in den Ställen standen Rinder und Schweine.

1986 gab es dreizehn Milchlieferer, heute nur einen einzigen. Dafür gibt es Weiderinder und sogar einen kleinen Weinberg hinter einer Hangvilla. Geblieben sind die charakteristischen Hofgebäude sowie die alten Hausnamen, von denen selbst die Alteingesessenen nicht wissen, woher sie eigentlich kommen: die »Bangerzn«, »Kauerdn« und »Foxn«, die »Schweizer«, »Stängerla« und »Schona«.

In den 1980er-Jahren sah man viel mehr Fachwerkgebäude in Dittersbrunn. Während zeitgleich Abermillionen in die Prachtbauten von Banz und Seehof gesteckt wurden, hat man in den Dörfern bildschöne alte Fachwerkhäuser und -scheunen abgerissen und durch gleichförmige Zweckbauten ersetzt.

Mit sinnvollen Finanzhilfen und guter Beratung hätten zahllose historisch wertvolle Bauwerke erhalten werden können, die heute Schmuckstücke im Gesamtbild eines Ortes darstellen würden. Neben den landläufigen Bausünden findet man hier jedoch auch einige sehr gut hergerichtete Fachwerkhäuser.

Eines der schönsten Gebäude im Ort, ein Bauernhaus aus dem 18. Jahrhundert, fällt allein schon mit seiner Schieferfassade und dem ungepflasterten, ungeteerten Hof ins Auge. Der heutige Eigentümer hat es über viele Jahre hinweg sorgsam restauriert und umgestaltet. Das Anwesen als Ausdruck einer ganz spezifischen Landschaft und Geschichte. Kein Wunder auch, dass es sich im Inneren, am Kachelofen in der Stube mit der freigelegten fränkischen Decke, so gut tafeln und plaudern lässt unter den rauchschwarzen Brettern und kunstvoll handbehauenen Tragebalken.

»Zum heil'gen Veit von Staffelstein komm ich empor gestiegen, und seh' die Lande um den Main zu meinen Füßen liegen«, schrieb Victor von Scheffel

in seinem bekannten Wanderlied. Wahrscheinlich meinte er den heiligen Veit vom Ansberg, dem Hausberg von Dittersbrunn, den man landläufig den »Veitsberg« nennt. Der Märtyrer und Heilige wurde von den Frankenkönigen sehr verehrt. Sinnigerweise bekrönt eine Veitskapelle den Berg. Der heutige Bau stammt aus den Jahren 1718/19 und wurde von Dientzenhofer im Auftrag des Bamberger Fürstbischofs geplant. 18 von den 21 Linden, die das Gotteshaus umkränzen wie eine Krone, sollen »über 300 Jahre alt« sein und »Europas älteste geschlossene Lindengruppe« darstellen, sagen die Leute. Kaum erzählt man dies einem kundigen Heimatforscher, giftet der sofort los gegen die »Leerwaafer«, die alles »nachbabbeln«, von dem sie »nix verstenn«. Die Linden seien höchstens 200 Jahre alt, das hätten Experten bestätigt, und Lindengruppen gebe es in ganz Europa, und größere noch dazu, belehrt er den Zuhörer energisch eines Besseren.

Was stimmt, ist, dass der Veitsberg dereinst eine keltische Kult- und Opferstätte war. Hügelgräber und Siedlungsreste ringsum erzählen noch von diesem Keltenland. Lässt man den Blick von dort droben über die Lande schweifen, steht man über den Dingen, sieht das menschliche Gewusel dort drunten zu seinen Füßen – und die immerwährende Fülle der Natur. Unweigerlich spürt und ahnt man sowohl das Überzeitliche als auch das Vergängliche. Der 530 Meter hohe Dornig, die Küpser Linde als Panoramapunkt, die Dolomitfelsen der »steinernen Bräute«, die Streuobstbestände und Wacholderhänge, Buchenhaine und Fossilienböden – was für uralte Bestände hier zu entdecken sind!

Lässt man den Blick von dort droben über die Lande schweifen, steht man über den Dingen, sieht das menschliche Gewusel dort drunten zu seinen Füßen – und die immerwährende Fülle der Natur.

66 EinwohnerInnen 39 Haushalte 06 Verwandtschaften

61 katholisch 05 evangelisch
00 andere 00 konfessionslos

00 Familien mit
Migrationshintergrund

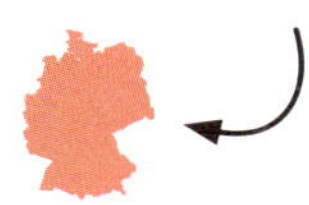

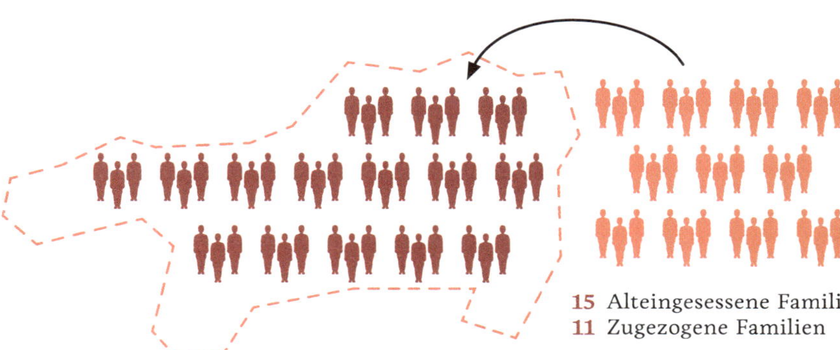

15 Alteingesessene Familien
11 Zugezogene Familien

05 Familien mit Feldern

04 Nebenerwerbshöfe

06 Familien mit Nutzvieh

00 Vollerwerbshöfe

Bahnverbindung ab Ebensfeld; **Bus** an Schultagen; **Bürgerbus** nach Anmeldung

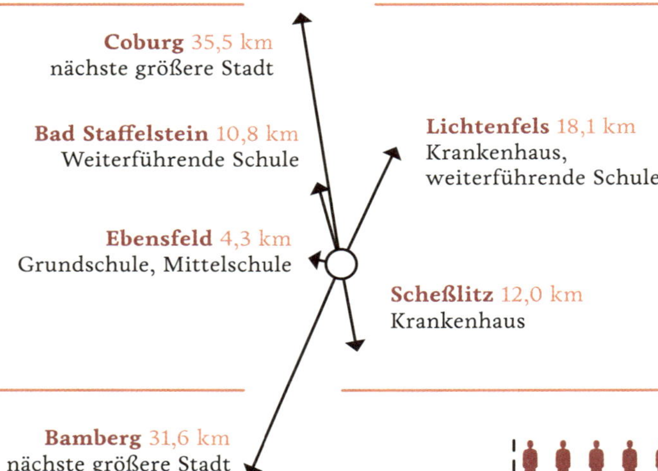

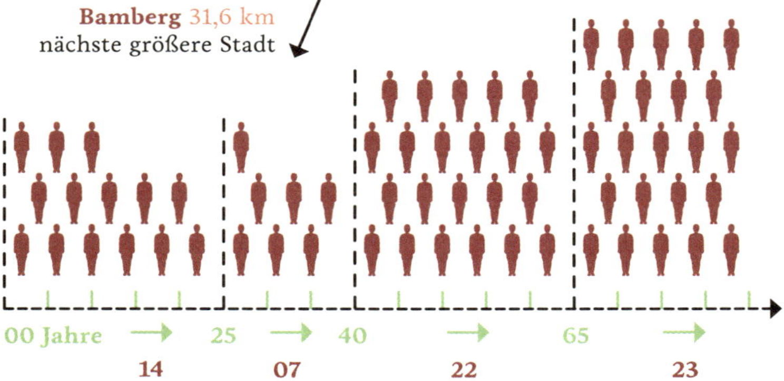

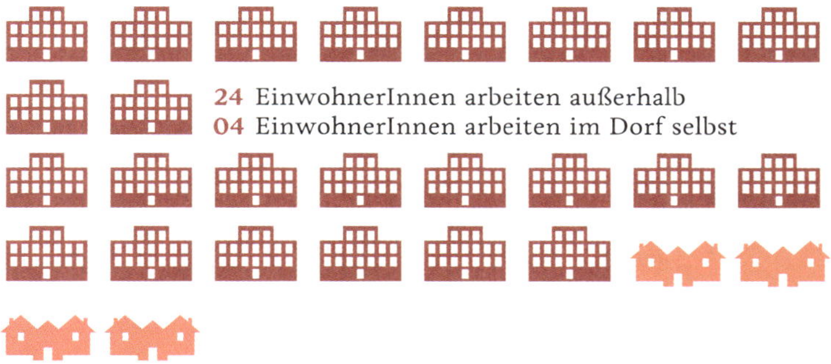

Das müssen sich auch Kunstdiebe gedacht haben, die 1977 bei den Dreharbeiten für den historischen Räuber- und Aufrührer-Film »Tod oder Freiheit« dabei waren, als Mario Adorf in einer Szene in der Veitskapelle auftaucht. 1981 jedenfalls wurde hier ein größerer Kirchenraub verübt und Heiligenfiguren gestohlen, die Jahre später wiedergefunden wurden, als ein Hehlerring in München aufflog, zu dem wohl auch Mitarbeiter des Filmteams gehörten. Der Räuberstoff des Films war ihnen offenbar allzu sehr ins Blut geschossen.

Oft hört man, der Veitsberg sei der Hausberg von Ebensfeld. Das wundert und ärgert eingefleischte Dittersbrunner sehr. »Erstens ist das unser Hausberg«, sagen sie, »mit dem die angeben und werben. Zweitens machen die Ebensfelder überhaupt kein Geld locker für die Kapelle oder für eine neue Lindengruppe. Die sind die Allerschönsten! Für was ich net tief in die Tasche lang, davon hab ich aa meine Finger zu lassen!« Kaum ist der Kessel am Brodeln, wird auch gleich der Geistliche noch mit eingekocht: »Der katholische Pfarrer dort kann mir g'stohlen bleiben. Der verbietet uns die Taufen von unsern Kindern und Enkeln in unserer eigenen Kapelle. Ja wo gibt's denn so was? Mit solchen Seelenhirten brauchst dich net wundern, wenn die Kirchen leer sinn!«

Fragt man in Dittersbrunn nach der Dorfgemeinschaft heute, wird eines sofort herausgestellt: die Feuerwehr. Ein Drittel des Ortes sind aktive Mitglieder, dazu gibt es eine Kinderfeuerwehr und eine Damenfeuerwehr.

Grüß Gott
in Dittersbrunn

Wenn der Holzhäcksler für die Hackschnitzelheizungen kommt, dann helfen alle zusammen, ohne Stunden aufzuschreiben, ohne Bezahlung, bis jeder sein Zeug »zammgärbert« unter Dach und Fach hat. »Man muss echt soong: Der Zusammenhalt, die gegenseitige Hilfe is schon was ganz Bsonderes.«

Was hat sich verändert im Dorf über die Jahrzehnte? »Heut wird mehr Obacht gegeben auf die Natur, beim Spritzen und Streuen. Früher sind ganze Badezimmer und Ziegeldächer im Wald entsorgt worden. Das ist heut schon anders. Lauter Vorschriften!«

Und sonst? »Früher sind die Rentner bucklert auf der Bank vorm Haus g'hockt, heut fliegen sie in die Türkei und nach Teneriffa.« Und im Dorf? »Man kommt nimmer so viel zamm wie früher. Aber wennsd an Rausch hast, dann führt dich bei uns dein Nachbar heim ins Bett.« Dann loben sie die begnadete Köchin im Dorfwirtshaus: »Die macht scho, dass bassd.« Am Sonntag herrscht hier volle Stube und Straße, sagen sie. »An Bauern, a Wirtshaus oder a Kirch – irgendwos mussmer hoom, sunst is a Dorf verlorn.«

»An Bauern, a Wirtshaus oder a Kirch – irgendwos mussmer hoom, sunst is a Dorf verlorn.«

Weiter hinten findet man ein ehemaliges Wirtshaus, das heute leer steht. Im Vorbau des sanierungsbedürftigen Fachwerkgebäudes sieht man ein Schild hängen an der Wand: »Die ganze Welt ist ein Irrenhaus, aber hier ist die Zentrale.« Dittersbrunn kann das nicht anfechten, denn sie haben ja den heiligen Veit, den Schutzpatron der Gastwirte, Bierbrauer und Winzer. Er gilt auch als Nothelfer bei Geisteskrankheiten.

Neudorfer Weg
Ein altehrwürdiges Bauern-
hofanwesen, das zur
Zeit noch Baustelle ist.
Evangelische
Dorfkirche
Gartencafé
Oberes Dorf
Haßfurter Grund
Kirchgasse
Die ehemalige Gastwirtschaft
mit einem Herzogszimmer,
das niemand betreten durfte
und stets reserviert blieb für
den Herzog, der zur Jagd kam.
Ferien-
wohnungen

Köslau

Kößla (unterfränkisch)

Gemeinde Stadt Königsberg
Landkreis Haßberge
Bezirk Unterfranken

Dorffeste Jährliches Dorffest, Maibaumaufstellen

Vereine Orts- und Verschönerungsverein, Löschtruppe der Feuerwehr Dörflis-Köslau, Posaunenchor (mit Dörflis)

Der Name Köslau kommt vom slawischen Wort *kozilu* für Ziegenbock.

Köslau wurde 1231 das erste Mal urkundlich erwähnt.

KÖSLAU

Eine evangelische Insel im Mittelgebirge

Der von Wäldern umgebene Ort liegt auf einer Hochebene der Haßberge wie ein Nest in der Mulde. Anmutig geschwungene Höhen und Täler sorgen für viel Wechsel, Vielfalt und Fruchtbarkeit. Nicht vorstellbar, dass man in diesem Naturpark eine Reihe von Windrädern aufstellen wollte – was von betroffenen Menschen mit Weitblick verhindert werden konnte. Mountainbiker finden hier reizvolle Strecken, Radwanderwege durchziehen das ruhige, kleinstrukturierte Land.

Entstanden ist Köslau wohl als slawische Siedlung, dann kamen die Franken als neue Herren. Nach 900 erwärmte sich das Klima, damit verbesserte sich der Feldbau, die Bevölkerung wuchs, zumal immer mehr fränkische Siedler nachdrängten und Land suchten zum Roden und Urbarmachen.

Von der Anlage her handelt es sich bei Köslau um ein Haufendorf, das von vier Straßen in Kreuzform durchzogen wird, sodass sich in der Mitte ein freier Platz mit einer Linde bildet, wo man auch Kirche, Rathaus und die ehemalige Schule findet. Ein Spitzname der Köslauer war früher »die Dunnerkeiler«, wohl weil sie beim »Gfredd« mit den Zugtieren ihre »Donnerkeile« der Wut hinausfluchten.

Nach der Aufhebung der Grundherrschaft um 1850 kamen die Bauern hier zu Wohlstand. Dies zeigt sich im Ortsbild bis heute: massive zweistöckige Sandsteinhäuser, oft mit Fachwerkaufbau und stolzen Sattel- oder Walmdächern aus Ziegeln. Den Charme eines Bauerndorfes besitzt das Dorf immer noch – obwohl die Bauern fast verschwunden sind.

»Die Bewohner von Köslau sind ein gesunder und kräftiger, aber schwerfälliger Menschenschlag. Sie sind sehr fleißig und dabei recht sparsam. Fest am Alten haftend, verschließen sie sich oft gegen alle Neuerungen, auch gegen solche, die ihnen die Arbeit erleichtern würden«, formulierte der Dorfschullehrer Hofmann 1907, mit dem Nachsatz: »Die Kinder kommen meist sehr sprech- und spracharm zur Schule.«

Das ist heute ganz anders: Die Dorfbewohner reden viel und plaudern gern. Ihre Zungen schneiden den Tätigkeitswörtern gern die Endungen ab (»mach müss«). Der hiesige Dialekt sagt »aa Madla«, aber »zwaa Madlich«. Ein Mutterschwein, eine »Hutsch«, hat »Suggelich«, eine Henne »Ziebelich«, eine Gans »Wiwelich« und eine Ente »Babelich«. Man könnte dieser Mundart stundenlang zuhören.

Ein Mutterschwein, eine »Hutsch«, hat »Suggelich«, eine Henne »Ziebelich«, eine Gans »Wiwelich« und eine Ente »Babelich«.

Köslau liegt am »Rennweg« – eine Hochstraße aus der Zeit Karls des Großen. Sie verband das Kloster Fulda mit Bamberg und geht auf eine uralte Boten- und Handelsstraße zurück. Spätestens mit der Eisenbahn spielte das aber keine Rolle mehr, der Ort war abgehängt ohne Zuganschluss.

Jahrhundertelang gehörte Köslau zum Gebiet der sächsischen Herzöge, zuletzt zum Herzogtum Sachsen-Coburg-Gotha, bis 1918. Erst 1920 kam es mit Coburg zum Freistaat Bayern. In der Gastwirtschaft gab es damals ein »Herzogszimmer«. Das bestand aus zwei Räumen, die niemand betreten durfte. Dort logierte der hohe Herr, wenn er zur Jagd kam. Als ein Soldat aus Köslau im Ersten Weltkrieg als Kriegsgefangener nach England kam und er sagte, er stamme aus Coburg, wurde er höflich behandelt und durfte für die Offiziere auf dem Klavier musizieren – schließlich war er ein Landsmann von Queen Victorias heißgeliebtem Gemahl Albert.

Die hohen Herren bestimmten auch das Glaubensbekenntnis ihrer Untergebenen, deshalb blieb Köslau immer lutherisch, eingeschlossen vom Einzugsbereich der Bamberger und Würzburger Bischöfe. Diese Insellage bedingte, dass es für die Einheimischen früher schwer war, passende Ehepartner zu finden, denn sie kamen kaum aus dem Dorf heraus und nur wenige Ortschaften drumherum waren wie sie evangelisch. Folglich heiratete man gern jemanden aus der »Freundschaft«, also der angeheirateten weiteren Verwandtschaft, sodass manche Namen immer wieder in den Häusern und Dokumenten auftauchen. Dies führte zu Ahnenschwund in den Stammbäumen – und zu vielfältigen verwandtschaftlichen Querverbindungen.

Die vom Glaubenskonflikt ausgelöste Katastrophe des Dreißigjährigen Krieges verheerte und verarmte auch Köslau. Ein fränkischer Ort mag noch so klein und abgelegen sein, die Spuren der vielen Kriege sind deutlich zu erkennen. Immer wieder liest man von Verwüstungen und Brandschatzungen, von Soldatendurchzügen und Plünderungen.

Ein fränkischer Ort mag noch so klein und abgelegen sein, die Spuren der vielen Kriege sind deutlich zu erkennen. Immer wieder liest man von Verwüstungen und Brandschatzungen, von Soldatendurchzügen und Plünderungen.

Als im Sommer 1796 ein Trupp des französischen Heeres ins Dorf kam, raubte dieser alles Essbare und Trinkbare, benutzte die Kirche als Pferdestall und Schlachthaus und bedrohte die Frauen und Mädchen. Die Frau des Schultheißen wurde von einem Soldaten gepackt, sie wehrte sich jedoch energisch und riss dem Angreifer den Mund auf, dass er bis zum Ohr als klaffende Wunde offenstand. Sie entkam – selten genug in Zeiten männlicher Gewalt dieses Ausmaßes.

Die Weltkriege von Kaiser und Führer haben furchtbares Unglück angerichtet in den Familien – Leid, das bis heute

22 katholisch 60 evangelisch
00 andere 00 konfessionslos

Nur ein Schulbus fährt
in die nächstgelegene Stadt

82 EinwohnerInnen
34 Haushalte
06 Verwandtschaften

06 Familien
mit Feldern

06 Neben-
erwerbshöfe

02 Familien
mit Nutzvieh

01 Voll-
erwerbshof

nachwirkt. Söhne wurden getötet, die Höfe fortführen sollten und Familien ernähren wollten. Kinder verloren den Vater, den sie zeitlebens entbehren und vermissen mussten. Geschwister waren gezwungen, ein Leben zu führen, das sie sich nicht gewünscht hatten. Die psychischen Erschütterungen, die Eltern, Brüder und Schwestern, Witwen und Nachkommen zu ertragen hatten, sind unvorstellbar. Die überlieferten Tragödien lassen viel erahnen. Ein verheirateter Mann und Familienvater, der sich auf ein Verhältnis mit einer jungen Soldatenwitwe einließ, erschlug im Affekt seine ihn anklagende Frau; als er sah, was er angerichtet hatte, erhängte er sich. Zurück blieben Eltern und Kinder, die über diese Tragödie irgendwie hinwegkommen mussten …

Köslau hat eine eigene Kirche, in der etwa alle vierzehn Tage ein Gottesdienst stattfindet. Den Pfarrer teilt man sich mit den Nachbargemeinden Dörflis und Pettstadt. Der zwiebelförmige Turm des Kirchleins sitzt auf dem Unterbau wie eine Schieferhaube auf einem wuchtigen Schädel. Früher gab es in Köslau auch eine eigene Schule mit einem Dorflehrer. Das ist vorüber, ebenso die Zeiten von Schmied, Schuster und Schneider. Gab es einst zwei Wirtshäuser, so findet man heute keines mehr. Aber es gibt Anzeichen eines Neubeginns.

Seit 2016 bietet ein Gartencafé am Wochenende Ausflüglern Kaffee und selbst gemachte Kuchen an. Die Betreiberin ist in Köslau aufgewachsen und wollte nie

woanders leben. Sie hat das Bäcker- und Konditorhandwerk gelernt, ein Garten am ruhigen Dorfrand war vorhanden und die Familie bereit, den Betrieb mit zu unterstützen. Anfangs war es ein Wagnis, doch der Erfolg spricht mittlerweile für sich. Von überallher kommen die Gäste und schwärmen von diesem Idyll. Die Kehrseite ist, dass am Samstag und Sonntag die Straßen vollgeparkt sind mit Fahrzeugen, zuweilen sogar Einfahrten und Grundstücke. Das scheint Anstoß zu erregen, denn prompt ging eine anonyme Anzeige ein, die der Cafébetreiberin Dinge unterstellte, die zwar haltlos waren, aber die Atmosphäre vergiften. Der Kontrolleur vom Amt bemerkte nur lakonisch: »Wer Erfolg hat, der braucht a dickes Fell. Es gibt arg viel Leut, die dem andern nix gönnen.« Eine Folge dieser Anzeige ist, dass der Ortsverschönerungsverein derzeit ruht, weshalb in diesem Jahr kein Maibaum aufgestellt und das Dorffest abgesagt wurde. Eine einzige Person genügt wohl, um eine Gemeinschaft zu schädigen.

»Man kriegt viel geschenkt im Leben – bloß den Neid, den muss man sich erarbeiten.«

Missgunst – ist das ein immer wiederkehrender fränkischer Grundzug? Fast könnte man es meinen, denn das Motiv taucht in vielen Gesprächen in unterschiedlichen Dörfern auf. »Man kriegt viel geschenkt im Leben – bloß den Neid, den muss man sich erarbeiten.« Das sagt ein junger Familienvater, der den Hof seiner Vorfahren im Nebenerwerb weiterführt. »Der Zusammenhalt war früher größer. Da war man aufeinander angewiesen und kam mehr mit den anderen zusammen. Heute grenzen sich die Leute viel stärker ab. Wenn mal Not am Mann ist, bei Sturmschäden oder so, da hilft man natürlich zusammen. Aber so ist jeder für sich. Die Harmonie ist weg.« Aber woanders leben, das käme ihm dennoch niemals in den Sinn.

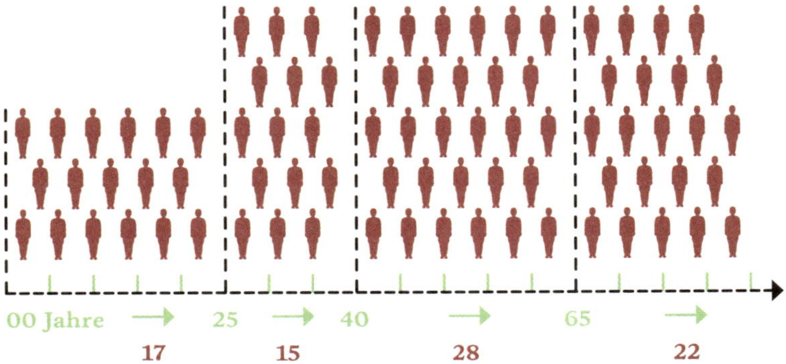
00 Jahre
25
40
65
17
15
28
22

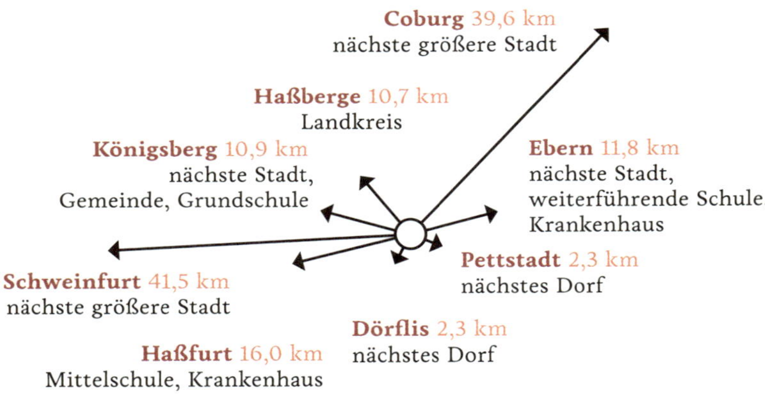
Coburg 39,6 km
nächste größere Stadt
Haßberge 10,7 km
Landkreis
Königsberg 10,9 km
nächste Stadt,
Gemeinde, Grundschule
Ebern 11,8 km
nächste Stadt,
weiterführende Schule,
Krankenhaus
Pettstadt 2,3 km
nächstes Dorf
Schweinfurt 41,5 km
nächste größere Stadt
Dörflis 2,3 km
nächstes Dorf
Haßfurt 16,0 km
Mittelschule, Krankenhaus

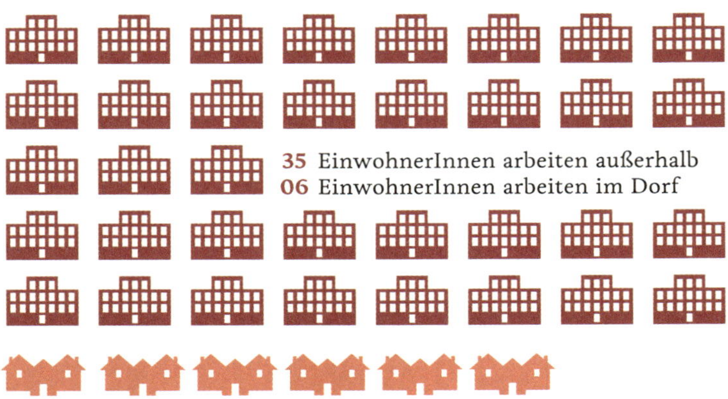
35 EinwohnerInnen arbeiten außerhalb
06 EinwohnerInnen arbeiten im Dorf

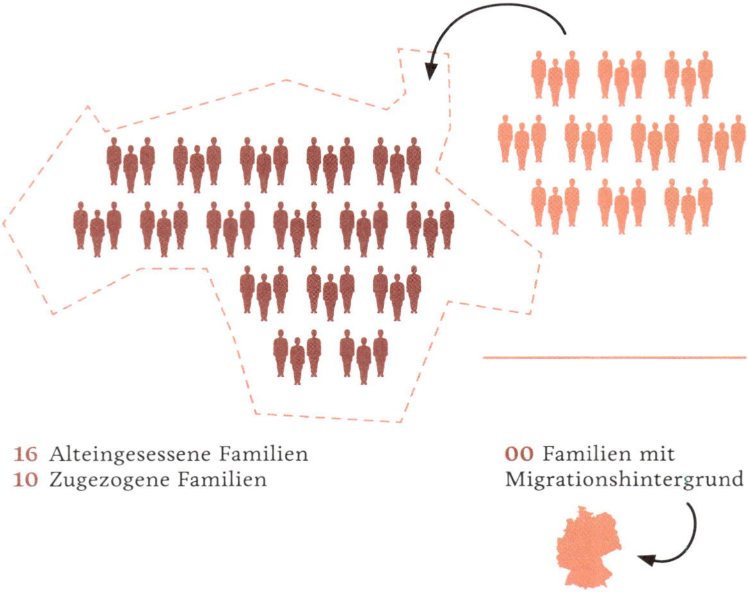

Er kennt die Welt, aber er kehrt immer gern nach Hause zurück, denn trotz allem gilt für ihn: »Die Ruhe, die Natur, die Familie, des is unschlagbar.«

Der Satz könnte auch von einem zugezogenen Ehepaar stammen, das ein Bauernanwesen von 1821 mustergültig renoviert hat und dafür mit einem Staatspreis ausgezeichnet wurde: ein zweigeschossiges, giebelständiges Halbwalmdachhaus mit Fachwerkobergeschoss. Sie führen andernorts einen Schreinerbetrieb, wollen aber im Ruhestand ganz hierherziehen. Heute schon vermieten sie Ferienwohnungen, die sehr geschmackvoll gestaltet sind und Zeugnis ablegen von der Handwerkskunst des Holzfachmanns. Vor Jahren haben sie auch das angrenzende ehemalige Brauhaus aus dem 19. Jahrhundert erworben und qualitätsbewusst restauriert: ein eingeschossiger Sandsteinquaderbau mit Rundbögen, Satteldach und zweigeschossigem Zwerchflügel. Mittlerweile wird hier sogar wieder Bier gebraut für Hausgäste und den privaten Genuss: Eigenkreationen, die »jeds Mal a bissla annersch schmecken«. Ein kostspieliges Hobby, mehr nicht, aber wer weiß, vielleicht bekommt Köslau ja wieder eine Braustätte im alten Brauhaus?

Aus der Schnapsidee eines Einzelnen wird manchmal ein Schmuckstück für viele. So wie bei der »Villa«, einem vor gut hundert Jahren als »Eremitage« (Einsiedelei) gebauten Sommerhaus am Ortsrand: im Schweizer Landhausstil errichtet, gemischt mit fränkischen Jugendstilelementen. Erbaut wurde das außergewöhnliche, von Bäumen verborgene Gebäude von »Schorsch« Denninger, einem Bauernsohn aus Köslau, der eigentlich Lehrer werden sollte. Als Schüler in Coburg entdeckte er jedoch seine große Liebe zum Theater und beschloss, Schauspieler zu werden. Gegen den Willen des Vaters setzte er seinen Kopf durch. Er heiratete die aus Graz stammende Schauspielerin Mizzi Nicoletti und ließ in Köslau diesen Sommersitz für bühnenbegeisterte Schöngeister errichten. Eine Nichte von Mizzi war im Übrigen die Burgschauspielerin Susi Nicoletti (1918 – 2005), die in bekannten Filmen neben Leinwandgrößen wie Hans Moser

und Paul Hörbiger zu sehen war. Auch sie verbrachte wohl idyllische Kindheitstage hier in der Köslauer Abgeschiedenheit.

Der Schriftsteller Karlheinz Deschner schrieb einmal, dieses Dorf sei »ein ganz unverfälschtes, wohltuendes Bauernnest«, »ursprünglich und still«, um sogleich einschränkend zu behaupten: »Jedes Gehöft sein Dickschädel für sich; doch alles eine Einheit.« Ist das heute auch noch so? Ein echtes Bauernnest ist es nicht mehr. Die alten Höfe beherbergen teilweise neue Betriebe: einen Pflegedienst, ein Café, Ferienwohnungen. Manche Zuzügler wollen für sich bleiben und mit den Alteingesessenen gar nichts zu tun haben. Das soziale Miteinander ist weniger geworden. Der Posaunenchor hatte mal 32 Bläser, heute sind es neun. Ähnlich beim Kirchenbesuch. Dafür gibt es noch drei Schnapsbrenner.

Gleichwohl bekennt sich auch ein 21-Jähriger zu seinem Heimatdorf. Schon mit zehn Jahren wünschte er sich zu Weihnachten eine Motorsäge und liebte das Bulldogfahren beim Nachbarn. Mit der Hand arbeiten, im Wald oder im Haus, alles selber machen, »des is scho meins«. Seine Freundin schätzt ebenfalls die Ruhe am Land, das überschaubare Dorf, den familiären Rückhalt. Kein Grund also zum Pessimismus.

Der höchste Punkt

SCHNEEBERG im Fichtelgebirge, Oberfranken
›› 1 051 m über NHN

Der tiefste Punkt

KAHL AM MAIN bei der Mündung des Flusses Kahls in den Main, Unterfranken
›› 110 m über NHN

Der größte See

GROSSER BROMBACHSEE Mittelfranken
›› 8,7 km²

Der längste Fluss

MAIN
›› 527 km Fließstrecke

Die größte Stadt

NÜRNBERG Mittelfranken
›› 511 628 EinwohnerInnen

Die kleinste Stadt

ROTHENFELS bei Lohr am Main, Unterfranken
›› 370 EinwohnerInnen

Das nördlichste Dorf

WEIMARSCHMIEDEN Fladungen, Unterfranken

Die westlichste Gemeinde

GROSSWELZHEIM Unterfranken

Das östlichste Dorf

FISCHERN Schirnding, Oberfranken

Das südlichste Dorf

BÜTTELBRONN Langenaltheim, Mittelfranken

Die älteste Burg

LISBERG Oberfranken
›› bereits 820 erwähnt

Das älteste Kirchenbauwerk

ST.-GALLUS-KIRCHE
Pappenheim, Mittelfranken
›› Entstehungszeit 9. Jh

Die ältesten Fossilien

ARCHAEOCYATHEN
Kelchtiere, gefunden im Frankenwald
›› 520 Mio. Jahre alt

Der älteste noch trinkbare Wein (der Welt)

STEINWEIN Würzburg, Unterfranken
›› Jahrgang 1540

Der älteste Baum

GERICHTSLINDE AUF DEM BURGBERG
Castell, Unterfranken
›› geschätzte 818 Jahre alt (+/- 300 J.)

Der höchste Baum

SPESSART-DOUGLASIE
bei Aschaffenburg, Unterfranken
›› ca. 60,5 m

Sachserhof

Sasserhouf (unterfränkisch)

Gemeinde Arnstein
Landkreis Main-Spessart
Bezirk Unterfranken

Dorffeste Ein Dorffest alle 5 Jahre

Vereine Verband der Schäfereiberechtigten, Heimatpflegeverein

Der Name **Sachserhof** kommt wahrscheinlich vom alt- bzw. mittelhochdeutschen Wort *sachser* für Schilf und Riedgras.

Sachserhof wurde **1447** als Schafhof der Herren von Thüngen das erste Mal urkundlich erwähnt.

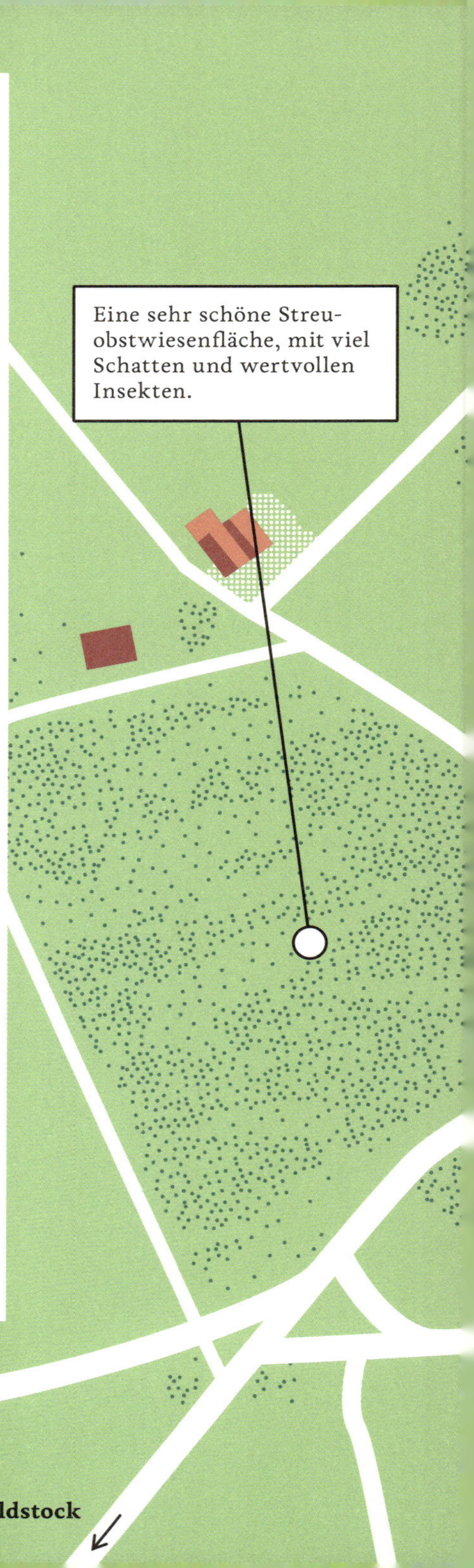

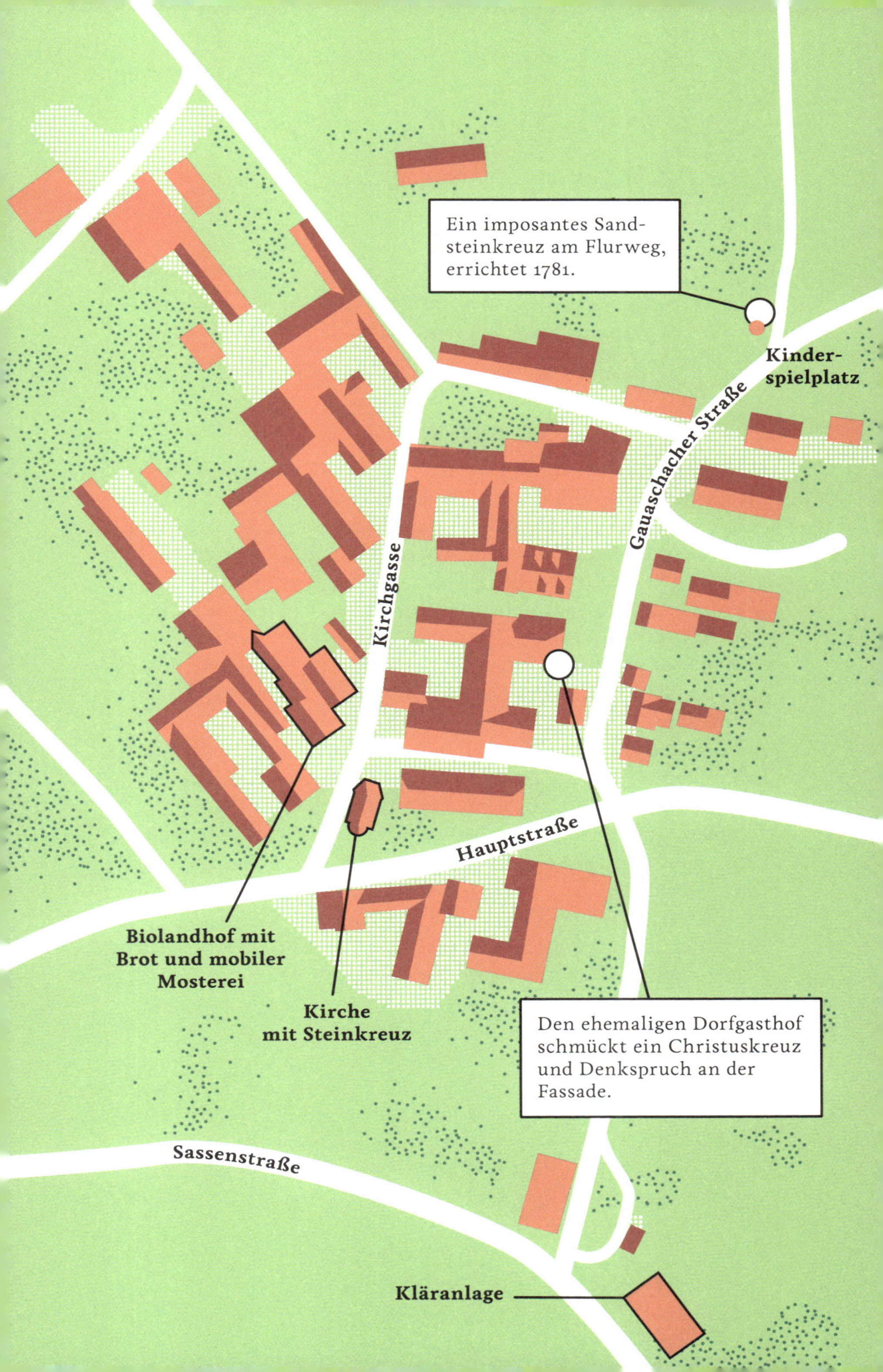
Ein imposantes Sandsteinkreuz am Flurweg, errichtet 1781.
Kinderspielplatz
Gauaschacher Straße
Kirchgasse
Hauptstraße
Biolandhof mit Brot und mobiler Mosterei
Kirche mit Steinkreuz
Den ehemaligen Dorfgasthof schmückt ein Christuskreuz und Denkspruch an der Fassade.
Sassenstraße
Kläranlage

SACHSERHOF

Unabhängig aus Tradition

Am Anfang war nur ein Schafhof. 1779 bildeten sechs Höfe eine Schäfereigenossenschaft: eine Lebens- und Wirtschaftsgemeinschaft, die wie eine politische Gemeinde in Erscheinung trat. Es gab keine Statuten und Satzungen, bei allen Entscheidungen war aber Einstimmigkeit erforderlich.

Die erst sechs, dann zwölf Bauern waren als gleichberechtigte Hofeigentümer Teil dieser »Hansmanns-Gesellschaft« mit der »apostolischen Zwölferzahl«. Aber sie waren auch auf Gedeih und Verderb aufeinander angewiesen, denn jeder haftete für jeden anderen. Daher rührte wohl das starke Identitäts- und Unabhängigkeitsgefühl der verschworenen Dorfgemeinschaft, die sich immer wieder auf »uralte, verbriefte Rechte« berief. Bis heute haben sich eigene Traditionen erhalten, obwohl das mit der Schäferei in der ersten Hälfte des 20. Jahrhunderts zu Ende ging.

Der Wohlstand im 19. Jahrhundert gründete auf dem Verkauf von Fleisch, Wolle, Käse und Milch. So manches Gebäude im Ort zeigt dies heute noch mit massiven Mauern aus Bruchsteinen, Muschelkalk oder gelbgrünem Sandstein. Gemeindedokumente voller Beschwerden, Eingaben und Prozesse belegen das beharrliche Ringen Sachserhofs um politische Selbstständigkeit. So ist es kein Wunder, dass 1997 das erste Windrad in ganz Unterfranken genau hier errichtet wurde. Das Dorf schaffte Geräte gemeinsam an und erkämpfte sich seine eigene Kläranlage, einen Kinderspielplatz sowie einen Schlepperwaschplatz mit Ölabscheider. Als die Streuobstflächen »bereinigt« werden sollten, begehrten alle im Dorf erfolgreich dagegen auf. Die Schaffung von neuen Bauplätzen jedoch wurde abgelehnt, da zwei Eigentümer dagegen stimmten.

Was gehört zu einem Dorf? In Sachserhof war man sich darüber im Klaren: eine eigene Kirche, Schule und Gaststätte. Die Schule existierte bis zum Ersten Weltkrieg, das Wirtshaus

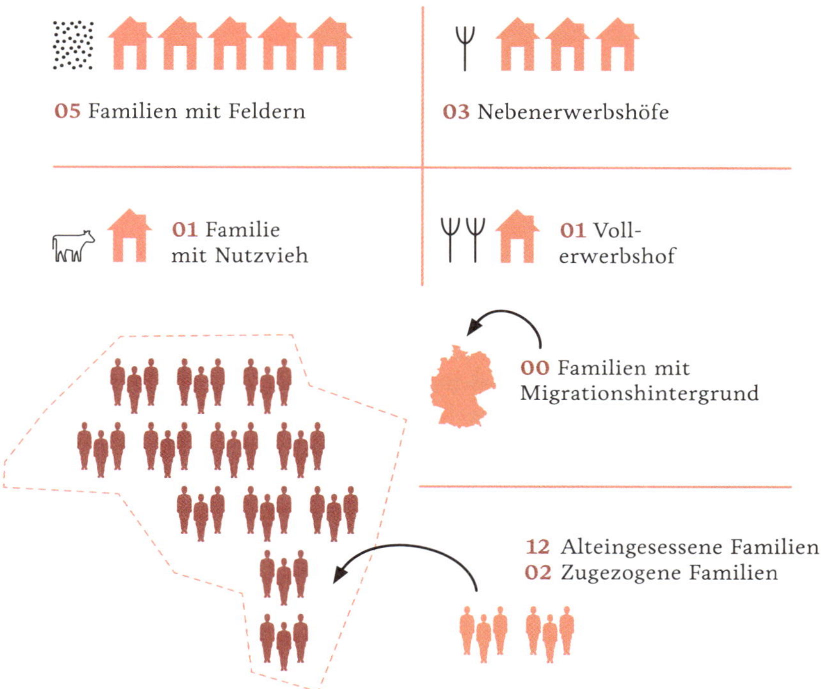

bis in die Dreißigerjahre. Montagnachmittags trafen sich dort einst vier Lehrer aus den umliegenden Dörfern und »hamm Kartnachmittag gehalten«.

Am 20. Oktober feierte man früher die Kirchweih, am Namenstag des Patrons Wendelin, des Schutzheiligen der Hirten und Schäfer. Dem ist auch die 1889 errichtete neugotische Kapelle geweiht – bis heute Eigentum der Schäfereigenossenschaft. 1992 wurde sie mit sehr viel Eigenleistung aufwendig renoviert und überrascht den Besucher mit einem Altar »Zur Heiligen Familie«, einer hölzernen Kassettendecke sowie einem sternenübersäten Himmel im Chor. Ein Kleinod voller Anmut.

Tafeln am Altar sind den Gefallenen gewidmet. Ein roter Vorhang vorgezogen: Schon hat man eine Sakristei. Der Andachtstuhl kann mit einfachen Handgriffen zu einem Beichtstuhl umfunktioniert werden.

Vor der Kirche steht ein Hochkreuz, das 1866 von einem Bauern gestiftet wurde. Ihm war eine goldene Uhr von einem

Knecht gestohlen worden, der, von seinem Gewissen gepeinigt, die Beute in einen Brunnen warf. Der Eigentümer pumpte ihn leer und fand seine Uhr – unbeschädigt lief sie noch, ohne dass Wasser eingedrungen war. Aus Dankbarkeit ließ er dieses Hochkreuz errichten.

Was spenden oder stiften die Menschen heute, wenn sie Verlorenes unverhofft wiederbekommen? Steinerne Kruzifixe findet man etliche, die Frömmigkeit war früher hierzulande groß. Sonntags musste man kilometerweit gehen zur Messe und Kommunion, mittags »heim müss laff« zum Essen und nachmittags wieder zur Andacht, die Frauen sogar in der gewichtigen Bauerntracht (»des Kürs«). Als dann in den Sechzigern die Autos aufkamen und die Leute ausflogen zu Festen, Verwandten und Vergnügungen, blieben erst die Wirtshäuser leer, später dann die Kirchen. »Alle, die ihr vorübergehet am Wege, gebet Acht und schauet, ob ein Schmerz gleich sei meinem Schmerz«, steht vielsagend an der Giebelseite der ehemaligen Gaststätte.

Aberglaube und Grausamkeit kamen jedoch auch vonseiten der Kirche. Unter Fürstbischof Julius Echter wurden Tausende Unschuldige verfolgt und umgebracht. 1600 starb die alte Schäferin Elisabeth Rüger im Folterkerker an den Folgen ihres Martyriums, nachdem sie der Hexerei beschuldigt worden war. In ihrer unvorstellbaren Qual gestand sie Irrsinniges: dass sie Unwetter herbeizauberte, Schaden an Feldbau und Vieh, dass sie Hühnereier von den Bäumen schüttelte

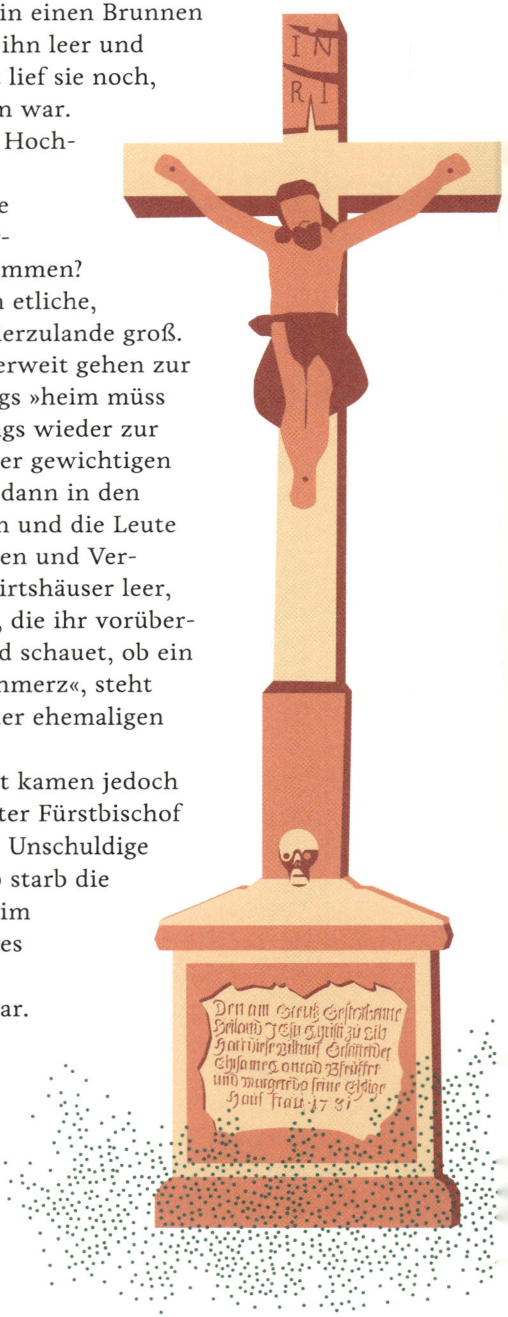

und Hunde, Katzen und Pferde molk, um Wagenschmier daraus zu machen. Im Todesjahr Echters ließ der Sohn der Frau einen Bildstock errichten, der heute noch an dieses Verbrechen erinnert, an der Straße zwischen Sachserhof und der Nachbargemeinde Büchold.

»Houfochse« sagen die Bücholder zu den Einwohnern von Sachserhof, wohl aus Neid auf die großen Bauern. Die »Hofochsen« revanchieren sich damit, dass sie chaotische Zustände »a Haushaltle wie Büchld« nennen. Genährt wird dies etwa von einem Visitationsbericht von 1795, der die Trunkenheit, Nachtschwärmerei und Ausschweifung in der hiesigen Bevölkerung beklagt, aber auch die Missstände in Schule und Kirche: »Nur einige wenige Kinder haben in den notwendigsten Lehrgegenständen unvollkommene Begriffe, die meisten aber sind ganz verabsäumt und unwissend.« Der Pfarrer »ist ein alter, vom Schlage gerührter und zu allen seelsorglichen, ja sogar menschlichen Verrichtungen untüchtiger Mann, dessen ganzer animalischer Wirkungskreis im Essen, Trinken und Schlafen besteht.«

Was nach bildungsfernen, prekären Verhältnissen klingt, war nur wenige Generationen vor uns bittere Realität. Gleichzeitig blühten Volkskultur und Brauchtum. Genau hier, in der geografischen Mitte Unterfrankens, entsteht nun in einem ehemaligen Dorfgasthof ein »Haus des Dialekts«, das sich allen Spielarten der unterfränkischen Mundart(en) widmen will – nachdem man jahrzehntelang die Mundart als Muttersprache in Kindergärten und Schulen abgewertet und abgewürgt hat. Dabei kann man damit so unvergleichlich schön erzählen und den Nagel auf den Kopf treffen.

Wenn man den Dorfbewohnern länger zuhört, stößt man auf kuriose und bewegende Geschichten. Eine junge Lehrerin in Sachserhof beschwerte sich über die Mäuseplage im Schulhaus, und die Ortsansässigen sorgten sofort für Abhilfe – man schenkte ihr eine Katze. Ein Bauer mit einem großen Vollbart schlief einmal draußen am Acker ein. Als er wieder aufwachte, hatte ein Vogel ein Nest im Bart gebaut – und schon ein Ei hineingelegt. Anfang April 1945 sollten junge Volkssturmkämpfer die anrollenden Amerikaner bekämpfen. Eine alte Bäuerin erinnert sich an einen 17-Jährigen, den sie

51 EinwohnerInnen
14 Haushalte
03 Verwandtschaften

Busverbindung mehrmals täglich nach Würzburg und Arnstein, **Schulbus** nach Karlstadt

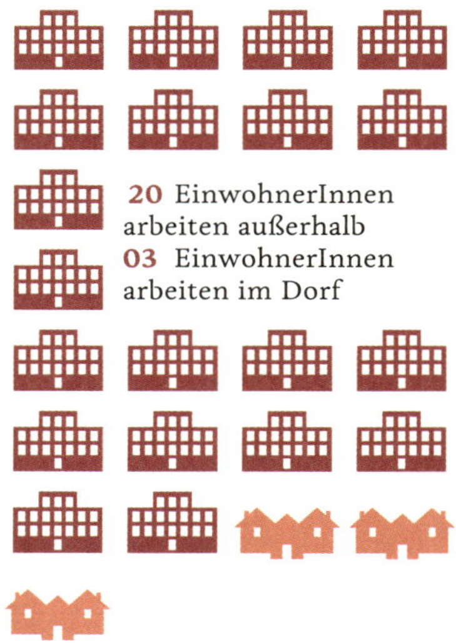

20 EinwohnerInnen arbeiten außerhalb
03 EinwohnerInnen arbeiten im Dorf

51 katholisch
00 evangelisch
00 andere
00 konfessionslos

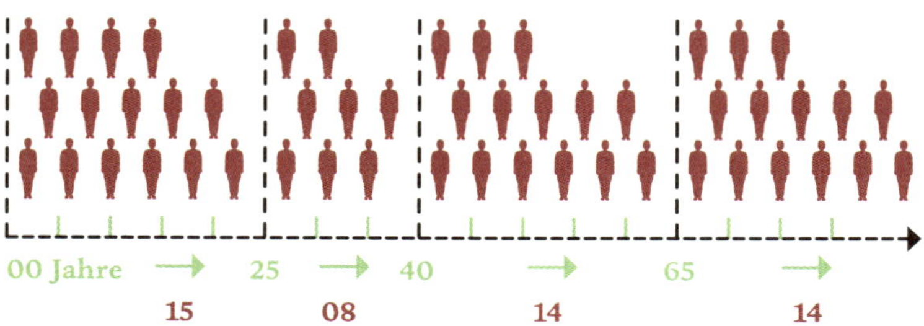

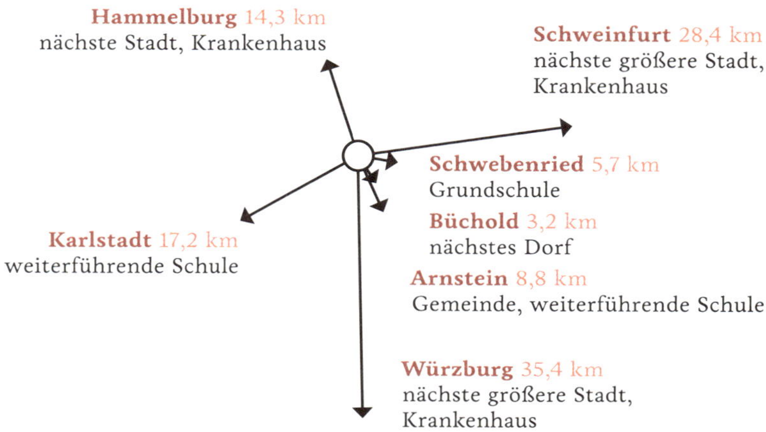

heulend sitzen sah: »Wenn ich nur meine Mutter noch mal sehen könnte!«, schluchzte er. Ein Bild, das die Rentnerin nie mehr vergaß; bis heute fragt sie sich, ob der Junge das Kriegsende überlebte.

Als die Bundeswehr im nahen Hammelburg bei einem Manöver mit Leuchtraketen schoss, landete eine davon in einem Anwesen in Sachserhof, das Feuer fing und abbrannte. Es gab Schadensersatzzahlungen, Ställe und Scheunen wurden wieder aufgebaut, dazu eine Maschinenhalle errichtet – »alles für die Katz«, wie die Altsitzerin bitter bemerkt. Ihr Mann ist verstorben, die Kinder weggezogen, sie bewohnt den stattlichen, stillgelegten Bauernhof nun ganz allein.

Zuweilen wurde spekuliert, der Name des Dorfes ginge auf Sachsen zurück, die in der Zeit Karls des Großen hier zwangsangesiedelt wurden. Tatsache ist jedoch, dass der Schafhof erst im späten Mittelalter gegründet wurde. Der Ursprung des Namens liegt im Flurnamen »Sachsenäcker« (»Sassen«), der vom althochdeutschen Wort für Schilf und Ried herrührt. Diese nassen Flächen waren genau dort in der »Sassenstraße«, wo sich heute die Pflanzen-Kläranlage befindet, die sich das Dorf selbstbewusst erkämpfen musste. Das verbrauchte Wasser läuft durch Stroh und Schilf und wird so gereinigt. Was für ein schönes Symbol für diesen kleinen Ort Sachserhof!

Laibarös

Laibärös (oberfränkisch)

Gemeinde Königsfeld
Landkreis Bamberg
Bezirk Oberfranken

Dorffeste Kirchweih, Patronatsfest mit Maibaumaufstellen, Grillfest der Freiwilligen Feuerwehr, Sonnwendfeuer

Vereine Freiwillige Feuerwehr, Stammtisch, Maschinengemeinschaft (mit Tankstelle und Waschplatz)

Der Name Laibarös kommt wohl vom slawischen Ortsnamen *Ljuboródze* (Dorf des Ljuborod).

Laibarös wurde 1311 das erste Mal urkundlich erwähnt.

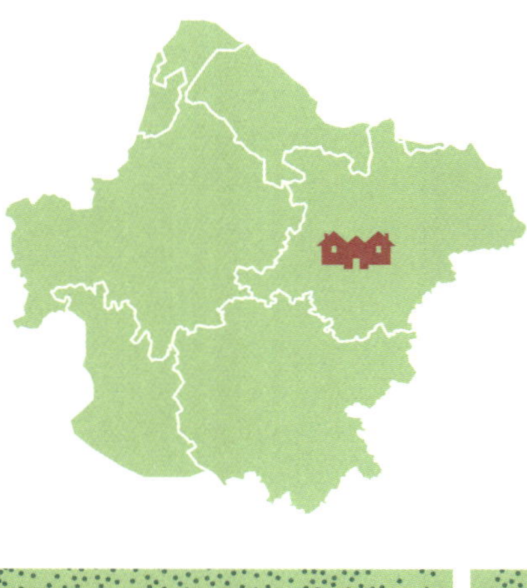

Oben am Hang gibt es eine Art Siedlung.
Poxdorf, Huppendorf
Kapelle
ehem. Gasthof
»Hühl«
Der Ortsrand zeigt, dass hier neue Häuser entstanden sind.
Gast-wirtschaft
Biohof mit Laden
Geisdorf, Herzogenreuth

LAIBARÖS

Vom kargen, einfachen Leben

Der Name des Ortes klingt wie ominös oder pompös, und man könnte sich leicht einen Satz vorstellen wie »Ich fühl mich heut so laibarös«. Das Dorf liegt auf der verkarsteten, wasserarmen Jurahochfläche, wo es nur wenige Quellen und Brunnen gibt. Die untere »Hühl« war immer die Dorfmitte, umgeben von Lindenbäumen: ein Teich mit gesammeltem Oberflächenwasser zum Viehtränken und Feuerlöschen, für Hausgänse und Frösche. Als Trinkwasser war es nicht empfehlenswert, wurde jedoch dafür benutzt: »Mer hat ja nix annersch gehabt.«

Die Kapelle am Ortseingang von Laibarös ist ein Symbol der Dankbarkeit und Opferbereitschaft. Sie wurde 1949 von heimgekehrten Weltkriegssoldaten in bewundernswerter Eigenleistung erbaut, und das in einer Zeit der Not und Armut, des Geldverlustes und Baustoffmangels. Was man benötigte an Materialien und Diensten, wurde entweder selbst beschafft aus Wäldern und Steinbrüchen oder erbettelt und eingetauscht. Der Architekt bekam für den Bauplan eine Gans, heißt es. Unverheiratete Arbeitskräfte waren genügend da im Dorf, Arbeitseifer und Gemeinschaftsgeist groß. Mörtelmischen und Kalklöschen, Maurern, Aufrichten und Verputzen, alles ging Hand in Hand. Geweiht wurde die Kapelle Maria, der Königin des Friedens.

Die Frömmigkeit von damals ist Geschichte. Früher gab es drei Gottesdienste im Monat, dazu Andachten unter der Woche. Heute nur einen Wortgottesdienst alle vier Wochen. Es ist verwunderlich: Einst lief man aus allen Häusern stundenlang in die Schule und in die Pfarrkirche, Sommer wie Winter, bei Wind und Wetter. Nun hat man weniger Wochenarbeitszeit, jeder fährt bequem mit Auto oder Bus, aber keiner hat mehr Zeit, und die Kirchen sind fast leer. Warum? »Früher hatmer an Grund g'habt zum Beten: Krankheit, Wetter, Krieg.« Not und Tod lauerten hinter dem nächsten Hauseck.

Als 1815 der indonesische Vulkan Tambora ausbrach, folgte 1816 das Jahr ohne Sommer, was weltweit zu Missernten, Hunger und Tod führte. Auch in Laibarös sind damals etliche Kinder verhungert. Im 19. Jahrhundert starben drei von fünf Kindern, neun von zehn Erwachsenen vor dem sechzigsten Lebensjahr. Fränkische Schweiz: Das bedeutete Armut und Mühsal. Die steinigen Ackerböden haben nur wenig Auflage. Als ein junger Bauer aus Laibarös als Wehrmachtsoldat in die Ukraine kam, traute er seinen Augen nicht: vier Meter fruchtbares Erdreich! »Bloß an halbm Meter Boden möcht ich hoom!« Kein Wunder, dass es in Laibarös lange nur schlichte Wohnstallhäuser gab, kaum zweistöckige Gebäude oder Zierfachwerk.

Bis in die Fünfzigerjahre hinein war hier die Zeit scheinbar stehen geblieben. Ackerbau und Viehzucht waren Handarbeit, Kühe wurden eingespannt und viele Kräfte gebraucht. Jeder war Selbstversorger und Fleisch Mangelware.

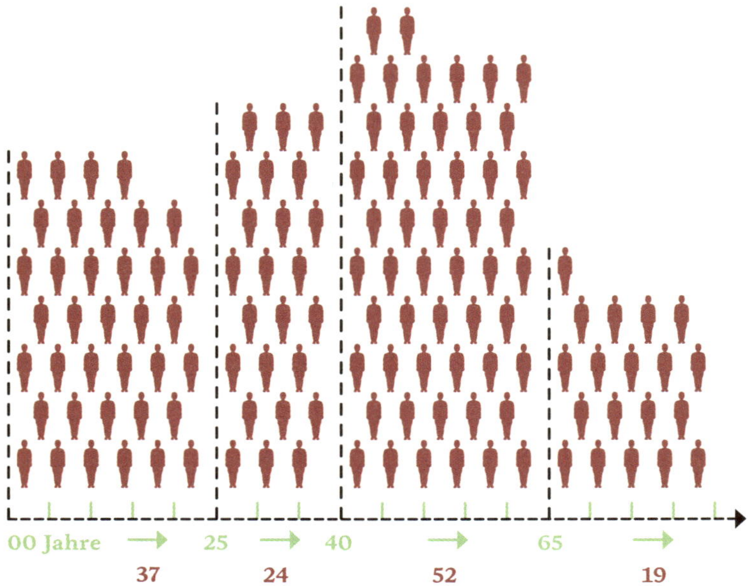

Es gab noch Handwerker, Hausbrauer und Hausmetzger, viele Kirchgänger und Kinder. Im Dorf waren nur zwei Straßenlampen, und nur zwei Telefone, nämlich in den Gastwirtschaften.

In der Wirtsfamilie mit sechs Buben wurde am Samstag einer nach dem anderen in der Zinkbadewanne »gebodd« – im selben Wasser, mitten in der Gaststube. Als der Baywa-Vertreter kam und einen Bulldog verkaufen wollte, erwarb der Vater stattdessen eine Waschmaschine: für die Mutter die größte Errungenschaft ihres Lebens, gefolgt von der Tiefkühltruhe.

Heute nimmt man alles für selbstverständlich, meint ein Bauer im Ruhestand, weil man es nicht anders kennt. Man braucht niemanden mehr und bleibt lieber für sich. Über Kleinigkeiten wird gejammert und geschimpft. Bitten und Danken, das will keiner mehr. Was aber fehlt, das ist die Zufriedenheit. Das konnte man von den Kriegsheimkehrern lernen: Dankbar sein für das Leben, Demut und Genügsamkeit, Gottvertrauen und Zuversicht. Dafür steht die Kapelle. Heute im Wohlstand fällt es immer schwerer, Einwohner zum Einsatz dafür zu gewinnen. Beim Volkswandertag und Marathon laufen viele mit, aber bei der Wallfahrt zum Gügel am Hagelfeiertag werden sie immer weniger. Muskeln werden trainiert, aber nicht Geist und Seele. Ist das nur das Klagelied eines Rentners oder berechtigte Zeitkritik?

Die Kindheit in Laibarös bewerten viele Alteingesessene als karg, aber glücklich. Das ganze Dorf war Spielplatz, dazu Felder und Wälder. Welches Kind liebt nicht das Bulldogfahren, das Selbermachen, Hinlangen und Ausprobieren, in Dreck und Staub? Beim Erinnern kommt man leicht ins Schwärmen: Früher standen alle Häuser offen, es gab keine Klingel, man ging einfach hinein und schaute nach jemandem. Heute sind alle fort auf Arbeit, man geht gezielt zu jemandem, und keiner kommt ins Haus, ohne zu klingeln. Ist das Nostalgie oder ging da sehr viel Nähe verloren?

Manche erzählten Szenen erinnern an Schwarz-Weiß-Filme mit Heimatkolorit: Der Polizist saß im Wirtshaus, trank etliche

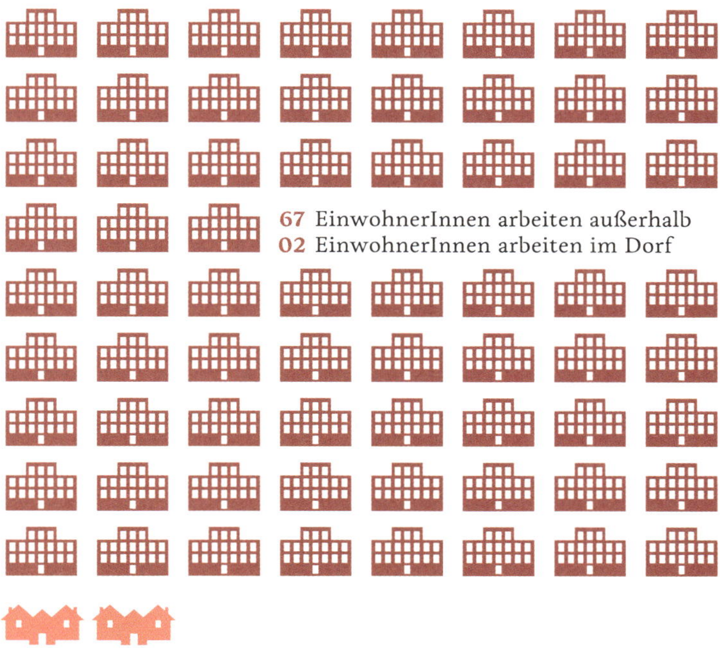

132 EinwohnerInnen
37 Haushalte
04 Verwandtschaften
04 Familien mit Feldern
04 Nebenerwerbshöfe
02 Familien mit Nutzvieh
01 Vollerwerbshof

Biere und spielte Karten mit Einwohnern. Plötzlich schaute er auf seine Uhr, setzte gravitätisch die Dienstmütze auf und legte das Koppel um, denn die Sperrstunde war vorbei. Nun war er wieder offiziell da und kassierte biereernst von allen eine Strafe ein – sogar von seiner eigenen Frau!

Bei der kommenden Dorferneuerung wird die Ortsdurchfahrt neu gestaltet, mit einem Gehsteig. Der Dorfplatz erhält einen Pavillon, Begrünung und Fußweg. Ein Wanderparkplatz soll entstehen. Radwege gehen jetzt schon durch Laibarös und locken pedilektrische Genussradler genauso an wie wadenstarke Entfernungsfresser, die gegen Kilometer und Höhenmeter ankämpfen. Was fehlt, das sind Ferienwohnungen, durchgängige Gastronomie mit Übernachtungsmöglichkeiten. Vonnöten wären auch Arbeitsplätze vor Ort, ob für Mittelständler, Unternehmer oder Freiberufler. Noch gibt es keinen Leerstand, neue Häuser wurden gebaut, junge Leute bleiben im Dorf.

Noch gibt es keinen Leerstand, neue Häuser wurden gebaut, junge Leute bleiben im Dorf.

Die bäuerliche Landwirtschaft ist hierzulande im Grunde schon verschwunden, die industrielle dominiert längst mit Technik und Masse. Auch in Laibarös gibt es keinen einzigen Milchlieferer mehr. Der einzige überlebende Landwirt ist ein Biobauer – den man vor dreißig Jahren belächelte und verspottete. Er entschied sich in den Achtzigerjahren umzustellen, zur Zeit der Flächenstilllegung und Überproduktion, als er Fernsehbilder sah, wie Berge von Tomaten von Bulldozern zum Abfall geschoben wurden. Da war ihm klar: »Ich will keine Nahrung erzeugen, die keiner haben will.«

Er weiß, welch schweren Stand die Bauern heute haben: Beschwerden über Gestank und Dreck, über Gülle, Maschinen, Silos oder Tierhaltung sind Normalität. Er beklagt die zunehmende Monokultur in der Landschaft, geschuldet einem Ordnungswahn, der die Flur ausräumt und säubert: Hecken,

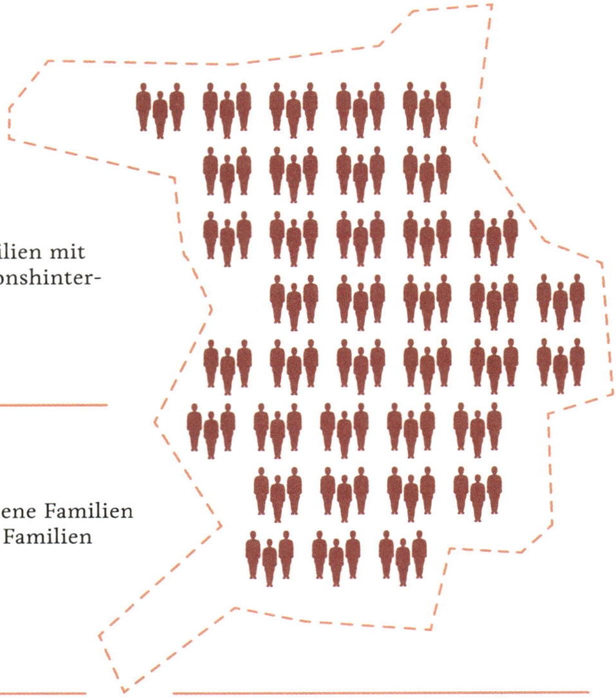

00 Familien mit Migrationshintergrund

37 Alteingesessene Familien
00 Zugezogene Familien

Poxdorf 2,1 km
nächstes Dorf

Scheßlitz 11,9 km
nächste Stadt, Krankenhaus

Königsfeld 4,9 km
Gemeinde, Grundschule

Hollfeld 13,0 km
nächste Stadt, Mittelschule, weiterführende Schule

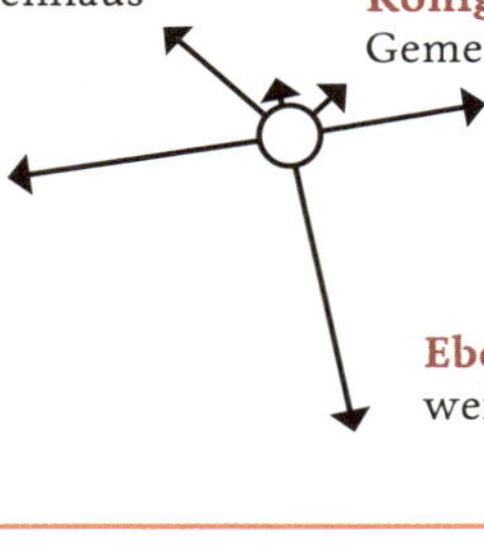

Bamberg 19 km
Landkreis, nächste größere Stadt

Ebermannstadt 21,9 km
weiterführende Schule

125 katholisch **04** evangelisch
00 andere **03** konfessionslos

Jeden Morgen fährt **ein Bus** nach Bamberg

Gehölze, Obstbäume, Wegränder und Raine verschwinden. Die Folge ist ein erschreckender Schwund an Vielfalt, ob bei Pflanzen, Insekten, Vögeln oder anderen Tieren. »Die alten Leut finden gar keine Kräuter mehr für ihre Wurzbüschel an Mariä Himmelfahrt!«

In Kenia sah er die Blumenfarmen, wo mit viel Wasser, Chemie und Energie Blumen produziert werden für Europa – ein Wahnsinn! Er versteht ökologische Landwirtschaft als gelebtes Christentum: die Natur als Schöpfung schonen und bewahren. »Das Wachsen begleiten von Anfang bis Ende, von der Saat bis zur Ernte, Geburt und Schlachten. Etwas Sinnvolles tun, an das man glaubt, zu dem man stehen kann.« Vielleicht muss eine neue Form von Ehrfurcht vor dem Leben Einzug halten, Wertschätzung für gute Lebensmittel und faire Preise. Braucht es Katastrophen und Not, bis das allen klar ist?

»Das Wachsen begleiten von Anfang bis Ende, von der Saat bis zur Ernte, Geburt und Schlachten. Etwas Sinnvolles tun, an das man glaubt, zu dem man stehen kann.«

Um 1750 sind bei einem Unwetter in Laibarös Kinder und Kühe ertrunken und wurden fortgeschwemmt – und das in der durchlässigen, wasserarmen Karstlandschaft des Jura! In der mündlichen Überlieferung ist dies weitergetragen worden bis heute. Eigentlich müsste dort ein Denkmal stehen, mit alljährlicher Gedenkfeier, Liedern und Aufführungen von Schulkindern. Von solchen Traditionen lebt eine Gemeinschaft, von Sinnstiftung und Erinnerung.

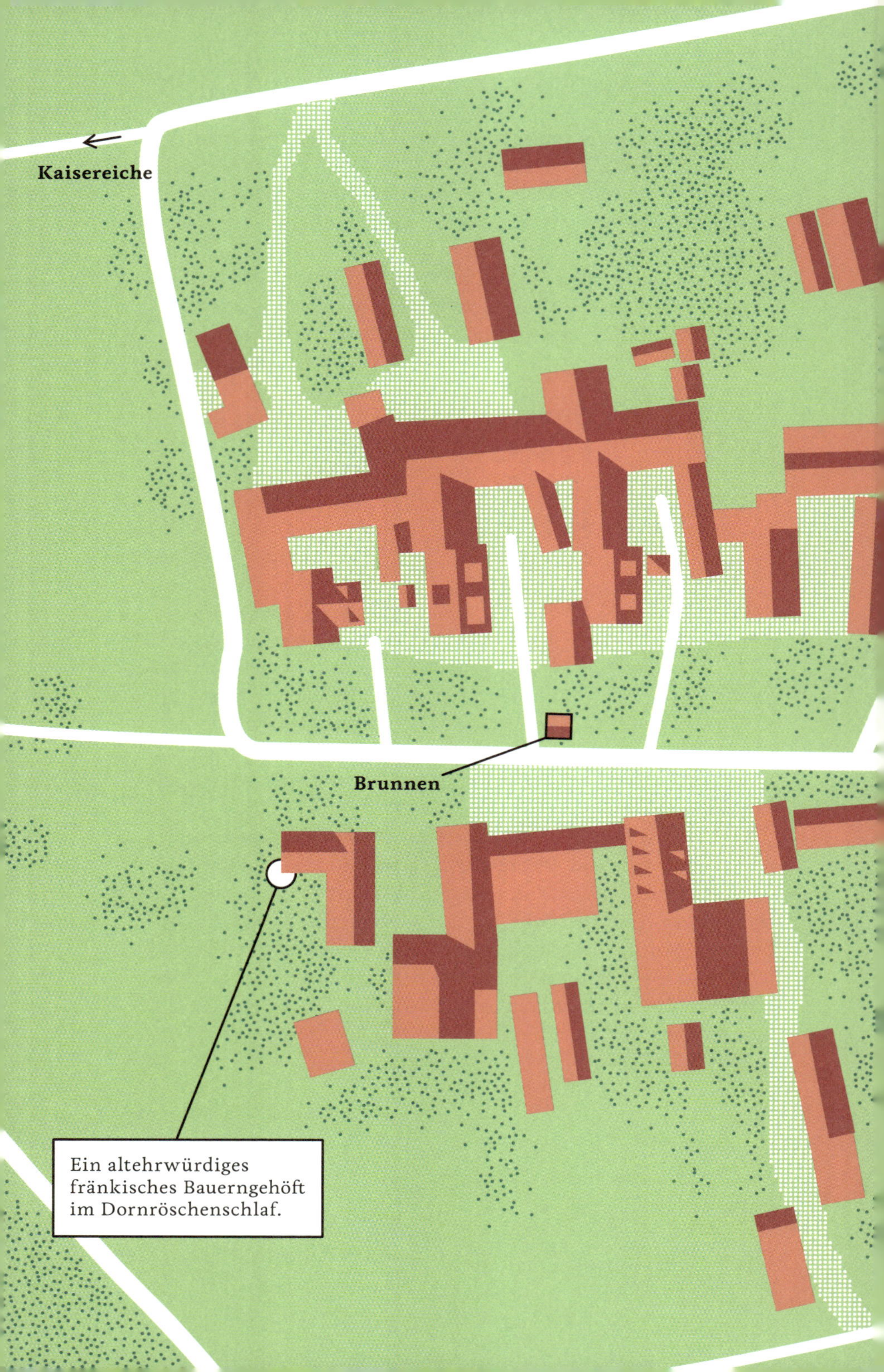
Kaisereiche
Brunnen
Ein altehrwürdiges
fränkisches Bauerngehöft
im Dornröschenschlaf.

Neugrub

Grub, Neigrub (unter-/mittelfränkisch)

Gemeinde Geiselwind
Landkreis Kitzingen
Bezirk Unterfranken

Dorffeste Waldgottesdienst mit Grillfest (mit Burggrub), Sonnwendfeuer

Vereine Freiwillige Feuerwehr Burggrub-Neugrub

Der Name Neugrub kommt von Burggrub bzw. der Grube, Mulde, als schützender Bodenformation.

Neugrub wurde das erste Mal 1618 urkundlich erwähnt.

NEUGRUB

Die große weite Welt im kleinen Dorf

Was bindet uns an Zuhause? Die Familie, die Arbeit, die Liebe. Die Landschaft, das Vertraute, die Gemeinschaft. Die Bequemlichkeit, die Geldersparnis. All diese Antworten hört man auf die Frage: Warum leben Sie hier in Neugrub?

»Es is halt amoll die Heimat«, sagt ein jüngerer Mann, »mir sinn ja aa nix andersch gewöhnt.« Ein anderer pflichtet ihm bei: »Nää, in der Stadt leem, des wär nix für mich, des macherd mich grank.« Das neue Haus, das gerade gebaut wird, steht auf dem Traumgrundstück aus Kindheitstagen. Die Ruhe, die Aussicht, die Natur – »des is wie Urlaub, bloß jeden Dooch«.

»Es is halt amoll die Heimat, mir sinn ja aa nix andersch gewöhnt.«

Das Dorf hat keine Gastwirtschaft, keine Kirche, keinen Laden. Einmal in der Woche kommt ein Bäckerbus. Der Pizzadienst liefert ins Haus, auch der Brauereilaster bringt Kästen mit Bier und Limo. Das ist alles. Heutzutage müssen alle fahren und ein Auto haben, da führt kein Weg dran vorbei. Aber als Nachteil empfindet man das keineswegs. Auf Arbeit muss man ja sowieso irgendwohin. Man macht eben irgendwo seinen Kofferraum voll und füllt die Gefriertruhe und den Kühlschrank.

»Früher woor die Mistgrube vorm Haus, und die Mistbrüh is ins Wasser neigesickert. Heut stenn die Autos im Hof und in die Garagen. Des is scho wos ganz andersch.« Gibt es nichts, das man hier vermisst? »Wenn du mal was brauchst, dann gehst halt zum Nachbern. Ka Brobleem.«

Neugrub liegt in einem Seitental der Reichen Ebrach, abgeschieden auf der Höhe (405 Meter) westlich von Burggrub, auch »Altengrub« genannt, dem viel älteren Ausgangsort. Von dort her wurde es Anfang des 17. Jahrhunderts besiedelt. Erst 1618 tauchte der Name erstmals in einer Urkunde auf. Es handelt sich demnach um eine sehr späte Gründung unter der Ägide der Herren von Crailsheim. Neurodungen wurden meist von Adeligen betrieben, nicht von Bischöfen und Klöstern. Später hatten hier die Schwarzenberger das Sagen, die in Wien nah beim Kaiser saßen und darauf achteten, dass ihre Untertanen schön katholisch blieben. Das hat Spuren hinterlassen bis heute.

Von der Anlage her handelt es sich bei Neugrub um ein Angerdorf: Die neun Hofstellen reihen sich zweizeilig um den Dorfplatz, auf dem die Dorflinde und der 32 Meter tiefe Brunnen, die einstige Viehtränke, zu finden sind. Die Giebelseiten der Häuser sind zum Anger hin ausgerichtet, der dem Lauf des Wassers gemäß angelegt wurde. Früher waren auch in der Flur die Gewanne für jeden Hof nach Plan in fast einheitlicher Größe verteilt. Daran hat sich bis heute wenig geändert.

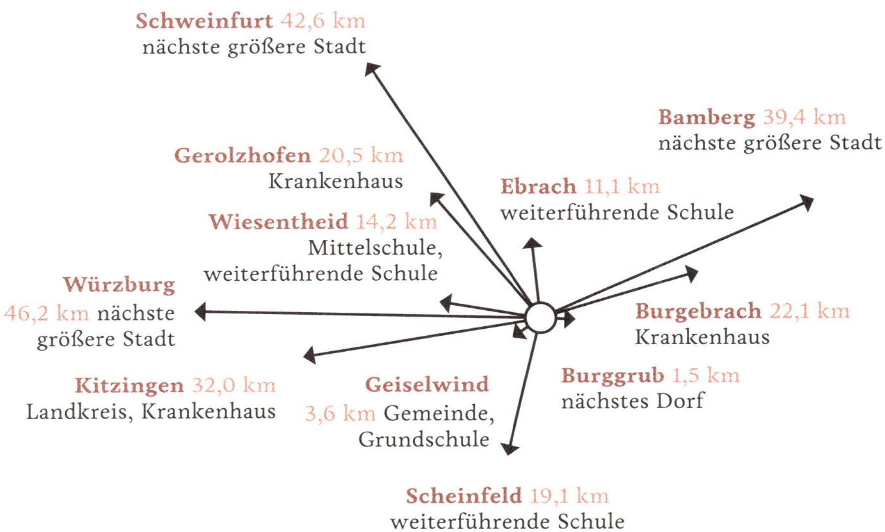

Es sind nur einige Neubauten dazugekommen: bloß drei in den letzten dreißig Jahren.

Die Äcker des Dorfes besitzen leichte, sandige Böden, die Humusschicht ist nur etwa zwanzig Zentimeter dick. Durch den Mangel an Ton ist es kein Erdreich, das Wasser speichern kann. Als in den Fünfzigerjahren Traktoren aufkamen, die mit ihren Anbaupflügen auf diesem Sandsteinverwitterungsboden ackerten, kamen immer wieder Steine von unten nach oben. »Ich hobb in meim Leem genuch Staa gelesen«, sagt der alte Bauer: »Ach, wos hobb ich gequeckt!« Die Quecken sind verschwunden, aber die Steinlesehaufen sind im Wald heute noch zu erkennen: Zeugnisse harter, mühseliger »Buckelärbert«. Die wildromantischen Flurnamen dagegen sind trügerisch: Neugrub ist umgeben vom Wachberg, dem Bärenloch, dem Hasengrund und dem Vogelherd. Von Bären und Wölfen ist im Steigerwald nichts mehr zu sehen. Mittlerweile sind auch die Hasen rar geworden: »Da gibt's ball mehr Hochsitz wie Hoosn!«

»Da gibt's ball mehr Hochsitz wie Hoosn!«

»Wenn des Wetter umschlächt und mir hörn die Autobohn, na kummt Reeng.« Sehr viel Niederschlag gibt es jedoch hier oben nicht: »Der Schwanberch haut's vernander. Außen rum reengds, da homm net.« Hier sagt man »homm« (für oben) und lässt gern das »r« weg in »domm« (droben), »dauß« (draußen) und »dinna« (drinnen). Der Dialekt hier im Dreifrankeneck, wo die drei Bezirke zusammenstoßen, ist ein auffällig gemischter. Man hört das Bambergische ebenso darin wie das Würzburgische oder die Mundart des Aischgrunds. »Der frißt kann Laab!«, heißt es. Die Redensart meint, dass jemand bei einem Arbeitgeber nicht lange aushalten wird, also keinen ganzen Laib Brot dort verzehrt, weil er wenig taugt und schnell wieder entlassen wird. »Der hat net vill gekennt«, sagt man über den jungen Mann, »der is etz in der Deefabrik. Doo hadder Glück kood. Die glaam alles zamm.« Die Industrie stellt eben jeden ein (»zusammenklauben«).

Unter jedem Dach ein Ach, sagt ein altes Sprichwort. Wenn man hineinhört in die Häuser, vernimmt man zu Herzen gehende Geschichten. Der Bub, der mit zweieinhalb Jahren an die Tabletten der Großmutter gelangt und unbedarft welche schluckt. Man findet ihn später bewusstlos auf dem Sofa, und jede Rettung kommt zu spät. Mit einem solchen Verlust muss eine Familie erst einmal fertig werden.

Nachkommen waren sehr wichtig auf den Höfen. Ein Bauernehepaar, das selbst keine Kinder hatte, nahm zwei Kinder einer Schwester an und adoptierte sie. Früher war dies nicht selten, denn der Hof musste als Erbe erhalten bleiben und in vertraute Hände gegeben werden. Zudem regelte man so auch, wie und von wem man im Alter gepflegt und versorgt werden würde. Pflegekinder gibt es auch heute noch im Dorf. Adoptionen sind allerdings viel schwerer geworden: »Da versteh ich die Ämter fei net, und die ganze Bürokratie. Die sollerdn doch froh sei, wenn die Kinner in a Familie kumma!«

Eine Schlüsselfrage auf den Höfen in den Dörfern war: »Wer gricht die Woor?«

Auch wenn es bloß »a Sächla« in einem kleinen Nest war, die Frage des Besitzes war eine zentrale – neben der körperlichen Verfassung, dem Wetter und dem Hausfrieden. Ein

44 EinwohnerInnen
12 Haushalte
04 Verwandtschaften

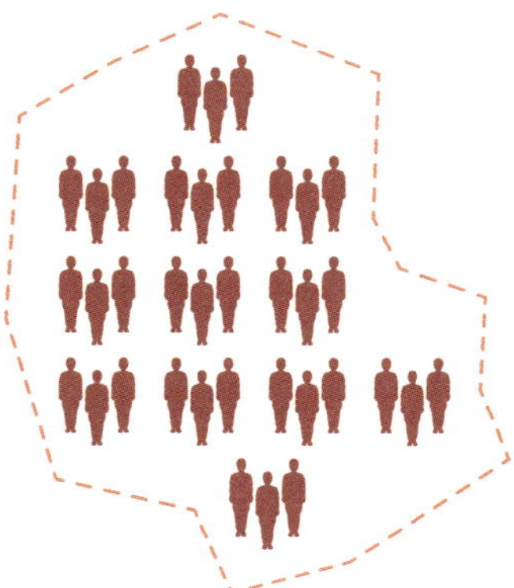

00 Familien mit Migrationshintergrund

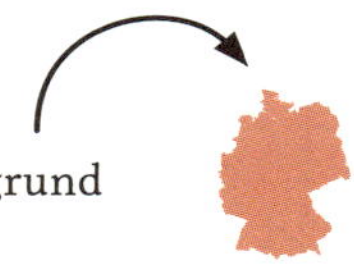

12 Alteingesessene Familien
00 Zugezogene Familien

Nur ein Schulbus fährt in die nächstgelegene Stadt

30 katholisch **09** evangelisch
00 andere **05** konfessionslos

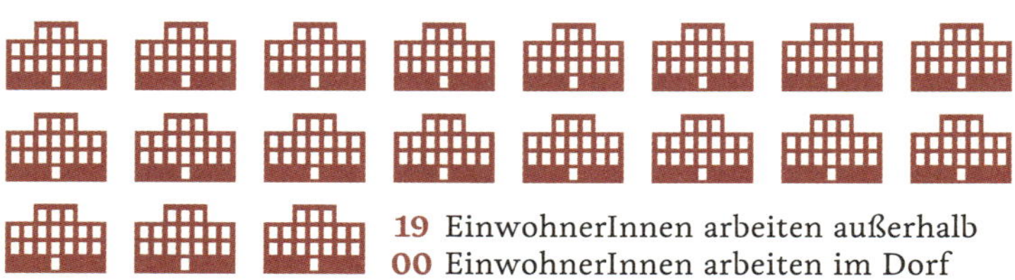

19 EinwohnerInnen arbeiten außerhalb
00 EinwohnerInnen arbeiten im Dorf

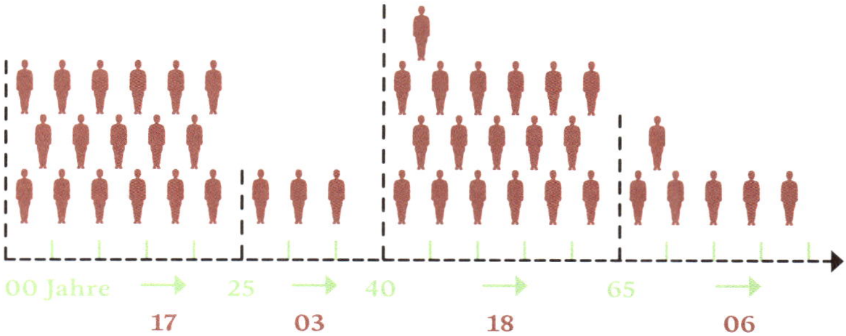

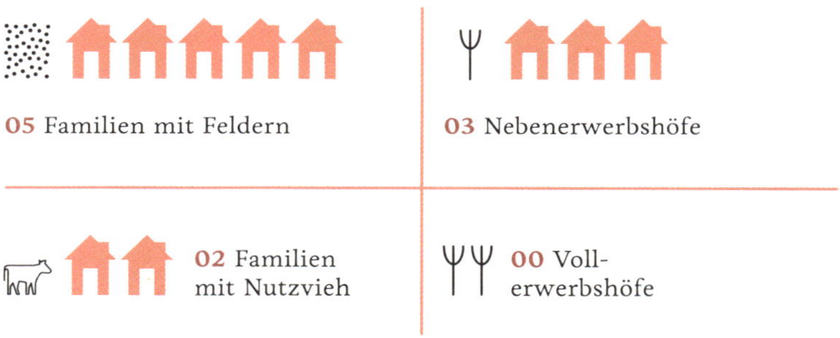

junger Mann, der einrücken musste an die Ostfront, kehrte für einen mehrwöchigen Fronturlaub heim auf den großen elterlichen Hof, um bei der Ernte zu helfen. Der Abschied fiel allen schwer. Nicht lang nach seiner Abfahrt an die Ostfront kam die Nachricht von seinem Tod bei Stalingrad. »Der wär der Bauer gwesen! Der hätt den Hof gricht. Na stennerd heit alles andersch doo.« Die Folgen dieses Unglücks ziehen Kreise bis in die Gegenwart. Sein Bruder übernahm den Hof, konnte ihn aber nicht erhalten: »Der hat vom Griech an Drigger kabbd.« Das alte Anwesen ist längst stillgelegt und liegt im ziegeldösigen Dornröschenschlaf. Nur die zahllosen Katzen sprühen vor Leben und Freude.

Einer aus Neugrub musste als Wehrmachtssoldat auf dem Balkan kämpfen und kam erst sehr spät in den Fünfzigerjahren aus der Gefangenschaft zurück. Dann verlor die Familie auch noch eine Tochter mit 17 Jahren. Der Rückkehrer jedoch machte sein Gelübde aus dem Krieg wahr: Wenn er wieder heil heimkäme, würde er eigenhändig eine Kapelle bauen für die Muttergottes. Das »Kabella« steht heute noch in der Ortsmitte und ist in Privatbesitz: »Des is so gschriem.« Früher fanden hier regelmäßig Andachten statt, mit dem Stifter als Vorbeter, aber das ist vorbei: »Etz halt mer nix mehr. Die Junga genna nämmer nei. Jeden Sunndooch ummer aans sinn da die Leut kumma und hamm a Ondacht kaldn. Heit läfft a jeder wo andersch rum.«

Die Veränderungen sind tiefgreifend und überall zu spüren. »Im Dorf hat mer zammkolfn. Da is net gstrietn worn. Des Miteinander so wie früher, des is wech«, heißt es. »Da ismer mehr zu die Leut kumma. Heut sichst unterm Dooch ball kann mehr da.«

Als die Bauern weniger Technik hatten, hatte man mehr Zeit. Alles war mehr Handarbeit, aber weniger Stress, lautet die Quintessenz. Heut sieht man nachts um elf oder zwölf noch die Schlepper und Maschinen auf den Äckern.

Und das Gute? »Mir braung nix zusperrn. Bei uns glaut kanner wos.«

Sehr geschätzt wird außerdem, dass Kinder hier frei und ungezwungen aufwachsen können, die Natur kennenlernen, im Wald spielen, ein Baumhaus zusammenzimmern, ganz ohne Erwachsene. »Kinder sind da halt nu naturgetreu«, sagt eine Frau, »die könna toben und rumwerng.« Ihre Ablehnung von zu viel Fernsehen und Computer kommt aus tiefster Seele: »Damit verlernt man doch das Leben. Des echte, wirkliche Leben. Solche Kinder wissen goor net, wos sie versäuma.« Zumindest bei den Vornamen ist »die große weite Welt« in Neugrub längst angekommen, denn der Dorfnachwuchs hört auf Namen wie Finn, Elias und Levi, Ashley, Ryan und Brian. Sechs Babys in drei Jahren: Neugrub hat Zukunft.

Der Dorfnachwuchs hört auf Namen wie Finn, Elias und Levi, Ashley, Ryan und Brian. Sechs Babys in drei Jahren: Neugrub hat Zukunft.

Dann erzählt man vom polnischen Pater in der Kirchengemeinde, der drei uneheliche Kinder zeugte, mit unterschiedlichen Frauen. Er war ein guter Seelsorger, nah dran an den Menschen, heißt es. »Die Leut hamm scho gschänd über den ganzen Kuddelmuddel. Lauter so Woor halt.« Heute haben sie einen Joseph, der ist Inder. Man sieht: Die große Welt kommt heute ins kleinste Dorf.

Von hier oben hat man den schönsten Blick auf das Dorf, umgeben von Grün.
ehem. Gastwirtschaft
Dittersberg
Welz
Am Mühlbach
Wenkheimer Straße
Welzbach
Weberhecke
Schön angelegter Rosengarten.
Hachtelstraße
ehem. Schule Betsaal, Gemeindehaus
Schlossberg
Glockenturm
Friedhof

Steinbach

Steebach (unterfränkisch)

Gemeinde Altertheim
Landkreis Würzburg
Bezirk Unterfranken

Dorffeste Maibaumaufstellen, Freiluftgottesdienst, Bergfest der Freiwilligen Feuerwehr, Kirchweih, monatliche »Rähstube«

Vereine Freiwillige Feuerwehr, Kegelverein *Alle Neune*

Der Name Steinbach kommt vermutlich von einem Flur- oder Eigennamen.

Steinbach wurde 1318 das erste Mal urkundlich erwähnt.

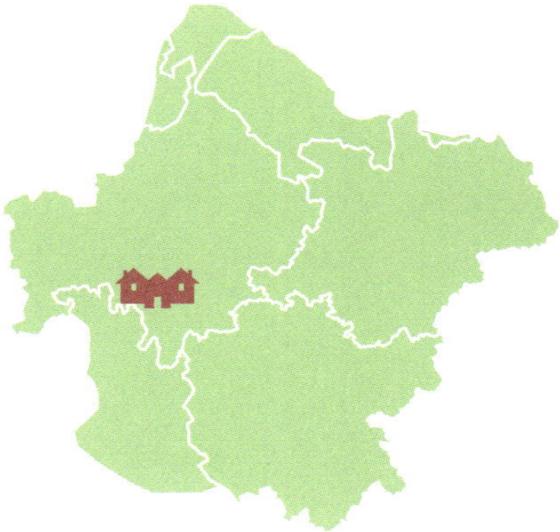

STEINBACH

Widerstand und Gemeinschaftssinn

»Ein Dorf blüht auf«, lautet das Motto. 700 Rosen wurden gepflanzt zum Jubiläum: 700 Jahre Steinbach 1318 – 2018. Es ist eine ruhige Ecke, der Südwesten des Landkreises Würzburg. Auf Nebenstraßen gelangt man hinunter nach Tauberfranken. Ein Bach schlängelt sich durchs Tal, der bis Steinbach die »Alt« heißt und dann der »Welzbach«.

Wenkheim liegt gleich nebenan, da ist schon Baden-Württemberg, wo die »Badenser« wohnen, die »Gelbfüßler«, wo die Straßen aber auch »besser ausgebaut und besser in Schuss sind als hier«. Ein sonniger Fronleichnamstag, die Prozessionen der Fahrradfahrer und Motorräder durchstreifen das Land. Vom Dittersberg aus hat man einen schönen Blick auf das fränkische Dörflein im Grünen. Es ist ein bisschen wie bei Asterix: Eine kleine evangelische Insel im katholischen Weihrauchgebiet, nach außen widerspenstig, nach innen sozial.

Es ist ein bisschen wie bei Asterix: Eine kleine evangelische Insel im katholischen Weihrauchgebiet.

Dreimal haben sie ihre Kirche verloren und immer wieder von Neuem aufgebaut. Bereits im 14. Jahrhundert, als es ein Rittergut mit Mühle in Steinbach gab, erbaute man eine Wallfahrtskapelle St. Nikolaus, wo man am Kilianstag durch besondere Gebete einen Ablass für seine Sünden erhielt. Zur Zeit der Reformation verfiel sie, obwohl der Würzburger Bischof weiterhin das Recht hatte, den Ortsgeistlichen einzusetzen. 1589 kam der Ort in den Besitz der Grafen von Castell und wurde damit erstens evangelisch und zweitens der Kirchengemeinde Unteraltertheim zugeschlagen. So ist es bis heute geblieben.

Im Jahre 1684 weihte man an der Stelle der alten Kapelle eine Martinskirche ein, deren Glocke heute noch zum Gottesdienst läutet. 1876 war sie baufällig geworden und wurde abgerissen. Zu Beginn des 20. Jahrhunderts rief man eine Stiftung für einen Neubau ins Leben, die auch eine beträchtliche Summe ansammelte. Pläne wurden gemacht und wieder verändert, das gotische Gotteshaus sollte auf 180 Sitzplätze vergrößert werden. Dadurch geriet das ganze Vorhaben ins Stocken – dann begann der Erste Weltkrieg. In »patriotischer Pflichterfüllung« zeichnete man das Geld als Kriegsanleihe – am Ende war alles verloren.

Viele Jahre später erst entstand im ehemaligen Schulhaus der heutige Betsaal, der 1998 eingeweiht und mit zwei kunstvollen Buntglasfenstern bestückt wurde. Ein Rosengarten schmückt den Vorplatz und bietet auch Raum für Geselligkeit und Feiern. Zweimal im Monat findet ein Gottesdienst statt. Apropos Schule: 1932 sollte die Dorfschule geschlossen und die Kinder sollten ins Nachbardorf geschickt werden. Da entschied der Gemeinderat, der Obrigkeit die Stirn zu bieten und das Schulhaus auf eigene Kosten umzubauen. Die Steinbacher spendeten eifrig und erkämpften sich so ihre eigene Schule mit einer Lehrerwohnung. Bis 1968 gingen die Kinder der Klassen 1 bis 8 dann auch in ihre Schule vor Ort, unterrichtet von ihrem Dorfschulmeister.

15 katholisch
72 evangelisch
09 islamisch
02 konfessionslos

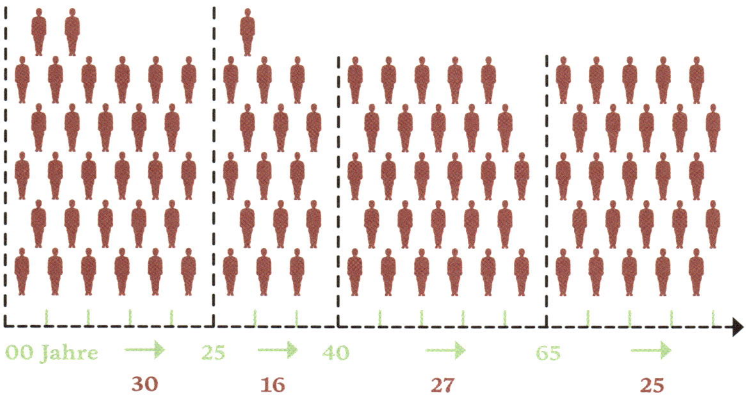

03 Familien mit Feldern

03 Nebenerwerbshöfe

01 Familie mit Nutzvieh

00 Vollerwerbshöfe

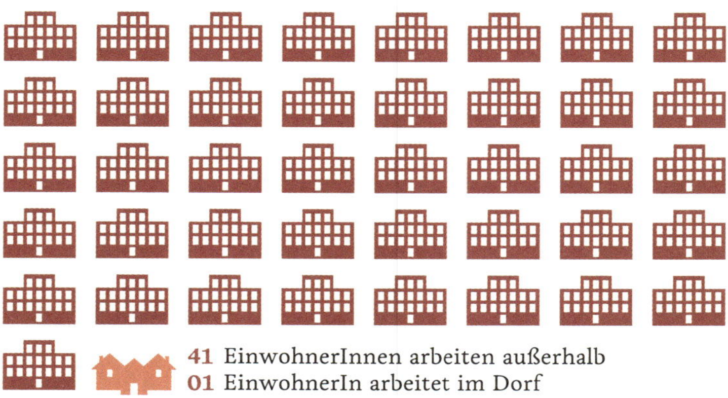

41 EinwohnerInnen arbeiten außerhalb
01 EinwohnerIn arbeitet im Dorf

98 EinwohnerInnen
41 Haushalte
04 Verwandtschaften

Oberaltertheim 4,2 km
Grundschule

Altertheim 2,9 km
Gemeinde

Unteraltertheim 1,9 km
nächstes Dorf

Wenkheim 2,4 km
nächstes Dorf

Tauberbischofsheim 13,9 km
nächste Stadt, Krankenhaus

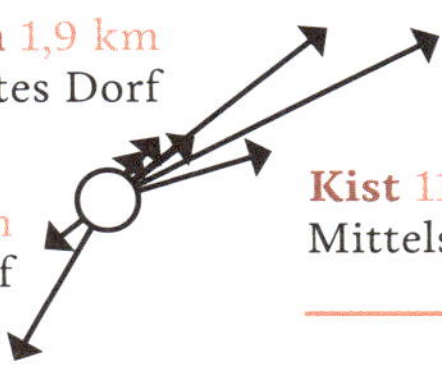

Höchberg 18,3 km
weiterführende Schule

Würzburg 24,8 km
Landkreis, nächste größere Stadt, weiterführende Schule, Krankenhaus

Kist 11,4 km
Mittelschule

Gute Busverbindung
nach Würzburg

Privat
Klingeln
EL

1721 begehrten die Steinbacher gegen die Casteller Herrschaft auf und verweigerten den Zehnt. Des Nachts kamen Casteller Reiter ins Dorf, um die widerspenstigen Untertanen gefangen zu nehmen. Die Steinbacher wehrten sich »auf Leib und Leben« und erschlugen einen Casteller Söldner, nach einem anderen Bericht sogar zwei weitere, und verletzten mindestens einen gefährlich. Das kam den aufrührerischen Dorfbauern teuer zu stehen: Einem gewissen Veit Hörner schlug man »oben am Gericht« den Kopf ab, zwei wurden auf ewig des Landes verwiesen, und fünf weitere »auf Jahrzeit«.

Diese Aufmüpfigkeit nach außen fand ihre Entsprechung im Gemeinschaftsgeist nach innen. 1812 gründete die Gemeinde eine Armenkasse, um Bedürftigen helfen zu können. Obwohl es viele Berechtigte gegeben hätte, die in kümmerlichen Verhältnissen lebten, nahm niemand das Geld in Anspruch. Mit Fleiß und Genügsamkeit suchte man sein Auskommen. Verlor ein Bauer ein Stück Vieh durch Krankheit oder Unfall, bekam er einen Geldbetrag, um sich wieder ein Tier anzuschaffen. Bei einem Großfeuer im September 1961 wurden drei Anwesen vernichtet, dazu die gesamte Ernte. Ein Blitzschlag im Nebel früh um halb sieben hatte Maschinen zu schwarzen Klumpen verschmolzen. Gemeinsam konnte man zumindest das Vieh retten. Durch Spenden und Unterstützung half man den Betroffenen über die Not hinweg.

Diese Aufmüpfigkeit nach außen fand ihre Entsprechung im Gemeinschaftsgeist nach innen.

Diese soziale Einstellung ist spürbar bis heute. Das Feuerwehrauto hat man selbst gekauft. Alle Rosen- und Staudenanpflanzungen im Ort wurden bezahlt von der Feuerwehr, dem Kegelverein und der »Rähstube«. Dieses Dialektwort meint »reihum«: Einmal im Monat trifft man sich in geselliger Runde. Das inzwischen zur Tradition gewordene alljährliche Bergfest begann mit einem Lagerfeuer 1968 und mauserte sich zum Ausflugsmagneten: Die Leute schätzen die schöne Lage »oben am

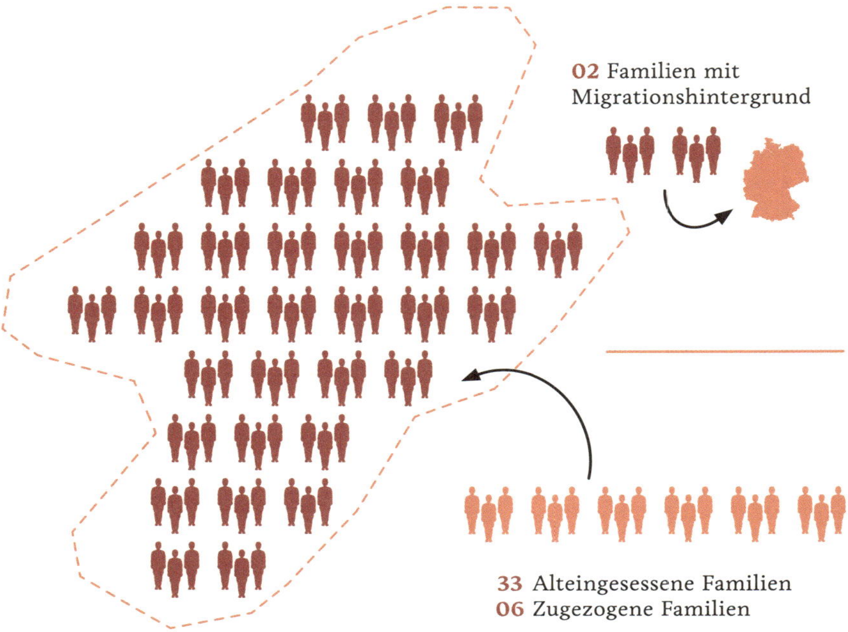

Gericht«, die urigen Tonkrüge und die lauschige Atmosphäre ohne laute Musik.

Freundlichkeit zeigt sich hier in mehrfacher Ausprägung. Es fängt schon bei der Lieblichkeit der Landschaft an. Der Bach mäandert unbegradigt durch das Tal, er führt immer Wasser, aber nie zu viel. Wenn Überflutung droht, geht das Wasser vorher in die Wiesen und gelangt so gar nicht erst in den Ort. Ein natürlicher Hochwasserschutz, für den man keine Experten und amtlichen Maßnahmen benötigt.

Mit den dünnkrumigen, steinigen Böden lebte man früher von Getreide, »Grumbiere« (Kartoffeln) und Viehzucht. Dass auch Wein angebaut wurde, bezeugt der »Wengert« mit den alten Weinbergsmauern und den Wällen aus mühsam zusammengetragenen Lesesteinen. Heute gehört alles zum Naturschutzgebiet.

Schon 1831 beschloss man in Steinbach, auch Kinder anderer Länder aufzunehmen, allerdings gegen Bezahlung. 1870 befürwortete man, auch katholische Mitbürger auf dem Steinbacher

Friedhof beerdigen zu lassen, obwohl sie einer ganz anderen Pfarrei angehörten. Findet heute der Gottesdienst im Betsaal statt, sind viele Katholische mit dabei. Dazu passt im weiteren Sinn, dass man im Dorf auch Wohnraum gefunden hat für zwei syrische Flüchtlingsfamilien, die man betreut und bei Amtsgängen begleitet.

In der Geschichte von Steinbach gab es freilich auch die Kehrseite der Menschlichkeit. Den Nazi-Bürgermeister, der die Söhne des Dorfes an die Front schickte – und der selbst vier Töchter hatte; das Kriegerdenkmal nennt die Namen der »gefallenen Helden«: »lauter ledige junge Kerl«. Der Bürgermeister drohte Einwohnern, die kein Hitler-Bild an der Wand hatten, mit einer Anzeige. Er wollte das Dorf unbedingt gegen die Amis verteidigen und jeden, der ein weißes Bettlaken hinaushängen würde, erschießen lassen. Nach dem Krieg ließ er sich dann aber von auswärtigen Zeugen vor der Spruchkammer als harmlosen Mitläufer entlasten: ein anständiger Bürger, der schon immer gegen Hitler war, charakterstark und kernig. Eine sehr deutsche Geschichte ...

»Ich glebb, des griechermer scho noo!«

Die heutigen Sorgen im Dorf sind die gängigen: Die Bauernhoferben finden keine Partner, alte Häuser bleiben unbewohnt, alte Menschen wohnen allein in einem Haus. Man schaut aber aufeinander: Ist das Rollo oben? Licht an? Post geleert? Hatte man früher einmal drei Gastwirtschaften, so gibt es heute keine mehr. Nach dem Ende des *Goldenen Hirschen* starb auch die alte Kirchweihtradition. Frühschoppen, Stammtisch, Kartenspielen, das vermisst man schon. In den Siebzigerjahren dachte man noch daran, eine Wochenendsiedlung auszuweisen, aber das Baugebiet wurde abgelehnt. Heute fehlen junge Familien. Junge Interessenten gibt es, die sich hier ansiedeln und neu bauen wollen. »Ich glebb, des griechermer scho noo!«

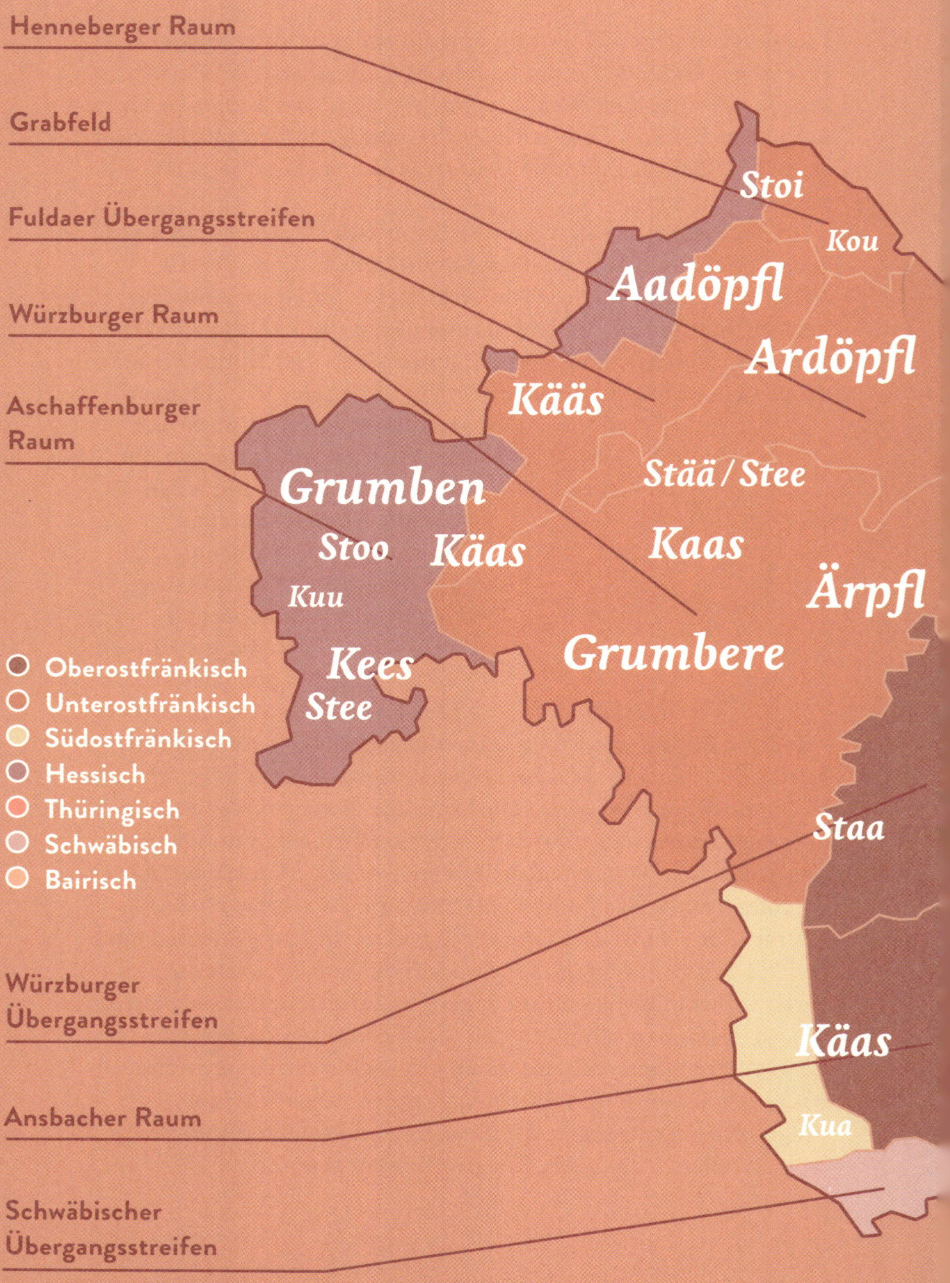
Henneberger Raum
Grabfeld
Fuldaer Übergangsstreifen
Würzburger Raum
Aschaffenburger Raum
Stoi
Kou
Aadöpfl
Ardöpfl
Kääs
Grumben
Stää / Stee
Stoo
Kääs
Kaas
Kuu
Ärpfl
Kees
Grumbere
Stee
Oberostfränkisch
Unterostfränkisch
Südostfränkisch
Hessisch
Thüringisch
Schwäbisch
Bairisch
Staa
Würzburger Übergangsstreifen
Käas
Ansbacher Raum
Kua
Schwäbischer Übergangsstreifen

Coburger Raum
Neilaer Raum
Rehauer Gebiet
Aadepfl
Staan
Kaas
Stei
Keis
Kou
Ärpfl
Staa
Eadepfl
Stoo
Kuu
Kääs
Potacken
Kees
Bayreuther Raum
Obermain-Raum
Kou
Äbian
Pegnitz-Raum
Nürnberger Raum
Äbiar
Weißenburger Raum
Stoi
Gunzenhäuser Raum

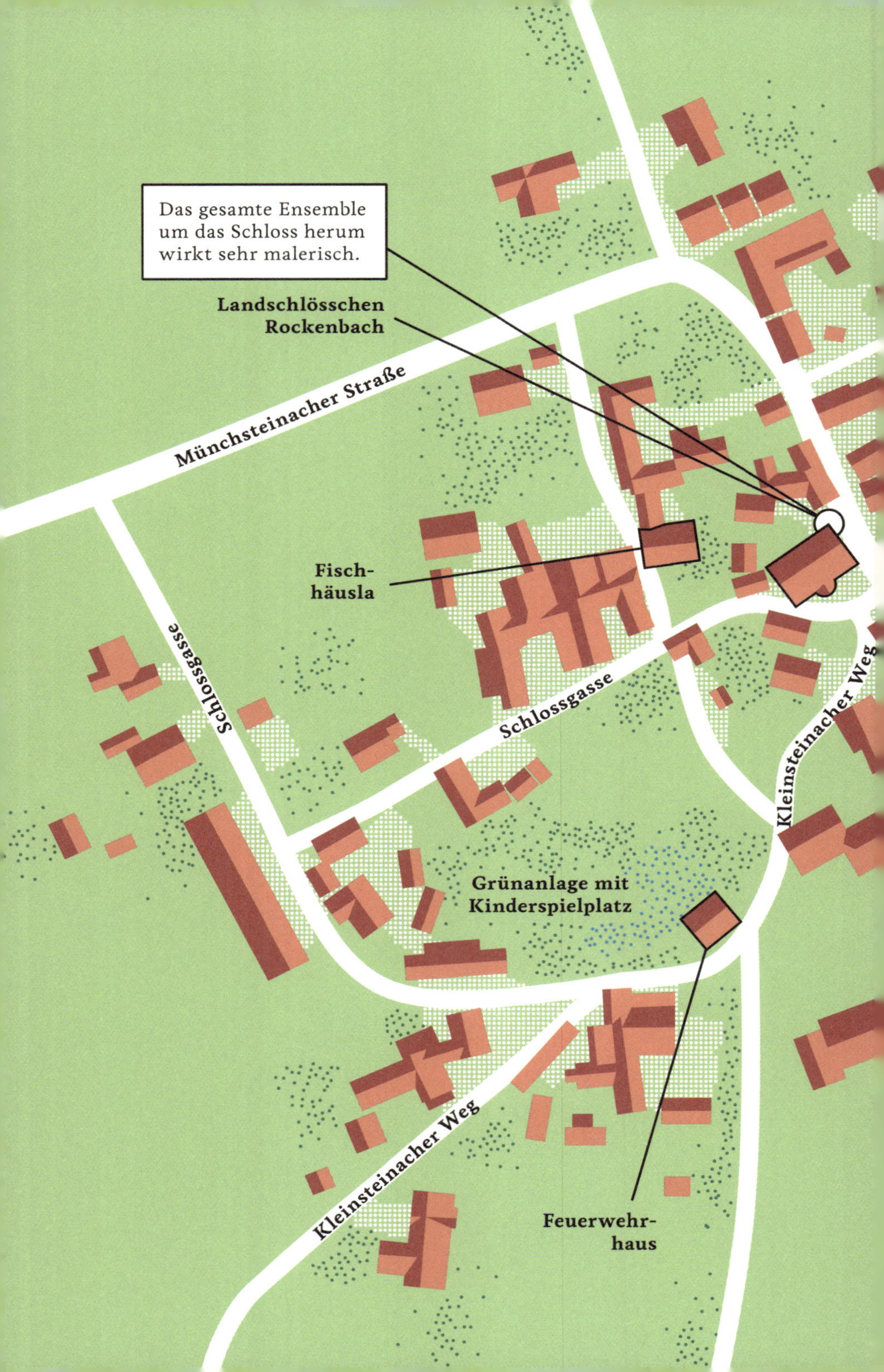
Das gesamte Ensemble um das Schloss herum wirkt sehr malerisch.
Landschlösschen Rockenbach
Münchsteinacher Straße
Fischhäusla
Schlossgasse
Schlossgasse
Kleinsteinacher Weg
Grünanlage mit Kinderspielplatz
Kleinsteinacher Weg
Feuerwehrhaus

Rockenbach

Roggnbach (mittelfränkisch)

Gemeinde Gutenstetten
Landkreis Neustadt an der Aisch
Bezirk Mittelfranken

Dorffeste Schlachtschüssel, Fischessen (organisiert vom Feuerwehrverein), jährlicher Dorfnachmittag

Vereine Feuerwehrverein, Frauenchor (mit Bergtheim)

Der Name Rockenbach ist vermutlich auf *ruoch* (»Saatkrähe«) zurückzuführen.

Rockenbach wurde das erste Mal 1307 oder 1308 urkundlich erwähnt.

ROCKENBACH

Schloss, Natur und Biogas

Ein abgelegenes kleines Dorf auf einer Steigerwaldanhöhe, umgeben von Wald und Feldern, bewohnt von alteingesessenen Familien und einigen Zugezogenen. Hier kann man mittags auf der Bank im Freien sitzen und hört eine Viertelstunde lang keine Maschine und keinen Motor – nur Vögel zwitschern, Frösche quaken und Gockel krähen. Ab vom Schuss, könnte man meinen.

Ja, aber zugleich sind die Einheimischen angeschlossen an die Moderne: Glasfaserleitung in jedem Haus, Wärmeversorgung durch die Biogasanlage vor Ort, dazu eine Hackschnitzelheizung als Ersatz im Notfall. Im Landschlösschen ständig Besucher von überallher, dazu freundschaftliche Verbindungen in alle Windrichtungen. Im Dorf kein Leerstand, gepflegte Gebäude, die in Schuss gehalten werden. »Da kammers scho aushalten«, sagt man mit fränkischer Zufriedenheit.

Auch als Gast ist man hier sofort mittendrin.

Das Auffälligste an Rockenbach sind der anmutige Friedhof außerhalb, auf halbem Wege nach Bergtheim (»Bergla«), die Biogaskuppeln am Ortsrand und das liebliche Landschloss in der Mitte des Dorfes. Ein malerisches Gebäude wie aus einem alten Heimatfilm, mit markantem Turm, Fachwerk und Fensterläden, Ziegeldach und Gauben, die Außenwände denkmalschutzrosa gestrichen. Es wird bereits im 15. Jahrhundert erwähnt und im 18. Jahrhundert von den Seckendorffs generalsaniert und erweitert. Nach vielen Besitzerwechseln gehört es seit 1968 dem Verband christlicher Pfadfinder. Seit fünfzig Jahren quartieren sich die unterschiedlichsten Gruppen und Privatleute hier ein – 5000 Übernachtungen jährlich. Sie genießen die Ruhe, das

historisch anmutende Innere mit der modernen Ausstattung und das harmonische Verhältnis zu den Dorfbewohnern. Auch als Gast ist man hier sofort mittendrin.

Bis 1970 gab es in Rockenbach ein Wirtshaus. Handwerker und Arbeiter kamen unter der Woche zum Vespern und Brotzeitmachen, an mehreren Tischen wurde Schafkopf oder 66 gespielt, im Saal oben war Tanz: »a Musik im Frühjahr und im Winter a Ball«. Im September an der Kirchweih mit Kerwaburschen, Umzug und Tanz schlachtete man fünf Schweine, ein Kalb, ein Reh, Enten und Karpfen. Nicht selten kamen Gäste schon angetrunken in die Wirtschaft und sind danach noch selbst heimgefahren, manchmal sogar ermahnt vom Gendarmen, ja vorsichtig zu sein.

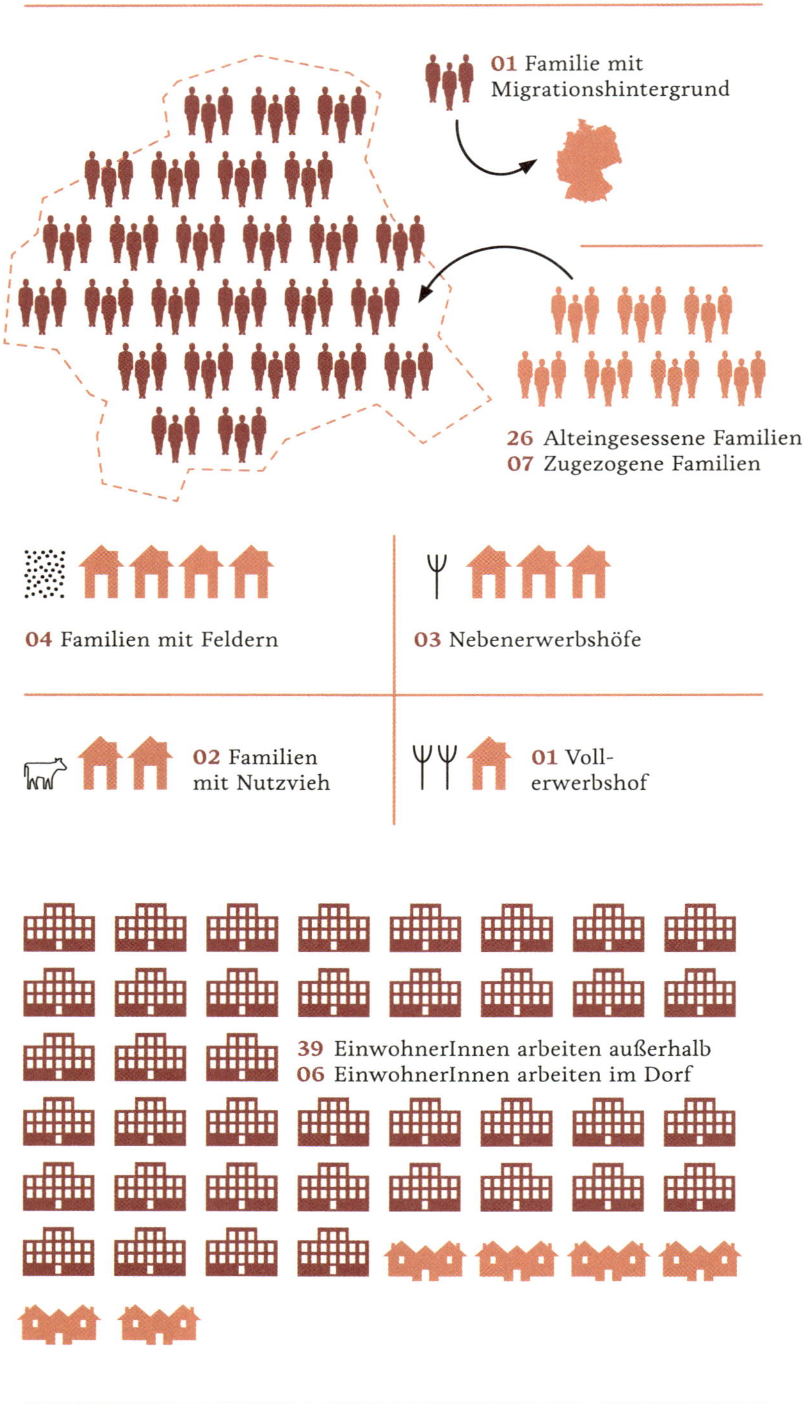
01 Familie mit Migrationshintergrund
26 Alteingesessene Familien
07 Zugezogene Familien
04 Familien mit Feldern
03 Nebenerwerbshöfe
02 Familien mit Nutzvieh
01 Vollerwerbshof
39 EinwohnerInnen arbeiten außerhalb
06 EinwohnerInnen arbeiten im Dorf

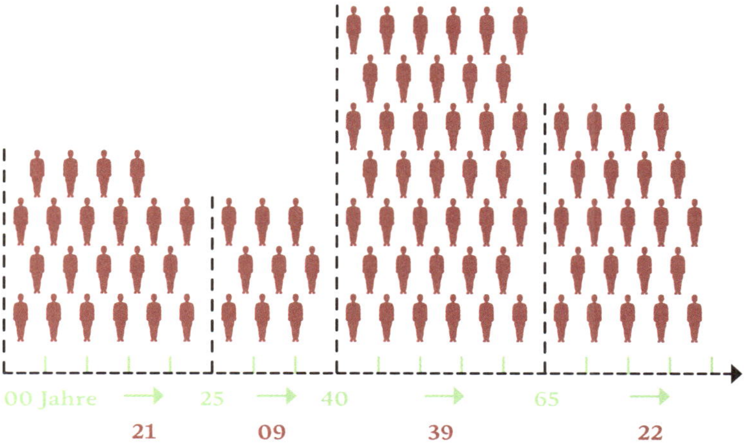

05 katholisch
86 evangelisch
00 andere
00 konfessionslos

Viele Familienmitglieder haben damals mitgeholfen in der Küche, beim Ausschenken und Bedienen. In den Sechzigerjahren wurde es jedoch immer schwieriger, das notwendige Personal zu bekommen. Die Leute gingen auf Arbeit, verdienten Geld, kauften sich Autos und Fernseher. Das mit dem Karteln hörte auf: »Des is auf aan Schlooch wenger worn.« Dann kam das Ende für das Dorfwirtshaus: »Die Junga sinn fort und die Alten woorn derhamm vor der Kisten.«

Zeitgleich mit der Gaststätte endete auch die Geschichte der eigenständigen Dorfschule in Rockenbach. Fast vier Jahrzehnte lang hatte derselbe Lehrer hier unterrichtet: alle Kinder, alle Klassenstufen in einem Raum. Nach dem Krieg waren das mit den Vertriebenen und Flüchtlingen im Ort vierzig Kinder – eine pädagogische Meisterleistung. Der Lehrer wohnte mit seiner Familie über dem Klassenraum im Schulhaus, trug stets eine Krawatte und achtete auf Ordnung und Sauberkeit: Stofftaschentuch, saubere Fingernägel und Schuhe, gekämmte Haare. Für Bauernkinder eine hohe Hürde – es prägte fürs ganze Leben. Beim Schulmeister handelte es sich um eine Respektsperson, der man etwas von der Schlachtschüssel vorbeibrachte, ein »Bündel« mit Backwaren an der Kirchweih, zuweilen Eier und Schinken, um einen guten Eindruck zu hinterlassen.

Jeder Rockenbacher, der durch diese Schule ging, weiß Geschichten davon zu erzählen. Wie »der Babba« (so der Spitzname des Lehrers) mit Harmonium oder Geige zum morgendlichen Gesang einstimmte: »Die güldene Sonne bringt Leben und Wonne, die Finsternis weicht ...«. Wie man in Dreierreihen in die Natur ausrückte, um Blumen und Bäume, Kräuter und Singvögel in Augenschein zu nehmen oder im Winter Spuren zu lesen. Wie man als Junge im Herbst den Lehrersgarten umstechen durfte und so den Unterricht umgehen konnte. Tagelang wurde im Oktober Holz hinaufgetragen ins Dachgeschoss der Schule. Im Winter gab es den Schürdienst, der »mit Fleiß« den Ofen dermaßen zum Glühen brachte, dass alle Kinder vorsichtshalber zum Spielen hinaus in den Schulhof geschickt werden mussten.

»Das Beste war aber immer der Butzi, dem Lehrer sein Hund. Der ist oft mitsamt der Kette durchgangen und wir Buben haben ihn dann suchen müssen. Wir haben schon gwusst, wo er wieder hingelaufen ist. Dort war er auch. Wir haben ihn festbunden, sind zum Lehrer gangen und hamm g'sagt, wir hätten ihn net gfunden. Also sind wir noch mal weggeschickt worden. Bis wir dann mit dem Hund zurückkommen sind, war der Schultag rum und wir sind mit Schokolade belohnt worden.«

Was hat man gelernt in so einer Dorfschule? »Viel über unsere Heimat, den Boden, die Tiere, die Natur.« Das Beste war aber, dass man viel Freiraum hatte, ohne Erwachsene: »Wir hamm streiten und spielen können, Schneeballschlachten machen, raufen und rumtoben, ohne dass sich ein

»Wir hamm streiten und spielen können, Schneeballschlachten machen, raufen und rumtoben, ohne dass sich ein Elternteil eingemischt hätt. So hamm wir glernt, was man heut hochtrabend soziale Kompetenz nennt.«

91 EinwohnerInnen **33** Haushalte **05** Verwandtschaften

Nur ein Schulbus
fährt in die
nächste Stadt

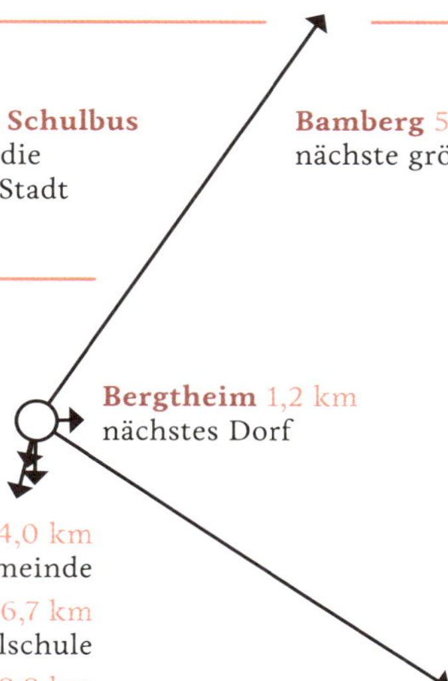

Bamberg 50,4 km
nächste größere Stadt

Bergtheim 1,2 km
nächstes Dorf

Gutenstetten 4,0 km
Gemeinde

Diespeck 6,7 km
Grundschule, Mittelschule

Neustadt an der Aisch 8,8 km
Landkreis, weiterführende
Schulen, Krankenhaus

Nürnberg 50,4 km
nächste größere Stadt

Elternteil eingemischt hätt. So hamm wir glernt, was man heut hochtrabend soziale Kompetenz nennt.« Heute müsse man Kindern oft mühsam beibringen, was es heißt, etwas zusammen zu gestalten, sich rücksichtsvoll zu verhalten und nicht vorzudrängeln, bitte und danke zu sagen. Geduld, Konzentration und Warten-Können muss man lernen.

Davon weiß auch eine tatkräftige, umgängliche »Erlebnisbäuerin« ein frohes Lied zu singen. Auf ihren landwirtschaftlichen Betrieb kommen viele Kinder, sei es aus Kindergärten, Grundschulen oder zu privaten Kindergeburtstagen. Hier erleben sie, was es heißt, gemeinsam etwas selber zu backen und gemeinsam zu genießen. Tiere hautnah wahrzunehmen im »kleinen Bauernhof« mit Schafen, Ziegen, Enten, Hühnern, Kaninchen und einem Esel. Putzige »Zieberle« (Küken) und »Suggerle« (Ferkel) mit ihren Glucken und »Dauschen« (Muttersauen) zu beobachten, zu riechen, zu streicheln. Dabei geht es stets auch um Wissensvermittlung, zum Beispiel über Heu, Stroh, Futter. Das Schönste sei, so meint sie, dass die Kinder vor lauter Begeisterung weder an ein Handy noch einen Computer denken, dass sie keine Langeweile empfinden, sondern eine echte Aufgabe haben, bei der sie viel lernen.

Eine Beinleiste aus Walrosszahn, eine Nadelbüchse aus Vogelknochen, das Goldblech einer frühen Bibel.

In einem anderen Haus in Rockenbach erwartet den Besucher eine Erfahrung ganz anderer Art: der Gang durch Epochen und Jahrhunderte. Ein passionierter, kundiger Sammler trug hier Tausende von Fundstücken zusammen: Tonscherben, Teile von Waffen, Kleidern und Geräten aus der Vor- und Frühgeschichte, aus dem Mittelalter und der Frühen Neuzeit, alles präzise dokumentiert und archiviert. Münzen der Kelten und aus dem Dreißigjährigen Krieg. Faszinierend, Fragmente in der Hand zu halten aus dem verschwundenen Steigerwaldkloster Megingaudshausen! Eine Beinleiste aus Walrosszahn, eine Nadelbüchse aus Vogelknochen, das Goldblech einer frühen Bibel. Zwölf Jahrhunderte, die das Auge erfreuen und den Geist beflügeln!

Rockenbach hat kein Neubaugebiet. Im Dorf wird das begrüßt, denn so wächst es organisch und bleibt intakt. Die Zuzügler werden integriert, sofern sie dazugehören und mitmachen wollen. Das große Plus für viele ist die Gemeinschaft mit ihren Aktivitäten wie dem Dorfnachmittag, Gottesdienst im Grünen, Adventsgottesdienst. Als es vor Kurzem in der Biogasanlage zu einem Schadensfall kam, wurde er mit vereinten Kräften behoben. Am Ortsschild las man wochenlang die passende Parole: »Mir helfn zamm!«

Lungsdorf

Lungsdorf (mittelfränkisch)

Gemeinde Hartenstein
Landkreis Nürnberger Land
Bezirk Mittelfranken

Dorffeste Sonnwendfeuer im Sommer und im Winter

Vereine Bürgerverein Lungsdorf

Der Name **Lungsdorf** kommt vermutlich von einem Eigennamen aus der Phase des frühmittelalterlichen Landausbaus.

Lungsdorf wurde **1323 – 1327** im Urbar der Bischöfe von Bamberg das erste Mal urkundlich erwähnt.

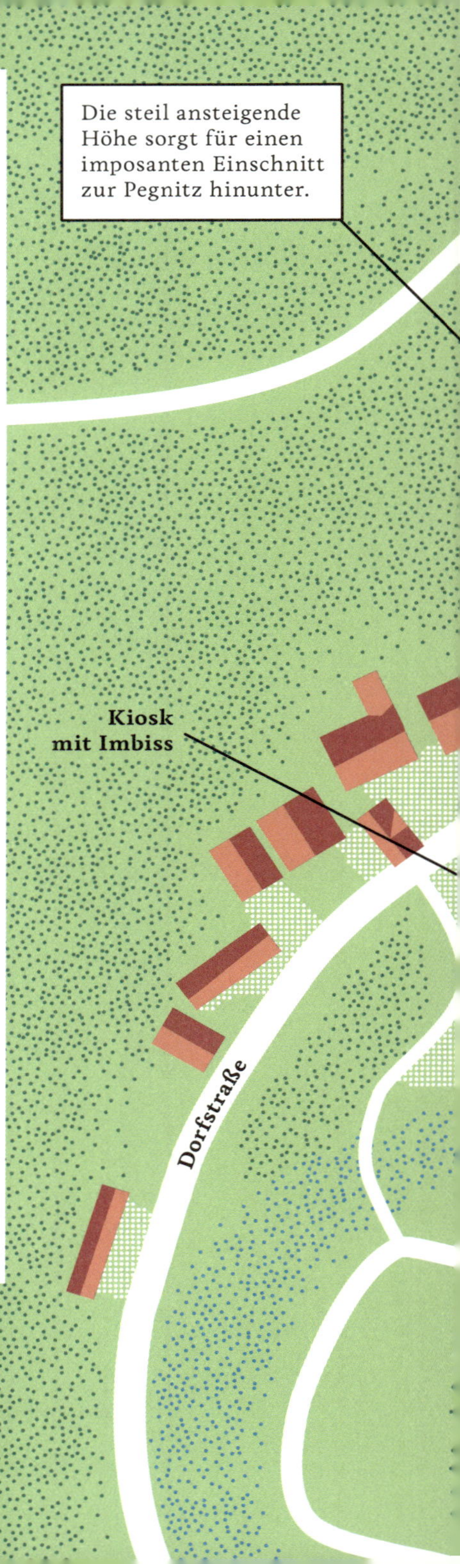

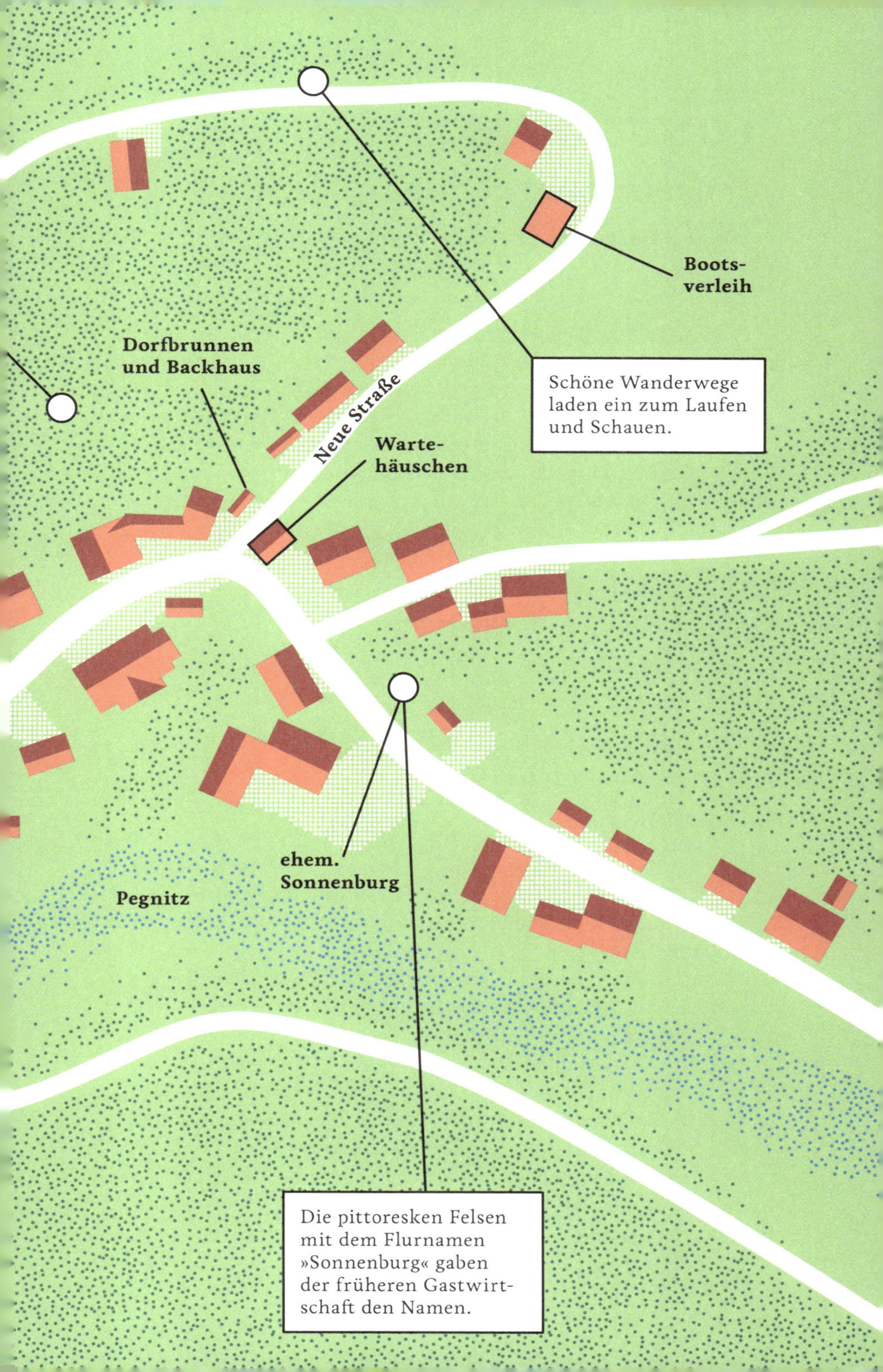
Boots-
verleih
Schöne Wanderwege
laden ein zum Laufen
und Schauen.
Dorfbrunnen
und Backhaus
Neue Straße
Warte-
häuschen
ehem.
Sonnenburg
Pegnitz
Die pittoresken Felsen
mit dem Flurnamen
»Sonnenburg« gaben
der früheren Gastwirt-
schaft den Namen.

LUNGSDORF

Touristenmagnet und Individualistenort

Fährt man mit aller Seelenruhe übers Land in die kleinen Dörfer, wird man im Nu zum Verkehrshindernis, weil man nicht schnell genug unterwegs ist und dazu noch die Landschaft beschaut. Protzige Limousinen und übergewichtige Hausfrauenpanzer jagen einem hinterrücks Schrecken ein, indem sie von hinten unmissverständliche Zeichen geben, dass man auf der Stelle weichen oder Gas geben soll, weil sie einen sonst überholen müssen, um mit Tempo und Termindruck voranzukommen, denn Zeit ist Geld und warten müssen, das ist die Hölle.

Vielleicht ist sie hier mit am schönsten, weil alles so malerisch wirkt, so verträumt. »Die Perle des Pegnitztales« sagte man früher zu Lungsdorf, und viele Radfahrer und Wanderer nicken heute dazu mit dem Kopf.

Gondelt man gemächlich über die Dörfer und Weiler, fällt einem erst auf, wie begradigt und flurbereinigt unser Land bereits ist, ein regulierter Raum für Autos und Lastwagen, Schlepper und Busse. Doch dann kommt man in dieses enge, waldumschlossene und felsengesprenkelte Tal der Pegnitz, die sich hier bei Velden zutiefst anmutig vorwärtsschlängelt und sich in südwestlicher Richtung weiterwindet »zu die Stooder«, nach Nürnberg und Fürth.

Vielleicht ist sie hier mit am schönsten, weil alles so malerisch wirkt, so verträumt. »Die Perle des Pegnitztales« sagte man früher zu Lungsdorf, und viele Radfahrer und Wanderer nicken heute dazu mit dem Kopf. Die Fliegenfischer sind anderswo zugange, wo sie lauschen und schauen, werfen und staunen in dieser Maifliegenzeit. Auch die Kanus und Kajaks werden nicht hier in Lungsdorf zu Wasser gelassen. Überhaupt hat die Pegnitz seit Jahren an Tiefe eingebüßt, da »arch vill« nach Nürnberg abgezweigt wird, um die Städter mit frischem, kühlem, klarem Wasser zu versorgen. Dafür sind verstärkt Kletterer unterwegs, um ihre Kräfte und Griffe an den Jurafelsen auszuprobieren. Jetzt in der Raps- und Obstblütenzeit flitzen die Cabrios und Limousinen über die staubigen Teerdecken, und lärmende Schwärme von Motorradfahrern schwirren insektengleich durch die Kurven – und durch Lungsdorf.

Ist der Verkehr schlimmer geworden? Schon in den Sechzigerjahren haben Motorräder hier Hühner und Gänse auf der Straße überfahren, erzählt man im Ort. Einmal ist ein Mann mit dem Moped mit Karacho übers gewölbte Brücklein geschossen, »stockvoll« abgehoben und beim erstbesten Bauernhof zwischen Mistgrube und Stadelwand hineingeflogen und mitsamt der Haustür ins Haus hineingedonnert. Schotterlaster aus den Steinbrüchen schepperten früher auf der rumpeligen Straße durch das Dorf, dass einem die Ohren dröhnten. Heute fahren auch viele Pendler und Lkws durch, und den Schichtwechsel hört man hier immer. Die Ausflügler machen keinen Lärm, die Wanderer und Radfahrer sowieso nicht. Nur die Motorräder können unheimlich laut sein: »Ja, die könna schon nerven, wenn die voll aufdreha und ihre Maschinen wie narrisch dröhna lassen.«

Lungsdorf war in den Fünfziger- und Sechzigerjahren ein beliebtes Ausflugsziel, nicht bloß für die »Kahlfresser«, wie man die Stadtleute mit freundlichem Spott nennt, sondern auch für Urlauber aus Berlin. Damals war die Blütezeit der *Sonnenburg*, einem florierenden Gasthaus mit Biergarten und Fremdenzimmern, einer eigenen Metzgerei und Landwirtschaft. Alte Postkarten zeigen noch diesen Schlachtschüssel-Tempel unter den markanten Felstürmen. Der frühere Eigentümer war ein eigenwilliger Kerl, »a weng stolz und herrisch«, kein Schwiegersohn war ihm gut genug, die zwei Töchter heirateten dann in Gastwirtschaften anderswo ein. Als der Wirt und Metzgermeister krank wurde und verstarb, begann die lange Reihe wechselnder Pächter. Keiner hat sich dauerhaft gehalten. Schließlich erschien ein Holländer mit seiner deutschen Frau,

sie haben das Anwesen gekauft, umgebaut, die Küche erweitert, die Fremdenzimmer modernisiert. Die Frau war freundlich, auf Zack, hat gut gekocht. Sie bekamen eine kleine Tochter. Eines Tages fuhren dann Polizeiautos vor und ein Leichenwagen: Die Frau hatte sich das Leben genommen, erstochen mit mehr als dreißig Messerstichen. Ein Schock für das ganze Dorf.

Danach tauchte ein Hamburger auf, der das Ganze übernahm und die Wirtschaft weiterführte. Asylbewerber wurden kurzzeitig einquartiert, später kamen Polen und Vietnamesen. Zweifelhafte Geschäfte sollen gemacht worden sein, bis Sondereinsatzkräfte der Polizei aufkreuzten und eine Razzia machten. 1994 ist die *Sonnenburg* dann abgebrannt. Das war wieder eine merkwürdige Geschichte. Die Verantwortlichen hatten alle ein wasserdichtes Alibi, und die genaue Ursache des Feuers blieb im Dunkeln. Die Brandversicherung zahlte und mit dem Geld wurde ein Doppelhaus ins Dorf gebaut, hinein ins

Wasserschutzgebiet, wo es vom Landratsamt niemals genehmigt worden wäre. Aber so, nach dem Brand, war die *Sonnenburg* ein gefundenes Fressen für die Behörden. Das Straßenbauamt konnte die Gebäude endlich abreißen und die Straße erweitern, die uralte Engstelle entschärfen. Die Regierung von Mittelfranken segnete alles ab, und keiner fragte nach oder begehrte auf. Seitdem gibt es in Lungsdorf keine Gastwirtschaft mehr.

Dafür gibt es seit fünf Jahren einen Kiosk direkt an der Straße, an der Pegnitz. Die *Bengerdsschnouggn* steht auf einem Schild an der Theke. Wie eine »Pegnitzschnake« sieht die temperamentvolle Frau hinter dem Tresen aber nicht aus. Sie sprüht vor Begeisterung über ihre Arbeit: Schon immer wollte sie eine Wirtin machen. Jetzt ist sie es, zumindest nebenbei, nämlich an den Wochenenden im Sommer. Auf die Frage, was das Besondere an Lungsdorf sei, kommt prompt die Antwort: »Mir nehmen alle auf, ganz egal, was für'n Schlag die haben! Jeder kann machen, was er mag, keiner redet dir rein. Vor Jahrzehnten noch haben die Alten sich stark eingemischt und haben in alles neigackert. Heut ist das Leben hier offener, leichter.«

Was sich geändert hat seit ihrer Kindheit? Früher hatten fast alle im Dorf eine kleine Landwirtschaft, da sah man sich jeden Tag im Dorf oder auf dem Acker. Es gab viel mehr Leute, mehr Kinder. Da war immer Leben im Ort. »Heut haben wir nur ein Kind im Kindergarten und eins in der Schule, das war's schon.« Erfreulicherweise hat sich ihr 25-jähriger Sohn dafür entschieden, in Lungsdorf zu bleiben, weil er die gute Gemeinschaft schätzt, die Ruhe und Natur: »Wenn man so ein kleines Dorf von Kindheit auf gewohnt ist, dann braucht man diese Nähe, die Geselligkeit. Dass immer einer da ist für einen«, sagt er. Gerade hat der gelernte Landmaschinenschlosser mit Mutterkuhhaltung angefangen und züchtet Galloway-Rinder. Die Tradition der Familie lebt neu auf: »Das Bäuerliche liegt einem halt im Blut.«

»Früher gab es im Dorf noch die Wirtschaft«, erinnert sich seine Mutter, »das fehlt uns heute. Da gab's eine Kirchweih und den Tanzboden. Wie viele Ehen dort gestiftet worden sind!« Auch die Ehe der ältesten Einwohnerin nahm dort ihren Anfang. Vier Söhnen hat sie das Leben geschenkt, zusammen

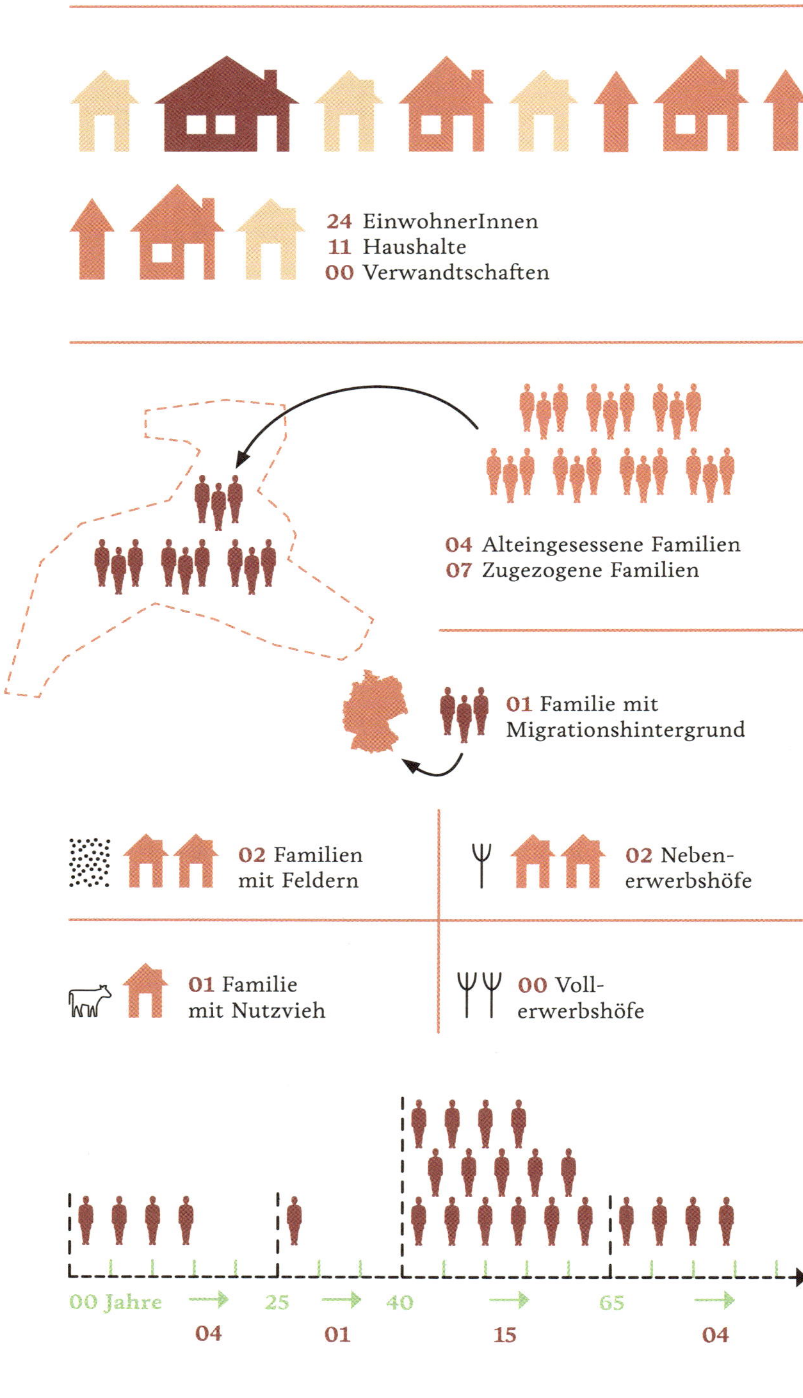
24 EinwohnerInnen
11 Haushalte
00 Verwandtschaften
04 Alteingesessene Familien
07 Zugezogene Familien
01 Familie mit Migrationshintergrund
02 Familien mit Feldern
02 Neben-erwerbshöfe
01 Familie mit Nutzvieh
00 Voll-erwerbshöfe
00 Jahre
25
40
65
04
01
15
04

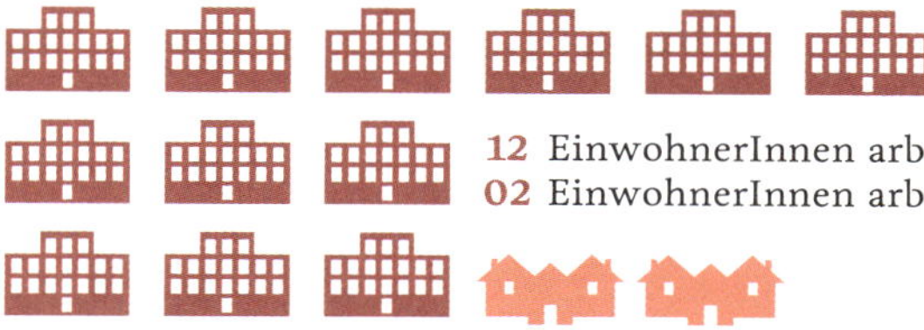

12 EinwohnerInnen arbeiten außerhalb
02 EinwohnerInnen arbeiten im Dorf

03 katholisch
20 evangelisch
00 andere
01 konfessionslos

mit ihrem Mann, der einst in der *Sonnenburg* das Metzgerhandwerk erlernte. Aber auch wenn keiner ihrer Söhne mehr in Lungsdorf wohnt, bleiben sie dem Ort verbunden. Die Felder werden noch von der Familie selbst ökologisch bewirtschaftet, und tagtäglich schaut sich ein Kind oder Enkel bei ihr um. Einmal im Jahr, im September, findet hier auch ein Weinfest statt, denn einer ihrer Söhne bewirtschaftet einen Weinberg in der Nähe von Mainz. Dann wird im Backofen Zwiebelkuchen gebacken und Federweißer ausgeschenkt, dass die Leut »gscheit lustig« sind. Einigen ging das Fest nach der Heimkehr noch mal tüchtig durch den Kopf: »Die haben gar net g'nug Eimer hergebracht derhamm.«

Hört man ihren Erzählungen zu, erfährt man viel aus der Geschichte dieser Region. Von feindlichen Tieffliegern, die am Ende des Krieges auf freiem Feld junge Männer erschossen: Wehrmachtssoldaten auf Heimaturlaub. »Des muss man sich mal vorstellen: Die hamm den Krieg an der Front überlebt, und ausgrechnt da in der Heimat haben die ihr Leem nu eingebüßt, so kurz vorm Ende! Des war furchtbar für ihre Leut.« Von einer heilen Welt, einer guten alten Zeit kann nicht die Rede sein. Die Arbeit war schwer, die Freizeit knapp, das Vergnügen rar. Gleichwohl freute man sich an alltäglichen Dingen, am Leben, dass es vorwärtsging und alle vorankamen in Schule und Beruf.

Bahnstation in Rupprechtstegen,
Ruftaxi am Wochenende,
Gemeindemobil immer am
Dienstag

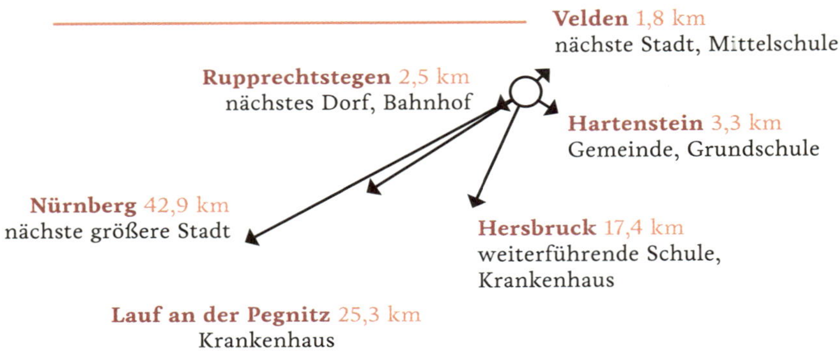

»Mir hat's immer g'fallen da am Wasser. Auch wenn's immer mal wieder Hochwasser gegeben hat. Wasser hat an klana Kopf – obber a Riesenkraft.« Auch Rückschläge und Verzicht haben das Leben letzten Endes bereichert, meint sie. Auf die Dorfgemeinschaft lässt sie nichts kommen. Es gibt keinen Tratsch und keinen Streit, man versteht sich gut, auch mit den neu Zugezogenen. Selbst wenn man zuerst die Braue hochzieht und sich wundert, wenn man staunt und schmunzelt über den anderen, letzten Endes braucht man sich, achtet und hilft man einander.

Ein älterer, alleinstehender Mann im Ort ist in zerrissenen Hosen herumgelaufen, ungewaschen und ungekämmt, obwohl er Geld genug gehabt hätte. Da habe sie dem Kauz die Leviten gelesen: »Wenn ich dich noch mal in solchen Fetzen rumlaufen seh, reiß ich sie dir eigenhändig vom Leib! Wennst ka Geld ausgeben willst dafür, dann geb ich dir halt selber was Anständiges zum Anziehen.« Erst hat er von niemandem etwas angenommen, aber dann hat es gewirkt. Als er krank wurde, haben die Leute im Dorf dafür gesorgt, dass er nicht ins Heim kam. Und als er starb und die Erben keinen Finger rührten, hat der Bürgerverein im Dorf eine sehr schöne Todesanzeige in die Zeitung setzen lassen, so wie es sich gehört – »wall der woor doch aaner von uns!«

Je kleiner ein Ort, desto größer der Zusammenhalt. Das ist die Erfahrung und Überzeugung einer jungen Frau, die sich seit ihrer Ankunft in Lungsdorf vor zehn Jahren in diesem Bürgerverein engagiert. Zusammen mit ihrem Mann, einem gebürtigen Unterfranken, suchte sie damals nach einem alten Haus, das sie hier fanden, kauften und gründlich überholten. Es ist ein Gebäude mit Charakter und Wohlgefühl, mit Eigenart und Geschichte: aus der Mitte des 19. Jahrhunderts, nicht unterkellert, 1928 aufgestockt, Muschelkalkmauern mit Fachwerk und Dachgauben oben drauf als Erinnerung an die einträglichen Hopfenbauernzeiten. Als das junge Paar damals einzog in Lungsdorf, wollten sie sich bei den Nachbarn kurz vorstellen und klingelten an den Haustüren. Als sie viele Stunden später wieder heimkehrten, hatten sie beide »einen Zapfenrausch im Gsicht« und waren frischgebackene Mitglieder im Bürgerverein.

So ein Verein ist eine wichtige Sache in einem kleinen Dorf.

So ein Verein ist eine wichtige Sache in einem kleinen Dorf. Er hält die Einwohner zusammen, die Alteingesessenen und die Neubürger. Immer wieder zieht es Menschen in dieses kleine Dorf, um hier zu leben. Die alten Besitzer sind verstorben, die Erben verkaufen das Anwesen und Zuzügler greifen zu. In Lungsdorf herrscht jedoch Ensembleschutz, deshalb kann es hier kein Neubaugebiet und keine Siedlung geben. Die alten Gebäude müssen erhalten bleiben: »Das Gute ist, dass dadurch die richtigen Leute ins Dorf kommen. Die sich handwerklich betätigen und die Sach erhalten wollen. Keine Neureichen, keine Eingebildeten.« Das Dorf schrumpft, aber aussterben wird es nicht, sagen die Einwohner, auch wenn es im Moment drei Leerstände gibt. Junge Familien, die raus wollen aus der Stadt, die Platz und Natur für sich suchen, können hier fündig werden.

Maschinenbau-
unternehmen
Kirche
Lange Dorfstraße
Maibaum
Kinder
spielplatz
Kindergarten und
Evangelische
Landjugend
Ökologischer
Land- & Weinbau
Kellergasse
Friedhof
Lange Dorfstraße
Langgasse
Schöner Garten als
Grünanlage mitten
im Dorf.
Schreinerei

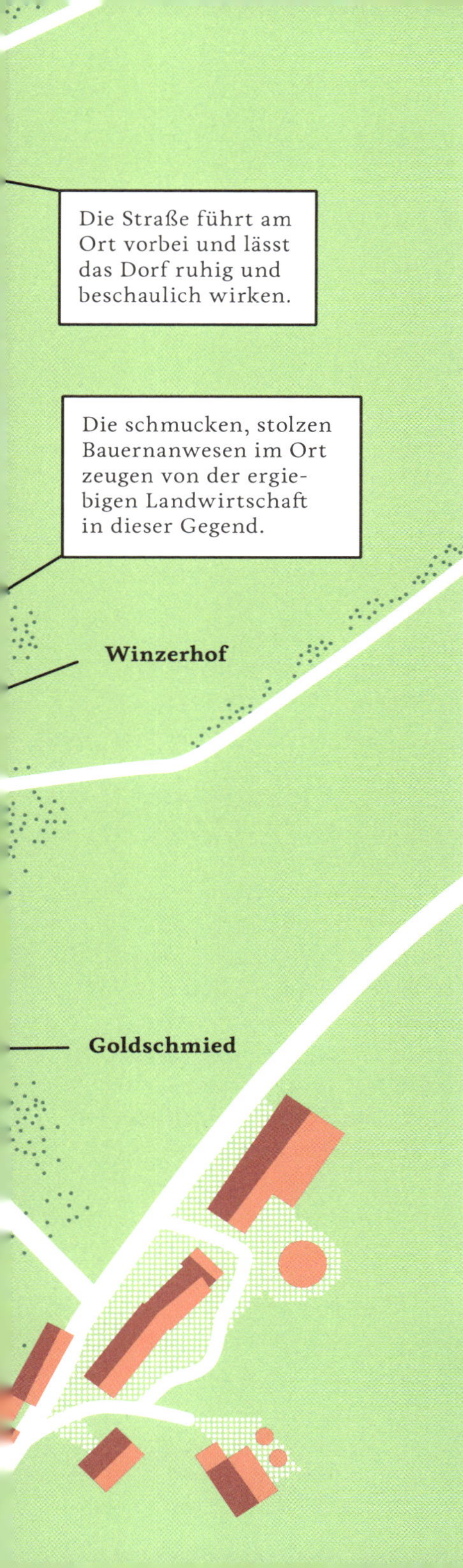

Auernhofen

Auerhoufä (mittelfränkisch)

Gemeinde Simmershofen
Landkreis Neustadt a.d. Aisch-Bad Windsheim
Bezirk Mittelfranken

Dorffeste Maibaumaufstellen, Dorffest (alle zwei Jahre)

Vereine Obst- und Gartenbauverein, Gesangsverein, Freiwillige Feuerwehr, Evangelische Landjugend

Der Name Auernhofen kommt vom *Ur*, dem Auerochsen, Wildrind.

Auernhofen wurde 1119 das erste Mal urkundlich erwähnt.

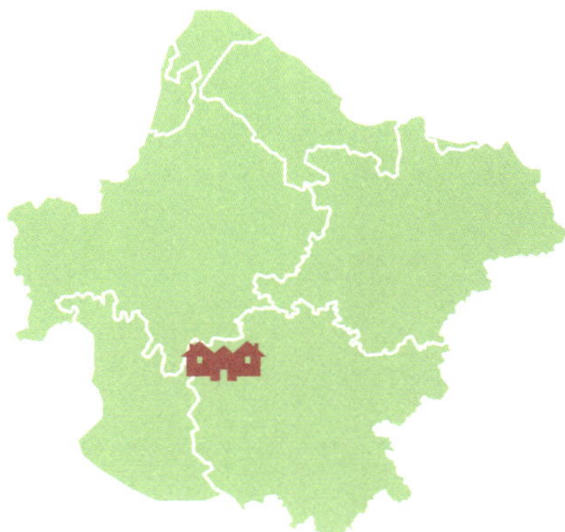

50 m

AUERNHOFEN

Reichtum an Boden und Ideen

Was ist das Besondere an diesem Dorf? Dass es hier noch mehr Landwirte gibt als in zehnmal so großen Ortschaften? Sind es die vielen schönen Gehöfte? Oder dass es in diesem Zuckerrüben-Eldorado veritable Weinbauern gibt? Dass es in 63 Jahren neunmal Zwillingsgeburten gab? Dass in diesem Bauerndorf Exoten ansässig sind, die kein Mensch hier erwarten würde? Zum Beispiel ein exquisiter Winzer und Koch mit seinem Gourmet-Lokal. Oder ein moslemischer Optiker, der beim Maibaumaufstellen einen Cocktailstand betreibt und die Einnahmen spendet. Kein Zweifel: Auernhofen hat Überraschendes zu bieten.

Die fränkische Stufenlandschaft mit ihren wellenförmigen Waldhügeln, Wiesengründen und Ackerschlägen läuft westlich der Autobahn Würzburg–Ulm in eine sehr fruchtbare, großflächige Ebene aus. Im Osten erkennt man mit dem Frankenberg und dem Hohenlandsberg die Ausläufer des Steigerwaldes. Im Norden gelangt man zum Ochsenfurter Gau und ins Maintal mit seinen Weinbergen. Im Süden mäandert das pittoreske Taubertal Richtung Westen. Die mächtigen Lößschichten des sogenannten Gäubodens sind hochwertig und ertragreich. Wälder und Wiesen sind hier etwas Seltenes, denn der Feldbau zahlt sich aus in

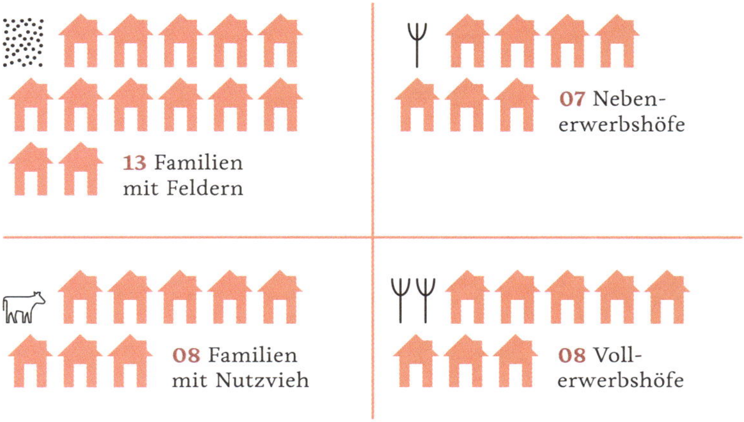

diesem »Gelobten Land«, vor allem bei Zuckerrüben und Getreide. Wenn man die Aussaat nicht vergisst, so heißt es, steht einer üppigen Ernte nichts im Wege. Dies ist der Nährboden, auf dem Selbstbewusstsein und Bauernstolz wachsen und Früchte tragen konnten.

Besucht man das als fränkisches Haufendorf angelegte Auernhofen, fallen einem sofort große Dreiseithöfe auf, deren mehrstöckige Wohnhäuser entweder prächtiges Fachwerk oder Steingemäuer aufweisen. Von der »Wohlhabenheit« der Einwohner wurde schon Mitte des 19. Jahrhunderts von amtlicher Seite berichtet. Bereits damals beschrieb man die bäuerliche Bevölkerung als fleißig und tüchtig, geprägt von einem verständigen Erwerbssinn. Die Spuren sind heute noch zu sehen. Wo findet man noch ein Dorf dieser Größe mit so vielen Vollerwerbsbauern? Einen Ort praktisch ohne Leerstand?

Es kommt auch nicht alle Tage vor, dass man mit einem Landwirt ins Gespräch kommt, der vor vierzig Jahren Abitur und Fachstudium absolviert hat. Sehr sachkundig beschreibt er den Betrieb mit 400 Zuchtsauen und 2 000 Mastschweinen und erklärt, wie man das Saatbeet vorbereiten und die Ackerkrume bearbeiten muss, um optimale Zuckerrüben anzubauen. Dabei setzte er von Anfang an auf Technik und Maschinen. Er ist vertraut mit Schleppern zwischen 150 und 300 PS, die Preise haben, wie man sie vom Hauskauf kennt. Allein der

126 EinwohnerInnen **43** Haushalte **05** Verwandtschaften

09 katholisch **109** evangelisch
01 islamisch **07** konfessionslos

Nur ein Schulbus fährt in die nächstgelegene Stadt

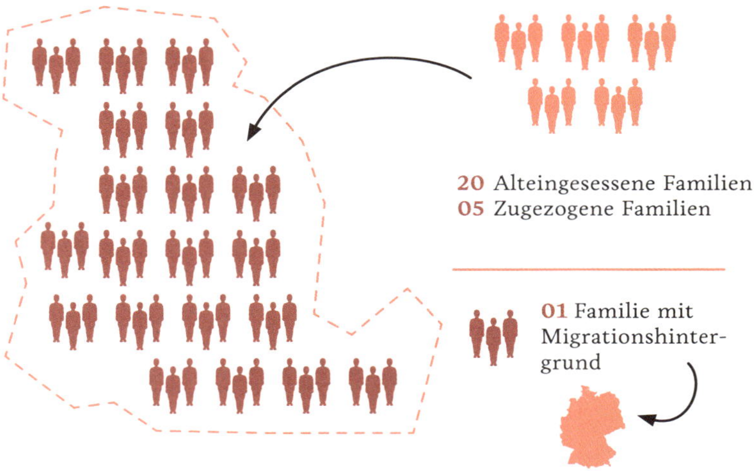

hochelektronische Sitz kostet so viel wie ein Kleinwagen. Gleich darauf jedoch schwärmt er von der Musik, seiner Leidenschaft für Gesang und Posaunenchor. Genauso begeistert erzählt er von den Rolling Stones, Janis Joplin und Bob Dylan, Jethro Tull, Pink Floyd und Queen. Als jungen Mann zog es ihn in die Disco, zur Soulmusik. So sieht hier also ein Landwirt in seinen Sechzigern aus: gut in Form, gebildet und weltoffen, mit einer Vorliebe fürs Reiten, Motorradfahren und Verreisen.

Als gebürtigen Württemberger lockten ihn Kirchweih und Tanz ins Mittelfränkische, wo er seine Frau fand. Traditionell orientierte man sich in dieser Gegend eher nach Uffenheim und Würzburg, Ochsenfurt und Rothenburg, aber kaum hinüber ins ach so nahe Württemberg. »Früher war da praktisch eine gläserne Wand«, sagt eine Frau, die es wissen muss. »Es gab ganz wenig Austausch mit denen da drüben.« Heute bewirtschaften Bauern aus Auernhofen Weinberge im Taubertal und im Maindreieck. Most gab es schon immer hier, nun baut man auf Wein.

Der Nachbar, früher ein Bauer mit Heckenwirtschaft, hat inzwischen die Äcker verpachtet und setzt ganz auf Weinerzeugung und gehobene Gastronomie. In den Achtzigerjahren gab es verwilderte Hänge in Tauberzell zu kaufen, seitdem ist die eigene Rebfläche in Unterfranken kontinuierlich gewachsen auf 20 Hektar. Dort wird zu 90 Prozent Weißwein produziert,

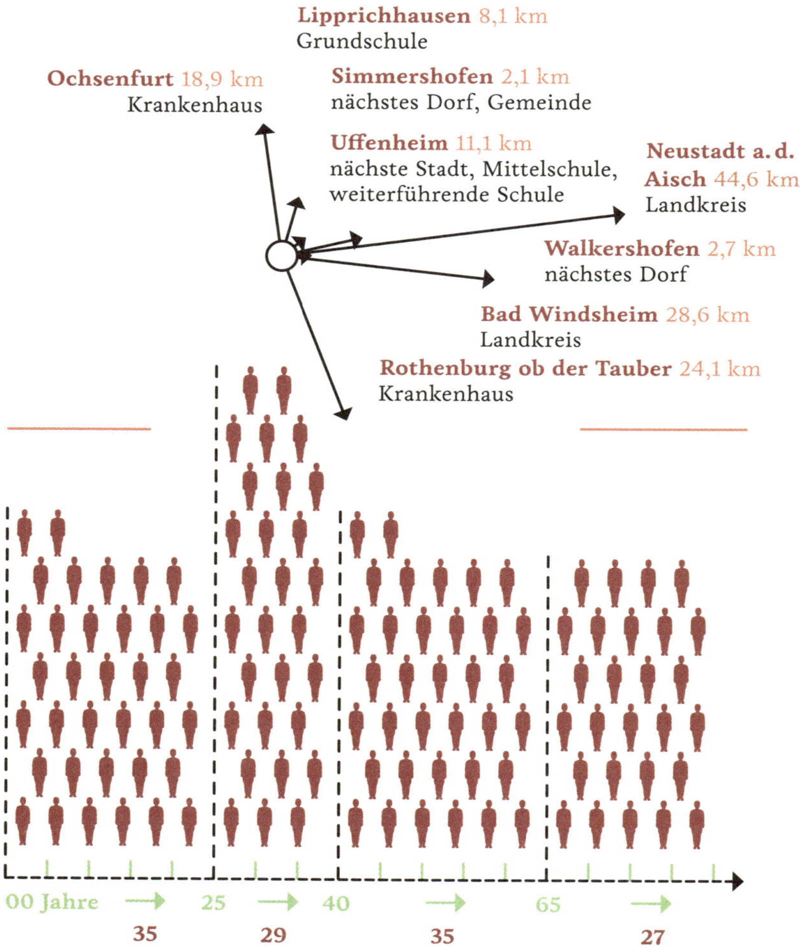

95 Prozent der Flaschen gehen in den ausgewählten Fachhandel. Nur ein kleiner Teil wird im eigenen Gastrobetrieb ausgeschenkt, vor allem bei Feiern und Hochzeiten. An Samstagen sind deswegen viele Fremde im Ort, es ist laut und trubelig, parkende Autos stehen im Dorf und versperren Einfahrten. Das gefällt nicht jedem, ebenso wenig die mahnenden Verbotsschilder. Streitigkeiten jedoch gebe es im Dorf keine, Familienfeindschaften seien unbekannt. Bloß Neid und Spott sind menschlich und damit unvermeidbar.

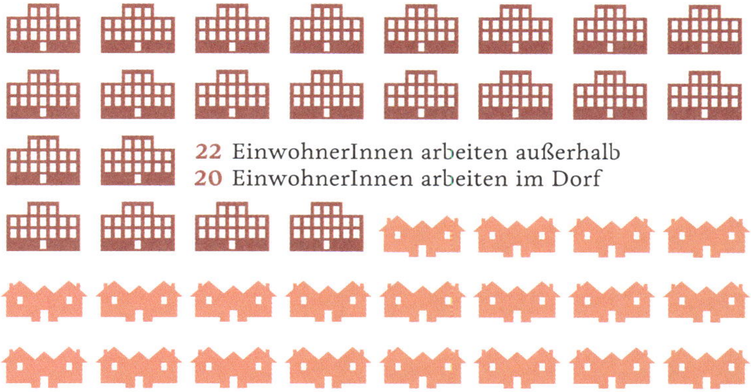

»Auernhofen wird mehr von Beständigkeit geprägt als von Wandel«, meint der alteingesessene Seniorchef, der selbst ein Beispiel abgibt für beides: Heimatverbundenheit und Hunger nach Neuem. Der Bauernsohn war einst Bezirksvertrauensmann einer Versicherung, erfahren mit Landwirtschaft und Gastronomie. Um Fleisch selbst schlachten und verarbeiten zu können, machte er die Metzgerprüfung. Er interessierte sich jedoch auch für den medizinischen Pflegeberuf: »Ich war dann Krankenschwesterhelferin – und meine Frau Bankkaufmann! So hieß das damals.« Oft bereiste er Rumänien, wo viele Saisonarbeiter seines Betriebes herkommen. Dreimal war er als Betriebsberater in China: »Schwierig! Die spritzen Chemie dort, die sie mit der bloßen Hand anrühren. Die Leute stehen in der Sprühwolke drin ohne Masken, ohne Schutzkleidung, Wahnsinn!«

Was man in einem so kleinen Bauerndorf gar nicht vermuten würde, ist ein Goldschmied. Wie kommt der hierher? Er wuchs hier auf, als Enkel eines durch den Krieg vertriebenen Siebenbürgers, der handwerklich alles Mögliche beherrschte, vom Korbmachen bis zum Maurern, das Reparieren und Selbermachen, ob mit Metall, Stein, Leder oder Holz: »So was prägt.« Auch die Mutter als Schneidermeisterin bereitete den Boden für Ästhetik, Design und Schmuck. Viele Jahre lebte der Goldschmied in Wiesbaden, fand dort seine Frau, kehrte jedoch wieder in sein Heimatdorf zurück: »Um Schönes zu entwerfen und herzustellen, ist der Ort egal. Für uns als Familie hat

Auernhofen viele Vorteile. Als Kunsthandwerker bin ich hier viel freier und habe weniger Druck. Der Vertrieb läuft hauptsächlich über Kunsthandwerkermärkte und Gartenmessen.« Was schätzt die »reigschmeckte« Ehefrau am Dorf? »Du stehst auf dem Feld, breitest die Arme aus und bist dem Himmel so nah. Nachts ist es vollkommen dunkel, nur schwarz, sonst nichts, und alles voller Sterne. Du riechst die Jahreszeiten. Es gibt viele Kinder, viele Hunde und Katzen, und das Baamerland, die vielen Obstbäume ums Dorf herum. Für mich war es ganz einfach hier, ich fühlte mich sofort integriert und war mit allen per Du.«

»Du stehst auf dem Feld, breitest die Arme aus und bist dem Himmel so nah. Nachts ist es vollkommen dunkel, nur schwarz, sonst nichts, und alles voller Sterne. Du riechst die Jahreszeiten.«

Nicht selbstverständlich für eine gelernte Bankerin aus der Stadt. Aber sie fand im Nu Gleichgesinnte im Dorf. Auch andere Eingeheiratete stimmen mit ein: »Auernhofen ist ein friedliches Dorf. Einfach weil alle hier ihr gutes Auskommen finden. Die Leute sind bodenständig und hängen an ihrer Heimat.« »Gut ist, dass es kein Neubaugebiet hat. Es gibt keinen Durchgangsverkehr. Die Straße führt am Ort vorbei. Den ganzen Tag siehst du hier noch Kinder auf der Straße rumflitzen und spielen. Wir haben hier echt viele Kinder, dazu einen schönen Kindergarten.« »Bei einer Konfirmation, Hochzeit oder Taufe kommt von jedem Haus jemand vorbei. Von jedem Haus ist auch jemand dabei in den Vereinen. So was schweißt zusammen.«

Besonders engagiert ist die Evangelische Landjugend, die es seit 1984 gibt. Sie organisiert das Osterfrühstück und die Christmette an Weihnachten ebenso wie Dorffeste. Maibaum aufstellen und das Holz versteigern, die Kirchweih mit Motivwagen und Spottpredigt sowie die Eisparty im Winter: Die Feuerwehr testet die Tragfähigkeit des kleinen Sees, dann wird diese kundgetan, für Musik und Licht, Glühwein und Gebäck gesorgt, und Jung und Alt kommen mit Kufen aufs Eis.

Heiratet jemand im Dorf, werden Girlanden gemacht und das Haus geschmückt: »Gott segne das Brautpaar!«

»Idealist musst sei, sunst machtmer des net«, sagt eine Bäuerin über die Landwirtschaft. »Verzichten mussmer könna, zum Beispiel auf Feierabend, Wochenende, Urlaub.« Ihr letzter Urlaub war ihre Hochzeitsreise vor 28 Jahren. Als sie bei der Rübenernte auf dem Feld arbeitete und ein Ehepaar in Freizeitkleidung vorbeiradeln sah, wurde sie wehmütig und ärgerte sich. Später hörte sie, die beiden seien inzwischen geschieden. Das tröstete sie als Bäuerin: Gemeinsame Arbeit und Besitz schweißen wahrscheinlich eben doch zusammen.

Jahr für Jahr werde es schwerer, vernünftige Preise und Erträge zu erzielen angesichts der Vorgaben und Vorschriften. Die Schlagworte kennt man ja: Nitratwerte, Spritzmittel, Antibiotika, gentechnikfreie Futtermittel, Milchinhaltsstoffe, Tierwohl. Die Menschen in unserem Land wollen billiges Fleisch, sagt die Bäuerin, aber die Tierhaltung wolle man nicht mehr. Man redet von Qualitätssicherheit, aber es koste nur Geld und führe nicht zu besseren Erzeugerpreisen. »Die Ungewissheit setzt am meisten zu: dass man nie weiß, was als Nächstes kommt an Gesetzen und Bürokratie. Du kannst viel investiern, viel arbeiten und erzeugen – und doch wenig rausholen.«

»Idealist musst sei, sunst machtmer des net. Verzichten mussmer könna.«

»Wir produzieren das, was heute schlechtgeredet wird: Zucker, Schweinefleisch, Alkohol.« Der selbstironische Kommentar des einzigen Biobauern im Ort kommt mit einem Lächeln daher und ist eher Spaß als Ernst. Er steht zu den Zuckerrüben und zum Wein. Dazu baut er Karotten, Rote Bete und Sonnenblumen an, durch Verträge sind ihm feste Abnehmer und reelle

Preise sicher. Er setzt ganz auf eine ökologische und schonende Arbeitsweise in seinem Betrieb, ob das nun die Bodenkultur betrifft oder die Modernisierung der Altgebäude. Aus Überzeugung. »Die sehr hohe Belastung an Umweltgiften kann nicht gut sein, egal ob im Boden oder im Grundwasser, in der Milch oder in unserem Körper. Das ist ein Irrweg. Dass die natürliche Vielfalt kaputtgeht, hat schlimme Folgen, was denn sonst? So was wie die Biogas-Subventionierung mit dem flächendeckenden Maisanbau ist eine verfehlte Politik. Bloß, wer muss den Preis dafür zahlen?«

Die Auernhöfer waren schon immer stolze Bauern, heißt es, auch moderner und aufgeschlossener. Herrenbauern, Ökonomen, die auf Jagd gingen und nicht in den Stall. Da hatten auch die Frauen einen besonderen Stand, die waren selbstbewusster als andere: »Die haben früher Persianermäntel getragen.« Und wie ist das heute?

»Als Frau hab ich meinen Beruf, dazu noch den Haushalt mit Kochen, Waschen, Bügeln, Saubermachen, Einkaufen, die Kinder und den Garten. Wenn ich dann heimkomm mit dem Auto und man gleich fragt: Wo warst'n wieder? Dann platzt mir natürlich der Kragen.«

»Das Zusammenleben der Generationen ist viel schwieriger geworden. Jeder will seinen Freiraum, will Freizeit, will Urlaub und Spaß. Keiner will sich mehr unterordnen und verzichten. Die Jungen und die Alten haben völlig unterschiedliche Vorstellungen davon, wie man sich ernährt oder anzieht, die Kinder erzieht und sein Wochenende gestaltet. Da gibt's natürlich Zoff. Und wer lässt sich heut noch was gefallen?« Die 63-jährige Bäuerin hat da den passenden Rat für Altsitzer und Großeltern, nämlich die 3-S-Regel: schenken, schweigen, schaffen. Damit funktioniert sogar eine Großfamilie.

Feuerwehrhaus mit
Teich und einem
Platz zum Feiern.
Gasthof
Kümmelbach
Hier steht das Krieger-
denkmal, mit der einstigen
Hitler-Linde daneben:
heute ganz friedlich und
still.
ehem.
Schäferhaus
Wer in dem einen Zimmer
übernachtet, so sagt
man, geht schlafwandeln
in der Nacht.

Winden

Winn (mittelfränkisch)

Gemeinde Stadt Leutershausen
Landkreis Ansbach
Bezirk Mittelfranken

Dorffeste Grillfest der Freiwilligen Feuerwehr, Osterfeuer, Kirchweih, Weiberfasching, Martiniumzug

Vereine Freiwillige Feuerwehr

Der Name **Winden** kommt von den Slawen (Wenden), die hier angesiedelt wurden.

Winden wurde 911 gegründet und 1282 das erste Mal urkundlich erwähnt.

WINDEN

Von Migration, Armut und Humor

Wo einst Gutsbesitzer und Grundherren saßen, gab es meistens nur kleine Bauern. So war es früher auch in Winden mit seinen 17 Betrieben: »Die masdn hamm fuchzer, zwanzich Doochwerg kood«, erzählt ein ehemaliger Landwirt. Er isst heute noch sehr gerne die traditionelle Milchsuppe mit dem alten, selbst gebackenen Schwarzbrot darin, die einstmals tagein tagaus auf den Tisch kam.

Das Dorf war eng verbunden mit den Freiherren auf Schloss Rammersdorf. Viele Generationen von Windener Bauern mussten dort als Untertanen arbeiten und Abgaben entrichten. Bis Mitte des 19. Jahrhunderts gab es noch die Leibeigenschaft, waren der Zehnt zu zahlen und Spanndienste zu verrichten. Erst als die Bauern mit Sensen und Dreschflegeln zum Schloss marschierten und »Rabatz machten«, gab der Grundherr nach und »schloss sich den Forderungen an«. Einige dieser Herren waren so frei gewesen, Mägde und Bauerntöchter zu schwängern, die dann mit einer Wiese abgefunden wurden – damit hatte die Vaterschaft ihr Bewenden. Die jungen Frauen waren den Zudringlichkeiten der Gebieter hilflos ausgeliefert, denn zu Hause konnten sie auf keinerlei Rückhalt hoffen – »net amoll wenn sie in der Batschen koggd sinn und hamm an dicken Bauch grichd«.

Die gute alte Zeit früher – es hat sie nie gegeben.

Die gute alte Zeit früher – es hat sie nie gegeben. Immer bestimmten Besitz und Stand das Leben der Menschen, und die meisten waren abhängig von anderen und dem Schicksal ausgeliefert. Bestenfalls streckten sie sich nach der Decke und nahmen, was kam, mit Gleichmut und Humor hin.

Im Hirtenhaus am Dorfeingang wohnte der Schäfer, der von der Gemeinde angestellt wurde, um die Schafe der Bauern zu

Busverbindung mehrmals täglich nach Colmberg und Ansbach

05 katholisch **65** evangelisch
00 andere **02** konfessionslos

hüten. Das versorgte ihn mit Krankenversicherung und Altersrente. Er war wichtig, obwohl er keinen eigenen Hof besaß. Wurde etwa auf einem Anwesen geschlachtet, war der Schäfer eingeladen und erhielt seinen Teil der Metzelsuppe. Der Letzte seiner Art war als Kind vom Taubenschlag gestürzt, zog sich einen komplizierten Armbruch zu und behielt zeitlebens eine verkrüppelte Hand. Gab es auf einem Hof Probleme mit dem Vieh, wurde er als heilkundiger Tierfachmann geholt und sein Rat befolgt. Beim Kalben etwa nahm er einen großen Schluck vom Zwetschgerschnaps in den Mund und blies dann dem Kalb kräftig in die Nase, damit es »des Leem gricht«. Dann tat er erschrocken und sagte: »Dunnerholl! Etz hobbin verschluckt!«

Das Straßendorf Winden ist schon sehr alt, man kann seine Gründung sogar ziemlich genau datieren, nämlich ins Jahr 911. Damals »schenkte« König Konrad I. auf Bitten des Bischofs von Würzburg dem Ansbacher Benediktinerkloster St. Gumbertus einige wendische Familien, die in der Gegend um Viereth im sogenannten Volkfeldgau lebten. Das waren Slawen, die aus östlichen Gebieten stammten und am oberen Main um Bamberg herum gelebt hatten. Von den Franken wurden sie zu Leibeigenen gemacht, zu Siedlern, Bauern und Pionieren. Aus dieser Zeit stammen die um Ansbach herum geläufigen Ortsnamen mit der Endung -winden. Hundert Jahre vorher hatte man bereits Sachsen umgesiedelt, davon zeugen heute ebenfalls einige Ortsnamen. Wandel und Vermischung waren von Anfang an immer wiederkehrende Konstanten in der Geschichte dieser Kulturregion.

Eine andere war die Härte der Verhältnisse. Die frühesten Erwähnungen des Dorfes beziehen sich auf unehrenhafte

»Schinder« und »Abdecker«, die in ihren »Luderküchen« tote Tiere auskochten, um Fett und Seife daraus zu gewinnen. 1282 taucht ein Henker namens Conrad aus Winden in alten Urkunden auf. Ein Steinkreuz von 1295 erinnerte an einen Totschlag: Ein Windener erschlug im Streit einen Mann und musste zur Sühne dieses Denkmal errichten, um zu Gebeten für das Seelenheil des Getöteten aufzufordern. Selbst in den kleinsten Orten unseres Raumes herrschten Gewalt und Zerstörung.

Am Ende des Dreißigjährigen Krieges war Winden vollkommen verwüstet, alle Einwohner verjagt oder verstorben. Evangelische Glaubensflüchtlinge aus Österreich, die wegen ihres lutherischen Bekenntnisses von den Habsburgern und Jesuiten drangsaliert und vertrieben worden waren, wurden vom Ansbacher Markgrafen bereitwillig aufgenommen, um das darniederliegende Land wieder in die Höhe zu bringen und damit auch seine eigene Steuerkasse zu füllen. Die Exulanten waren Bauern und Handwerker, galten als glaubensstark und fleißig, sprachen deutsch und wollten sich rasch eine neue Existenz aufbauen. Innerhalb von ein bis zwei Generationen wurden sie verdienstvolle Einheimische: als Bürgermeister, Gemeinderäte und Kirchenvorstände tragende Säulen der Dorfgemeinschaften. Ein Musterbeispiel geglückter Integration. Sehr viele Franken heute sind Nachkommen dieser Migranten und Asylsuchenden von damals, ohne es zu wissen oder zu ahnen.

Sehr viele Franken heute sind Nachkommen dieser Migranten und Asylsuchenden von damals, ohne es zu wissen oder zu ahnen.

Ein Flüchtlingsbub, der nach dem Zweiten Weltkrieg aus Schlesien nach Winden kam und hier einige Jahre lebte, hat diese Kindheit bis heute nicht vergessen. Mit erstaunlicher Genauigkeit erinnert er sich an die Einzelheiten im Dorf jener Zeit. An die Dachkammer mit

rauchigem Ofen und Mäusen. Das Wasser musste vom Hofbrunnen ins Haus getragen werden. Es gab nur ein Plumpsklo im Stall, wo es stank, wo Ratten liefen und Mistbrühpfützen standen – wehe, man musste nachts im Finstern austreten! Feste Rituale prägten den Alltag: Brotbacken, Waschtag, Schlachten, Holzmachen. Die Pflichten, die man als Kind schon hatte: »Kindsmaad« machen bei den Säuglingen, »Kinnerwarten«, Hofkehren, Hausputz, Heimarbeit. Mithelfen auf dem Acker, im Stall, bei der Ernte. Die Schläge, die von Lehrern, Pfarrern und Eltern verteilt wurden. Viele der Lehrer waren von Hitler-Zeit und Krieg gezeichnet, launisch und unberechenbar. Sie brüllten, prügelten und demütigten. Vom Pfarrer gab es Kopfnüsse und »Waatschn«, Tatzen und Dresche mit dem Rohrstock. Der Dekan drehte die Ohren herum, dass sie blutig einrissen.

Jahrelang kehrten noch Gefangene und Versehrte heim aus dem Krieg. Dem Flüchtlingsbub blieben sie im Gedächtnis: abgemagerte, hagere, einsame Gestalten in grauer, abgewetzter Uniform. Einst »stolze« Soldaten, die nun unrasiert und abgerissen vor den Scherben ihrer Existenz standen, gebeugt und gebrochen, und mit schweren Schritten und schleppendem Gang einen Weg in die Zukunft suchten. Verhalten und unsicher waren die Umarmungen, Tränen und Weinen auf beiden Seiten, starre Blicke und ein müdes Lächeln. Das Schluchzen und Wimmern der jungen Witwen. Die Bilder der toten Männer, Söhne, Brüder, Väter in ihren Uniformen an den Wänden. So verwundet und verloren

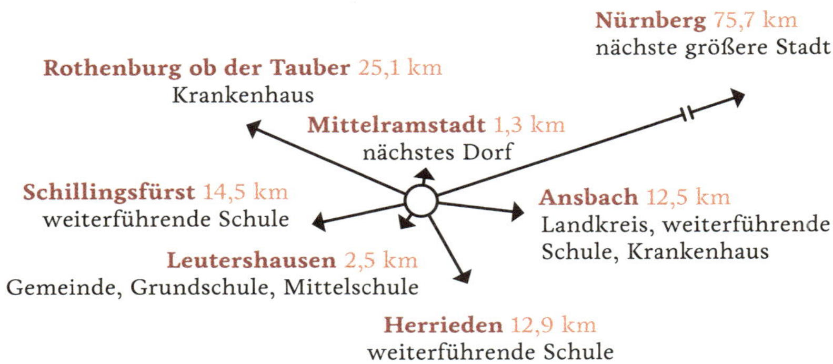
Nürnberg 75,7 km
nächste größere Stadt
Rothenburg ob der Tauber 25,1 km
Krankenhaus
Mittelramstadt 1,3 km
nächstes Dorf
Schillingsfürst 14,5 km
weiterführende Schule
Ansbach 12,5 km
Landkreis, weiterführende Schule, Krankenhaus
Leutershausen 2,5 km
Gemeinde, Grundschule, Mittelschule
Herrieden 12,9 km
weiterführende Schule

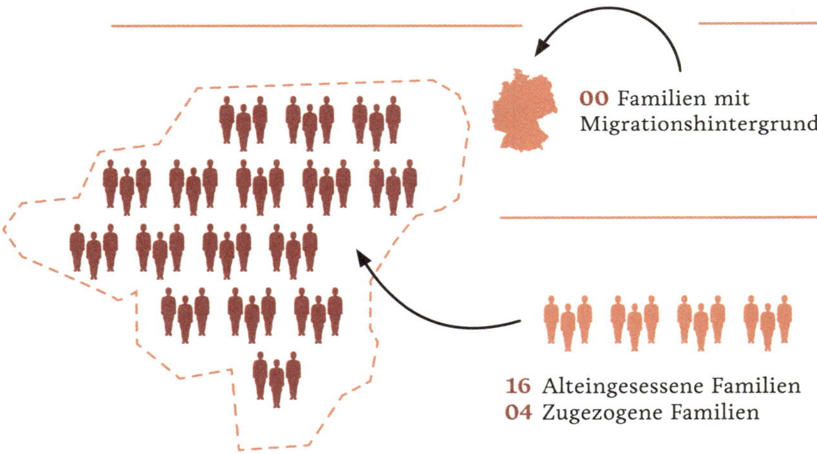
00 Familien mit Migrationshintergrund
16 Alteingesessene Familien
04 Zugezogene Familien

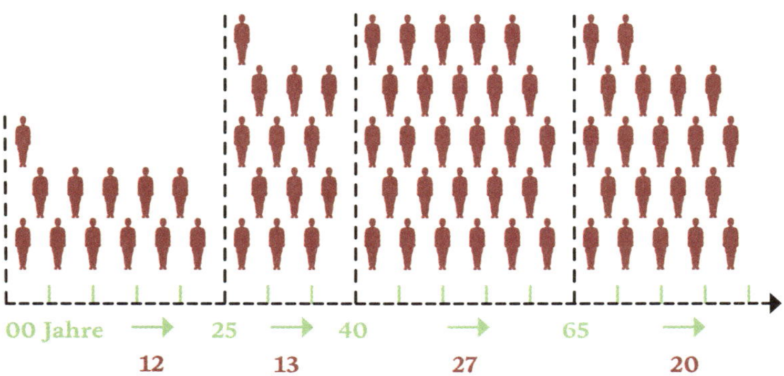
00 Jahre
25
40
65
12
13
27
20

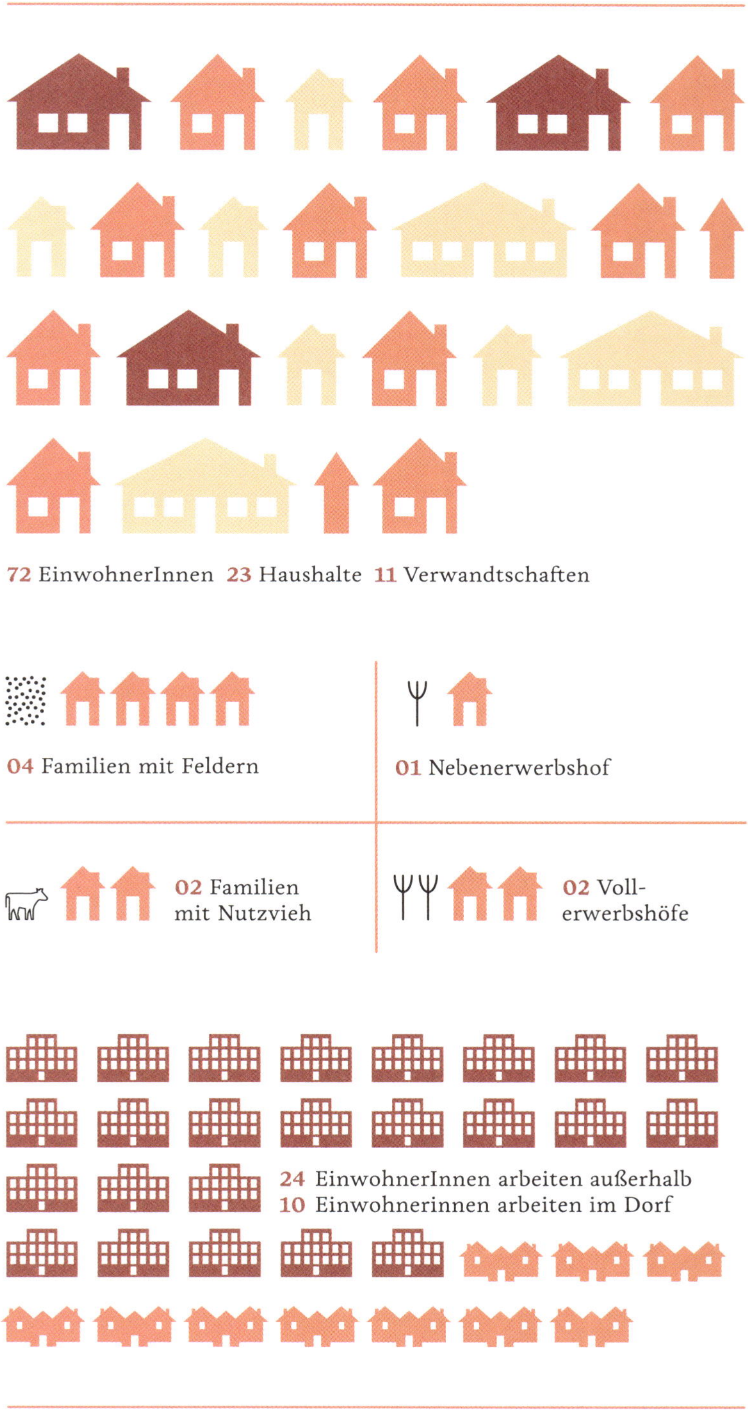
72 EinwohnerInnen 23 Haushalte 11 Verwandtschaften
04 Familien mit Feldern
01 Nebenerwerbshof
02 Familien mit Nutzvieh
02 Vollerwerbshöfe
24 EinwohnerInnen arbeiten außerhalb
10 Einwohnerinnen arbeiten im Dorf

begann Deutschland seine Friedens- und Wohlstandsära, die bis heute anhält.

Das Althergebrachte lebt noch in den Geschichten und Ritualen. Am Heiligen Abend kommen »der Belzi und des Grisdkindla«. Am Ostersamstag gibt es das Osterfeuer, dirigiert vom »Besenmeister«. Manches ging auch verloren. Von Walpurgis auf den 1. Mai stellten junge Männer früher Birkenbäumchen oder Besen vor die Häuser der Mädchen, je nachdem ob man sie hofierte oder verspottete. Zum »Hohrgrähm« erschien ein Bursche mit einer Henne unter dem Kittel vor dem Fenster der Stube, in der sich das Brautpaar aufhielt. Es wurde geschossen, die Henne machte Lärm, und wenn der Bräutigam den »Hennenkräher« nicht erwischte, musste er Geld spendieren für Bier und Gaudi.

Plaudert man über die Lebensgeschichten, muss man lachen, etwa darüber, wie man als Kind weggeschickt und geleimt wurde, um das Bratwurstmaß zu holen, die Hopfenschere oder Giebelspitz. Wie der Bauer vom Grasholen auf der Wiese zurückkam – in Unterhose, denn seine Hose war von der Zapfwelle erfasst und zerfetzt worden, was ihn leicht das Leben hätte kosten können. Da erschrickt man dann doch, wie auch darüber, was sich eigentlich nahestehende Menschen antun können. »Der Griech is verlorn!«, sagte einer 1944. »Nämm fei dei Räidn zamm!«, wurde er angeherrscht und mit einer Anzeige bedroht: »Der Führer hat die Vorsehung Gottes, der macht alles richtig.« Die ehemalige Adolf-Hitler-Linde steht heute noch neben dem Kriegerdenkmal, im Wurzelwerk eine damals eingegrabene Flasche mit allen Unterschriften des Dorfes.

2006 machte Winden Schlagzeilen, als sein Feuerwehrauto über Nacht gestohlen wurde, ein 1968er Ford Transit. Ein Radiosender berichtete davon und bat um Hilfe – eine Feuerwehr in Oberbayern schenkte den Beklauten daraufhin ihren alten Magirus-Deutz-Lkw. Der war zwar ausrangiert und schrottreif, wurde aber von den Windenern wieder hergerichtet. Ist es nicht schön, dass die Oberbayern den Franken einmal etwas schenken? »Na ja, denen ihr Pfarrer hat vorher schon ein Auto nach Afrika geschafft. Das musste die Feuerwehr noch reparieren und viel Geld reinstecken. Da haben sie sich gedacht: Bevor des wieder nach Afrika kommt, schicken wir's nach Franken. Und Geld sparen wir auch noch dabei.«

Gästeankünfte

OBERFRANKEN 2 065 636
10,9 % aus dem Ausland
MITTELFRANKEN 4 093 265
27,8 % aus dem Ausland
UNTERFRANKEN 2 959 758
13,1 % aus dem Ausland

Übernachtungen je Einwohner

OBERFRANKEN 4,8 %
MITTELFRANKEN 4,7 %
UNTERFRANKEN 5,5 %

Auslastung der angebotenen Betten

OBERFRANKEN 38,3 %
MITTELFRANKEN 43,2 %
UNTERFRANKEN 44,1 %

BAYERN GESAMT

Gästeankünfte 37 278 748; 25,2 % aus dem Ausland
Gästeübernachtungen 94 368 996; 20,3 % aus dem Ausland
Aufenthaltsdauer 2,5 Tage
Auslastung der angebotenen Betten 45,0 %

Ø Aufenthaltsdauer

OBERFRANKEN 2,5 Tage
MITTELFRANKEN 2,0 Tage
UNTERFRANKEN 2,4 Tage

Gästeübernachtungen

OBERFRANKEN 5 061 097
8,6 % aus dem Ausland
MITTELFRANKEN 8 272 936
24,7 % aus dem Ausland
UNTERFRANKEN 7 142 693
9,3 % aus dem Ausland

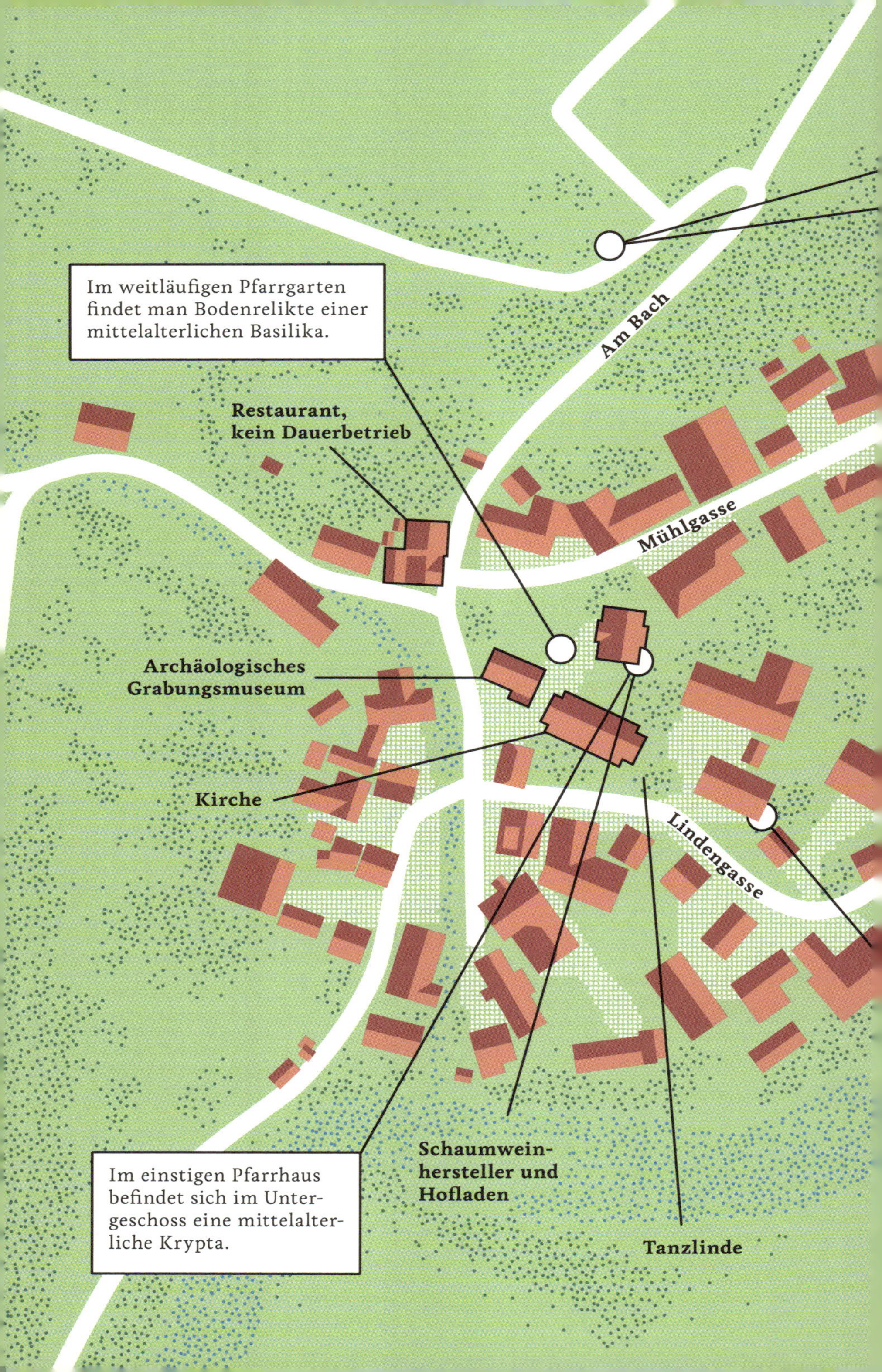
Im weitläufigen Pfarrgarten findet man Bodenrelikte einer mittelalterlichen Basilika.
Am Bach
Restaurant, kein Dauerbetrieb
Mühlgasse
Archäologisches Grabungsmuseum
Kirche
Lindengasse
Schaumweinhersteller und Hofladen
Tanzlinde
Im einstigen Pfarrhaus befindet sich im Untergeschoss eine mittelalterliche Krypta.

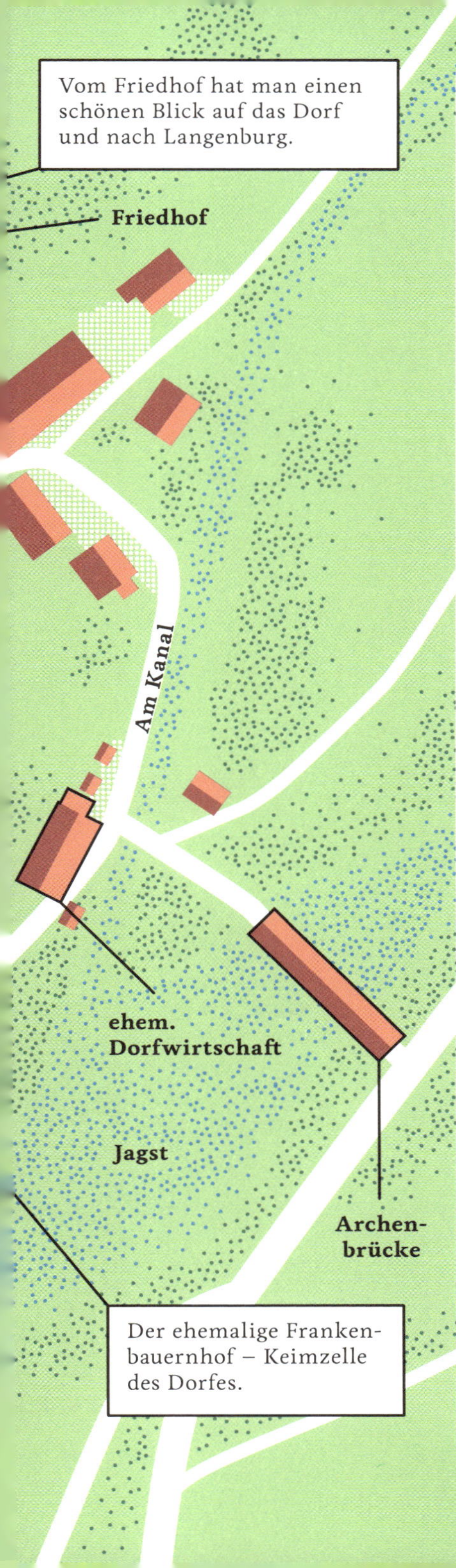

Unterregenbach

Rächabach (hohenlohisches Fränkisch)

Gemeinde Stadt Langenburg
Landkreis Schwäbisch Hall
Bundesland Baden-Württemberg

Dorffeste Maibaum, Kleine »Hocketse« am Sommersonnwend-Wochenende, Trachtentanzfest, Jagsttalwiesenwanderung (mit anderen Ortschaften)

Vereine Trachtentanzgruppe (zusammen mit Dörzbach), Frauengesangskreis

Die Herkunft des Namens Unterregenbach liegt im Dunkeln. Vielleicht vom »Bach«, der durch den Ort zur Jagst fließt.

Unterregenbach wurde 1033 das erste Mal urkundlich erwähnt.

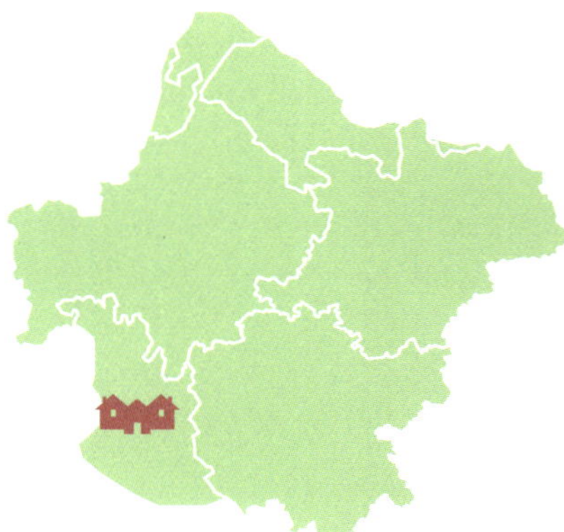

UNTERREGENBACH

Kultstätte und Familienparadies

Ein hohenlohisch-fränkisches Dorf im engen Jagsttal mit etwas über fünfzig Einwohnern, das vor tausend Jahren ein religiöses Zentrum war? Ein Wallfahrtsort mit Basilika, Krypta und Reliquien? Es klingt wie eine Erfindung – Spuren davon sind aber deutlich zu sehen und buchstäblich mit Händen zu greifen. Es handelt sich nämlich um einen der am intensivsten archäologisch ergrabenen Orte in Baden-Württemberg. Im alten Schulhaus gibt es ein Grabungsmuseum, Schautafeln in der Veitskirche dokumentieren die Ausmaße einer mächtigen mittelalterlichen Anlage, die immer noch ein großes Mysterium darstellt: »das Rätsel von Unterregenbach«.

»Viele Wege führen nach Rom, aber nur einer nach Unterregenbach«, hieß es früher. Über – oder besser gesagt: *durch* eine historische Holzbrücke gelangt man über die Jagst in den kleinen Ort, und man meint, in eine Scheune von sechzig Metern Länge hineinzufahren. Es handelt sich um eine sogenannte Archenbrücke, und wie eine schiffähnliche Arche sieht sie auch aus: überdacht und gedeckt. Sie wurde vor beinahe 200 Jahren errichtet, mehrfach erneuert und wieder instand gesetzt. Das beständig auftretende Jagst-Hochwasser und schwere Fuhrwerke setzten ihr stark zu. Früher gab es viel mehr solche Prachtstücke der Zimmermannskunst, sie wurden jedoch dem automobilen Fortschritt geopfert und als »altes Zeug« abgebrochen.

Kurz vor dem Ende des Zweiten Weltkrieges hatten zwei Wehrmachtssoldaten den Befehl erhalten, Sprengladungen anzubringen und die Brücke in die Luft zu jagen – eine sinnlose Zerstörung, die die amerikanischen Truppen aufhalten sollte, aber nur die eigene Bevölkerung getroffen hätte. Die zwei Soldaten bereiteten alles vor, warteten aber noch mit der Zündung. Sie übernachteten in einem Bauernhof und als sie beim Morgenkaffee saßen, kamen amerikanische Soldaten ins Haus, nahmen sie gefangen und ließen sie die Sprengladungen und Zünder wieder entfernen. So wurde das einmalige Holzbauwerk gerettet – bis in unsere Zeit.

Ein Wegweiser macht auf die Krypta aufmerksam, die um das Jahr 1000 hier entstand und ursprünglich Teil einer großen dreischiffigen Basilika war, die damals die größte Kirche in Württemberg war, fast 50 Meter lang und 17 Meter breit. Im Pfarrgarten sind die mächtigen Ausmaße als Mauerreste noch gut zu erkennen. Die Hallenkrypta befand sich einst unter dem Ost-Querhaus, später erbaute man auf ihr das Pfarrhaus. Was um Himmels willen war dies alles vor einem Jahrtausend?

Eindeutig belegt ist die Tatsache, dass hier zur Zeit Karls des Großen eine Saalkirche stand: die älteste Steinkirche in Hohenlohe. Sie wurde im 11. Jahrhundert umgebaut zu einer kleinen, dreischiffigen Basilika. Darin zu finden waren zwei kreuzförmige Vertiefungen, die bei Grabungen im Bodenbereich der Dorfkirche entdeckt wurden und die entlang der gedachten Mittelachse des Hauptschiffes verlaufen. Sie werden als Aufbewahrungsplätze für Reliquien gedeutet. Um den einen Kreuzkanal herum grub man die Gebeine von drei Männern aus, die hier an exponierter Stelle bestattet worden waren. Besonders auffällig ist, dass alle drei für ihre Zeit eine außergewöhnliche Körpergröße aufwiesen.

Wer waren diese *Riesen*? Mönche einer ursprünglichen Klosterzelle? Woher kamen sie? Dass Unterregenbach ein Wallfahrtsort war, an dem Pilger die Reliquien von Heiligen verehrten, unterstreicht ein ausgegrabener Inschriftstein, der eine lateinische Botschaft trägt, die zwar nicht vollständig erhalten, gleichwohl aber rekonstruierbar ist: »Zum Seelenheil jenes Mannes, durch den die Körper der Heiligen hierherkamen.«

Kaum zu glauben, dass der kleine Ort mit Kirche, Marktrecht, Wirtschaftshof und befestigter Fliehburg eine solche überregionale Bedeutung besessen haben soll.

Heute liegt er verträumt und still vor einem – in seinem Grundbestand seit tausend Jahren kaum verändert. Zwar führte die Hohe Straße vorbei, ein Handelsweg auf dem Höhenrücken zwischen Jagst und Kocher. Die alte Postroute von Künzelsau nach Rothenburg kam durch. Tonscherben und Münzfunde legen nahe, dass hier an der Jagst schon seit Keltenzeiten Menschen lebten und Handel trieben. Zwei Mühlen standen im Ort, ebenso ein Steinhaus aus dem 11. Jahrhundert, das Fensterscheiben, Kachelofen und die Frühform eines Spülklosetts besaß, mit Wasserquelle und Abflusskanal. Aber solch ein Aufstieg für einen umso rasanteren Niedergang?

Im ausgehenden Mittelalter, so hat es den Anschein, verlor Unterregenbach rasch an Anziehungskraft, die große Basilika wurde erst verkleinert, dann gänzlich abgebrochen. Das hier ansässige Geschlecht von Edelfreien verlegte seinen Herrschaftssitz hinauf auf »den langen Berg«, ins heutige Langenburg, und nannte sich dann nach diesem Ort. Sie schauten auf das kleine Unterregenbach buchstäblich herab und sahen seinem Bedeutungsschwund wohl gelassen zu. Die kleine Basilika wurde umgestaltet zur Pfarrkirche und ist seit 1487 dem heiligen Veit geweiht, der Herrensitz wurde zum Frankenbauerhof. Um ihn herum siedelten sich nach und nach Köbler an, Tagelöhner ohne eigenes Land und Gut, die in schlichten Seldnerhäusern lebten.

All dies kann man dem Ortsbild und den heutigen Gebäuden noch gut ablesen. Unter jedem Fachwerkbau, im Erdreich genauso wie in Mauern, schlummern beredte Scherben und Siedlungsreste. Wo man auch graben würde, kämen mittelalterliche Zeugnisse zum Vorschein. Dies ist auch der Grund, warum viele im Dorf solche Entdeckungen nicht wollen: Es bringe nur Scherereien mit Forschern und Denkmalpflegern. Kaum ein kleines Dorf kann eine solche Fülle an Historie sein Eigen nennen, solchen Reichtum an Fundgut. Als kleiner Abglanz genügen die schönen alten Türeinfassungen mit Jahreszahlen, Zunftzeichen und Initialen, oder mit dem barock anmutenden Daseinsmotto: »Ich geh aus oder ein, so steht der Tod und wartet mein.«

Kaum ein kleines Dorf kann eine solche Fülle an Historie sein Eigen nennen, solchen Reichtum an Fundgut.

Wie ist es um die Gegenwart bestellt? Die Bauern sind verschwunden, mit ihnen die Mosttrinker und Hausschlachter. Ein einziger Hof lebt noch von Ackerbau und Viehzucht, ansonsten gibt es bloß einen Streuobstbetrieb mit Schaumweinherstellung. Der Eigentümer ist ein historisch beschlagener Gästeführer, kulturell engagiert, und kennt die Ortsgeschichte wie kein anderer. Dabei ist er ein Zuzügler und nicht in Unterregenbach aufgewachsen. Aber gerade solche Neubürger haben das Dorf verjüngt und bereichert. Vor Jahren kauften sich »Individualisten« aus der Stadt hier ein: Künstler, Exoten. Ein Grünen-Politiker mit Anwaltskanzlei, ein Kunstdesigner, ein PR-Experte, eine Tangolehrerin. Im Scherz sprach man sogar von einer »Stuttgarter Straße«. Sie gehörten schnell zum Dorf dazu und kannten die Alteingesessenen. Heute findet man im Ort einen Meditationslehrer und eine Malerin mit einem Atelier, einen Händler, der Toskana-Immobilien anbietet, ein Restaurant mit wildkräuter-inspirierten Gerichten und ausgefallenen Kreationen wie Giersch- oder Brennnesselknödel. Wahrlich kein Nullachtfünfzehn-Dorf.

Das einstige Lehrerhaus, die ehemalige Schmiede und fürstliche Kelter – Unterregenbach bietet viele wertvolle Gebäude. Dazu alte Linden und Kastanien, Dorfbrunnen, Glockengeläute, die Jagstwiesen, die Wälder an steilen Hängen hinauf. Kein Wunder, dass Radfahrer und Wanderer hierherkommen,

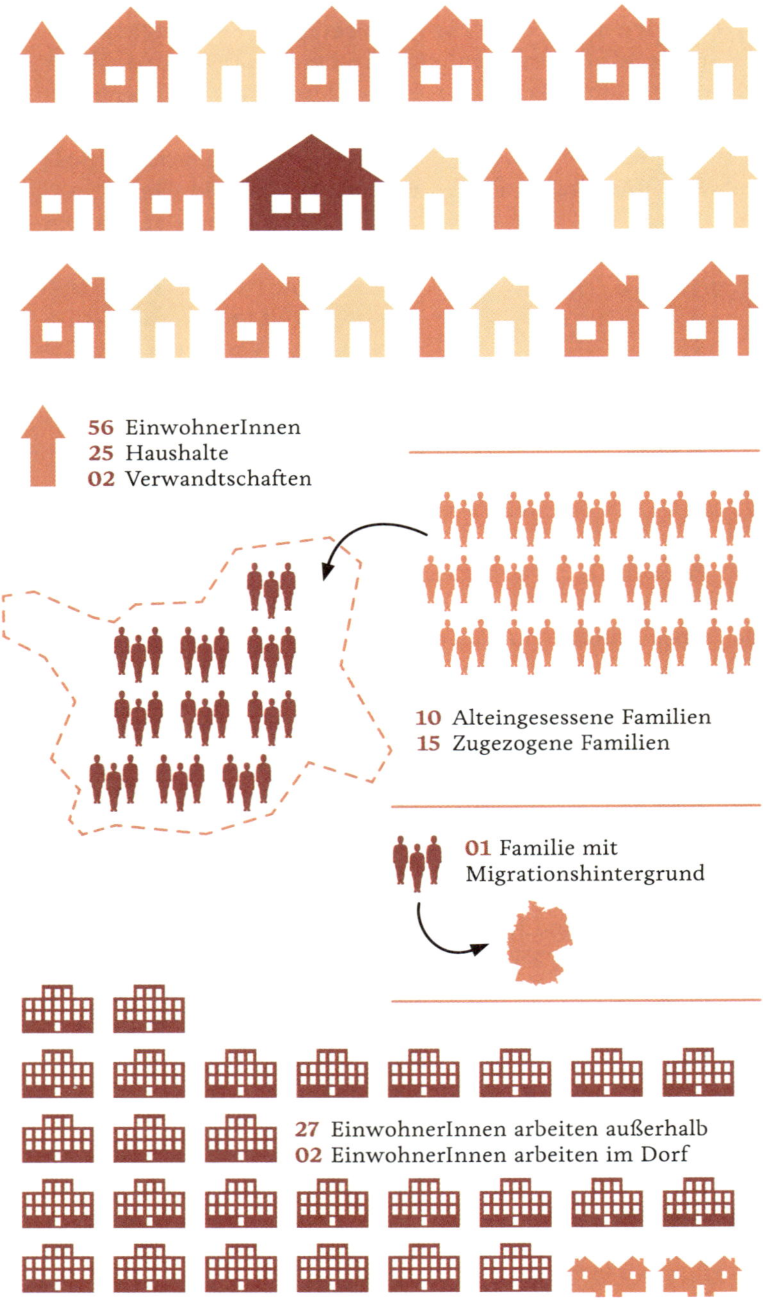
56 EinwohnerInnen
25 Haushalte
02 Verwandtschaften
10 Alteingesessene Familien
15 Zugezogene Familien
01 Familie mit Migrationshintergrund
27 EinwohnerInnen arbeiten außerhalb
02 EinwohnerInnen arbeiten im Dorf

Nur ein Schulbus fährt in die nächstgelegene Stadt, in den Ferien kein Busverkehr

02 katholisch **52** evangelisch
00 andere **02** konfessionslos

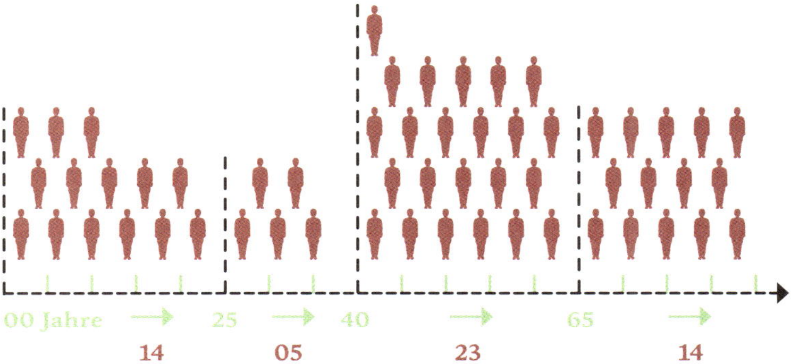

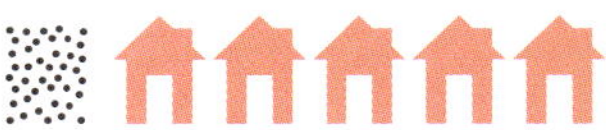

05 Familien mit Feldern

00 Nebenerwerbshöfe

01 Familie
mit Nutzvieh

02 Vollerwerbshöfe

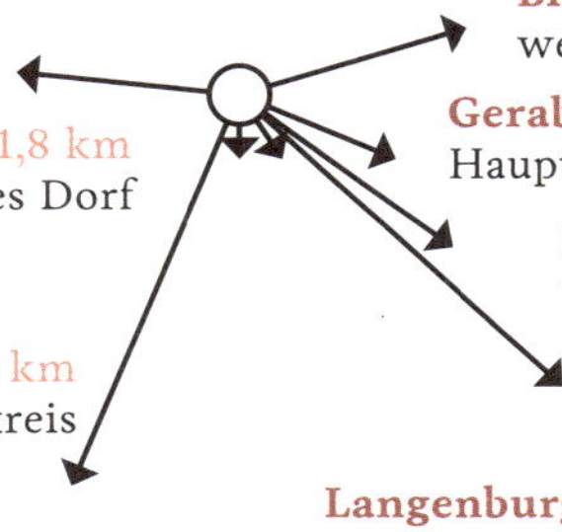

Künzelsau 15,0 km
Krankenhaus

Oberregenbach 1,8 km
nächstes Dorf

Schwäbisch Hall 29,7 km
Landkreis

Blaufelden 14,8 km
weiterführende Schule

Gerabronn 10,1 km
Hauptschule, weiterführende Schule

Kirchberg 18,6 km
weiterführende Schule

Crailsheim 29,7 km
Krankenhaus

Langenburg 4,4 km
Gemeinde, Grundschule

Besuchergruppen und die Teilnehmer von Schaumweinverkostungen.

Der Mesner der Veitskirche hat sein Amt seit mehr als fünfzig Jahren inne: läuten, die Uhr mit dem Pendel nachstellen, Lieder aufstecken, Kerzen richten. Wenn Besucher kommen wegen der Krypta und der Kirche, »na verzähli halt a bissle was«. Bescheidenheit adelt ihn.

Was fehlt hier? »Unner Brückestüble vermisse mer«, nämlich die frühere Dorfwirtschaft mit Tante-Emma-Laden unten an der Holzbrücke. Dort gab es legendäre Brathähnchen: »die beschde Geggelich vo Nürnberch bis Stuegard«.

Ein älterer Mann, der in Unterregenbach aufwuchs und auch heute noch hier wohnt, wurde vom Schicksal schwer geschlagen. Mit sechs Jahren stieß ihn ein Spielkamerad in den Hochwasser führenden Kanal, und er wäre um ein Haar ertrunken, wenn ihn nicht ausgerechnet ein als Säufer verschriener Wirtshausgast herausgeholt hätte. Mit acht verlor er den Vater, blieb bei der Großmutter und bei Onkel und Tante. Seine Mutter lebte da schon weit fort von hier. Sie schrieb ihm Briefe, die er nie zu Gesicht bekam. So vieles wurde ihm vorenthalten, auch das Waisengeld. Mit Ende zwanzig erfasste ihn nachts auf dem Mofa ein Auto, er stürzte eine Böschung hinab und blieb stundenlang bewusstlos liegen. Der eine Arm ist seitdem wie tot. Viele Operationen folgten, die Schmerzen blieben bis heute, und auch »das Schädelweh«.

»Das Dorf hat mich g'rettet. In die Stadt wenni gangen wär, wär ich gstorbe.«

Trost suchte er im Trinken und Rauchen, Fortgehen und »Schwätzen«. Er blieb Junggeselle und wurde zum Eigenbrötler – ein »Schwieriger«, wie er selbst sagt. Von der Großmutter erbte er das Anwesen, das er renovierte, allein und schwerbehindert, wie er war. Eine beachtliche Leistung. Als er noch trank, legte er sich öfters mit Dorfbewohnern an. Das Straßenschild änderte er in »Schluckspechtstraße«, ans

Haus montierte er eine Platte: »Betreten auf eigene Gefahr! Hier wohnt der Alkoholiker!« Aber er blieb in seinem Kindheitsort. Warum? Das Vertraute, die Ruhe, die Natur gaben ihm Sicherheit und Halt: »Das Dorf hat mich g'rettet. In die Stadt wenni gangen wär, wär ich gstorbe.«

Eine alte Hofbäuerin war ganz anderer Meinung, als sie zum ersten Mal nach Unterregenbach kam: »Hier bringen mich keine zehn Pferde hin!« Dann verliebte sie sich in ihren späteren Mann und bewirtschaftete mit ihm den alteingesessenen Frankenbauernhof. Als Flüchtlingskind war sie nach Franken gekommen und hatte in einer anderen Ortschaft erlebt, wie sie und ihre Familie von Bauern als »Saubande« beschimpft und schikaniert worden waren: »Die haben uns ausgeräuchert und das Wasser abgedreht, dass wir mit Polizeischutz ausziehen und anderswo einziehen mussten.« Auf Unterregenbach jedoch lässt sie nichts kommen, das Dorf wurde ihr zur Heimat, trotz der mühseligen Arbeit, der Einschränkungen in der Großfamilie.

Ihre Tochter schwärmt besonders vom Fluss als Lebensader: »Die Jagst ist für mich Heimat. Meine Kindheit hat am Wasser stattgefunden. Im Frühjahr hab ich die Schwäne beobachtet, wie sie brüten. Dann die Libellen, Enten, Wasseramseln, Eisvögel. Hier haben wir schwimmen gelernt von unserer Mutter. Der Nachbar hat uns den Schlauch von einem Bulldogreifen aufgeblasen. Wir haben Floße und Hütten gebaut. Im Sommer ist der Fluss erfrischend und riecht nach Gischt, wie die Brandung am Meer. Im Herbst ist er laut am Wehr, oder wenn Hochwasser ist. Im Winter friert die Jagst zu, dann ist sie einsam und still und es krachen die Schollen. Wir waren mit Schlittschuhen auf dem Eis, mit selbst gebauten Stecken und einer platt getretenen Coladose als Scheibe haben wir Eishockey gespielt.«

Hat das Dorf eine Zukunft? »Auf jeden Fall«, versichert eine andere Mutter. »Obwohl der Platz begrenzt und kein Neubaugebiet da ist. Neuerdings gibt es wieder mehr Kinder. Junge Leut bleiben da oder kehrn zurück. Für junge Familien ist es ein Paradies.« Dann erzählt sie von ihrem 19-jährigen Sohn, der aus dem Urlaub heimkam nach Unterregenbach und als Erstes vor Freude das Elternhaus umarmte. Ein gutes Zeichen.

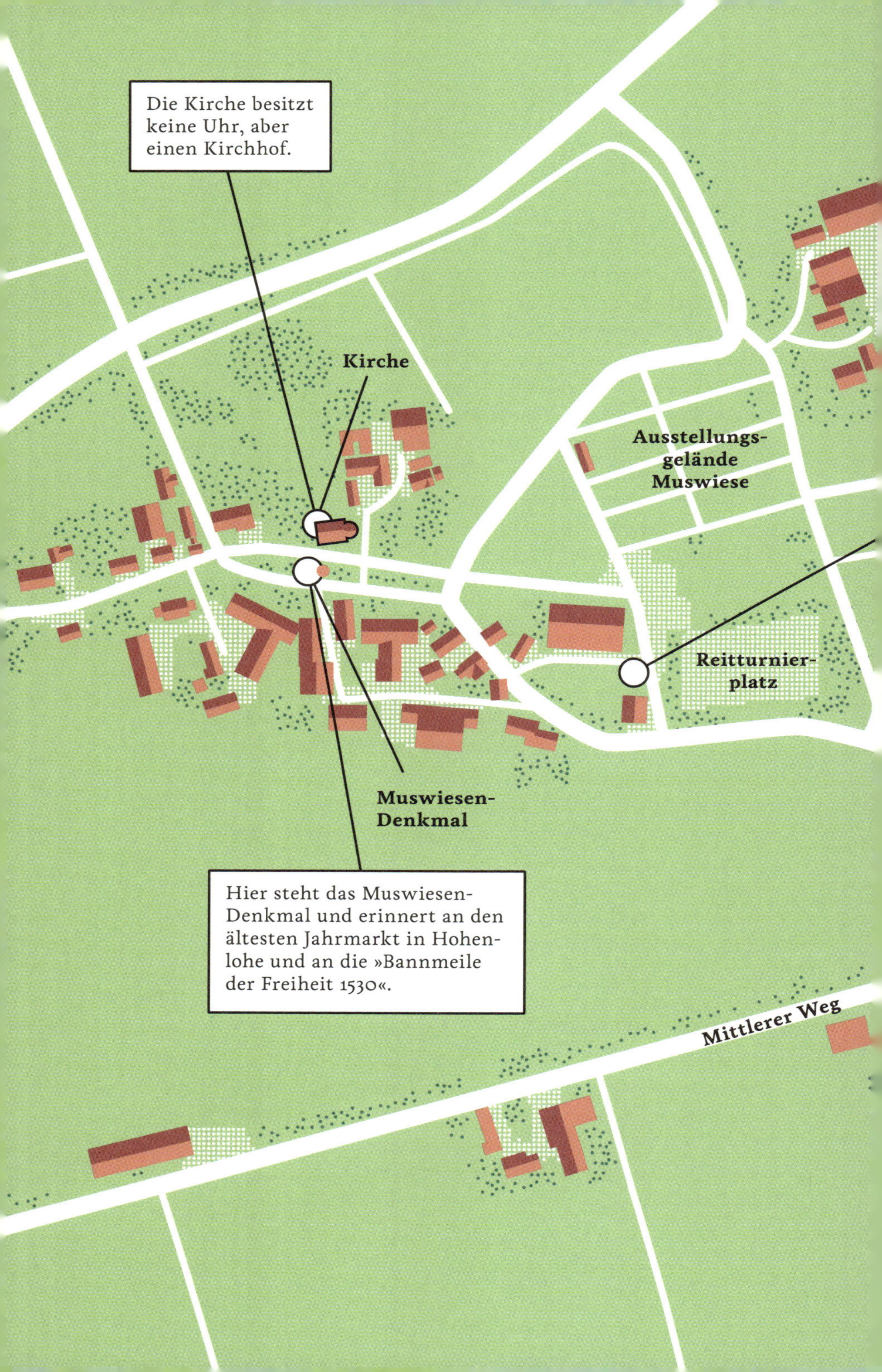
Die Kirche besitzt keine Uhr, aber einen Kirchhof.
Kirche
Ausstellungs-gelände Muswiese
Reitturnier-platz
Muswiesen-Denkmal
Hier steht das Muswiesen-Denkmal und erinnert an den ältesten Jahrmarkt in Hohen-lohe und an die »Bannmeile der Freiheit 1530«.
Mittlerer Weg

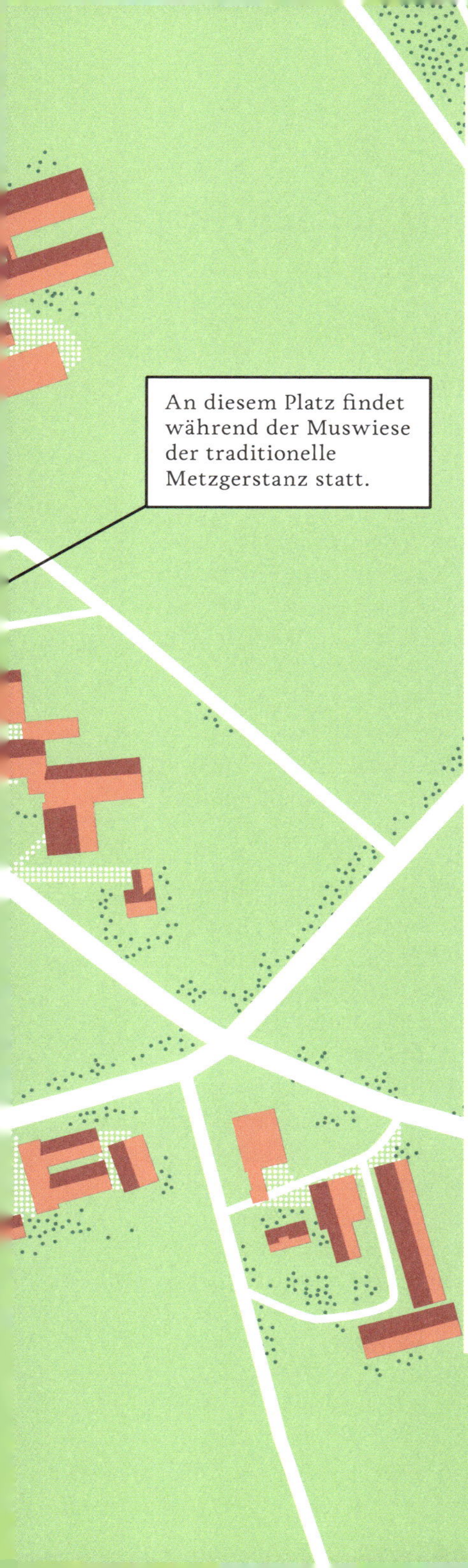

Musdorf

Musdorf (hohenlohisches Fränkisch)

Gemeinde Rot am See
Landkreis Schwäbisch Hall
Bundesland Baden-Württemberg

Dorffeste Maibaumaufstellen, Fahrradtour am 1. Mai, Muswiese, Reitturnier

Vereine Landjugend, Stammtisch, Radlergruppe, Reit- und Fahrverein

Der Name Musdorf kommt entweder von *Moos* für feuchte, nasse Wiese oder vom Eigennamen *Mugan*.

Musdorf wurde 1335 das erste Mal urkundlich erwähnt.

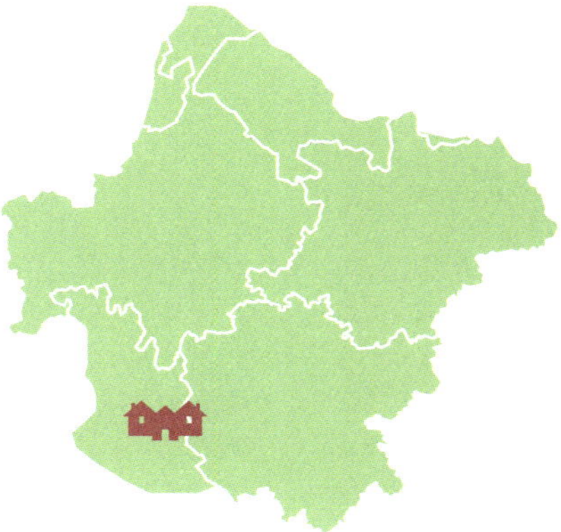

MUSDORF

Fünf Tage und der Rest des Jahres

Ein kleines Dorf mit einer Michaelskirche, mit einigen großen Bauernhöfen, Mastställen drumherum – und sehr viel freiem Platz. Auf den ersten Blick erscheint der Ort als Kuriosum. Hühner gackern, große Schlepper und Maschinen sind zu hören, ab und zu fährt ein Auto vorbei, ansonsten bleibt die übersichtliche Zahl an Einwohnern unbehelligt von der großen Welt. Wären da nicht die Spuren der Muswiese, wäre Musdorf ein unscheinbares Nest im Hohenlohischen. Jeden Oktober erwacht der Ort jedoch aus seinem Dornröschenschlaf und abertausende Menschen strömen an diesem Fleck zusammen – und das nachgewiesenermaßen schon seit 1434! Ja, vielleicht sogar schon seit 800 Jahren! Eine schier unglaubliche Geschichte. »Wemmer uns in der Welt nimmer treffe, na treffmer uns halt auf der Muswies!«

»Wemmer uns in der Welt nimmer treffe, na treffmer uns halt auf der Muswies!«

Die »Muswiese« ist seit unvordenklichen Zeiten Legende in diesem Teil Frankens, der Landschaft zwischen Kocher, Jagst und Tauber: der älteste und größte Jahrmarkt weit und breit. Eine Art Hohenloher Oktoberfest, das von der Tradition, Atmosphäre und Ausprägung her das berühmtere auf der Münchner Theresienwiese in den Schatten stellt. Die Muswiese besitzt ihren ganz eigenen rustikalen Charme und Geist. Sie schafft ein einmaliges Lebensgefühl bei allen Beteiligten und Besuchern und wurzelt ganz urwüchsig und bodenständig in einem winzigen Dorf. Flair und Lebensfreude der Muswiese sind vom überdrehten Kommerz, Schickimicki-Getue und Großbrauereiengetöse in der bayerischen Landeshauptstadt meilenweit entfernt. Fünf Feier-Tage, die für die Hohenloher Franken die fünfte Jahreszeit bedeuten, vergleichbar mit dem Karneval im Rheinland. Es ist der kulturelle Höhepunkt hierzulande, man teilt das Jahr ein in *vor* und *nach* der Muswiese. »D'Muswies is nor aamool im Johr, Chrischtdooch kummt all Johr widder.«

Der Ursprung liegt wohl weit zurück in einer Wallfahrt zur Kirche St. Michael. Dort, wo der Gott Wotan angebetet wurde, entstanden oft Michaelskirchen. Eine ausgegrabene Sandsteinstele mit Kreuz und Malzeichen, die heute in der Kirche steht, bezeichnete einst das Grab eines christlichen Ehepaares und lässt sich in die Zeit um das Jahr 1000 datieren. Dass in Musdorf bereits im 8. Jahrhundert eine frühmittelalterliche Siedlung bestand, verdankt der Ort seiner günstigen Lage. Genau hier kreuzte sich die Salzhandelsstraße von Hall nach Rothenburg ob der Tauber mit der Kaiserstraße von Donauwörth über Crailsheim nach Bad Mergentheim. Deshalb entstand der Michaelsmarkt vielleicht schon im 12. Jahrhundert, obwohl er erst 1434 zum ersten Mal urkundlich genannt wird. Da muss er aber schon etabliert gewesen sein und die Menschen angezogen haben: »Die Leit hewe halt de Laaf doa nou!«

Im Mittelalter gehörte Musdorf zum Besitz der Burggrafen von Nürnberg, nach 1486 zum Fürstentum Ansbach. 1806 fiel es an Bayern, das die westlichen Teile des ehemaligen Fürstentums Ansbach 1810 ans Königreich Württemberg verschacherte. Wieder sind die Bayern *schuld* am Schicksal der Franken.

Durch die Einführung des Gregorianischen Kalenders im Jahr 1700 verschob sich der Markttermin vom Michaelitag (29. 9.) in den Oktober. Zu Anfang dauerte die Muswiese nur einen Tag, dann zwei, drei, fünf. Heute beginnt sie am Samstag und endet am Donnerstag, wobei der Montag Ruhetag ist. SaSoDiMiDo heißt also die Losung. Der Dienstag war immer der »Kuppeldooch«, an dem die verheirateten Bauersleute kamen und nach passenden Ehepartnern für ihre heiratsfähigen Kinder suchten, gemäß dem Motto »Liebe vergeht, Hektar besteht«. Der Mittwoch ist der »Ledigendooch«, an dem früher Mägde und Knechte einen Tag frei bekamen, um sich einzudecken und zu amüsieren. Ungezählte Ehen wurden auf der Muswiese gestiftet, vermutlich auch ungezählte Kinder gezeugt. Nach Herzenslust feiern hieß stets schmausen, schlucken und schmusen.

Das Besondere an Musdorf ist, dass die einheimischen Bauern von jeher das Schankrecht besitzen. Dafür stellen sie ihre Höfe und Felder für die Besucher zur Verfügung, rissen sogar ihre stattlichen alten Häuser ab, um Raum zu schaffen für die Muswiese. Früher wurden die Gäste nämlich in den privaten Stuben und Schlafzimmern bewirtet, traditionell mit Gänsviertel, Siedfleisch mit Meerrettich, Enten- und Hammelbraten, heute mit Gerichten aus eigener Herstellung wie Schlachtplatte, Kesselfleisch und Schnitzel. Diese Heimeligkeit kennzeichnet die Muswiese. Das Sauerkraut wird noch selbst eingelegt, die Kartoffeln werden selbst angebaut für den »Ebieresaloot«. Dutzende Zentner davon werden von den Familien zubereitet. Most, Wein und Bier sorgen für Frohsinn und Geselligkeit. Traditionell wurde sehr viel gesungen und getanzt. Volksmusikanten saßen in den Stuben und spielten stundenlang auf, wie etwa »der blinde Schneck« mit seiner Ziehharmonika und »die flotte Olga« mit Gitarre. Die Bauernhäuser besaßen eigens dafür vorgesehene Tanzböden. Einmal brach unter den Füßen der tanzenden Paare die Decke durch und sie purzelten plötzlich einen Stock tiefer im Stall herum – zwischen Kühen und Kälbern!

Schön auch die Geschichte vom nächtlichen Zecher, der am Morgen beim Bauern erschien und sein Gebiss suchte, das

54 EinwohnerInnen **18** Haushalte **02** Verwandtschaften

03 katholisch **44** evangelisch
00 andere **07** konfessionslos

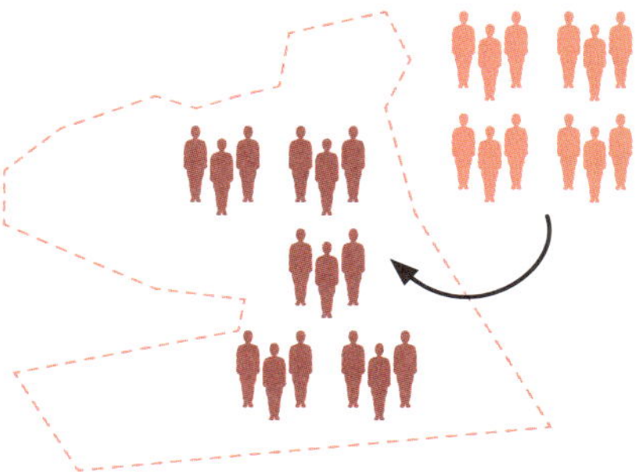

05 Alteingesessene Familien
04 Zugezogene Familien

00 Familien mit Migrationshintergrund

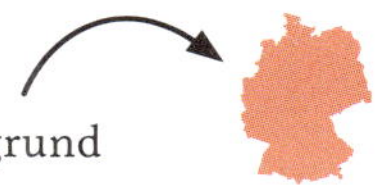

09 Familien mit Feldern

02 Nebenerwerbshöfe

08 Familien mit Nutzvieh

06 Vollerwerbshöfe

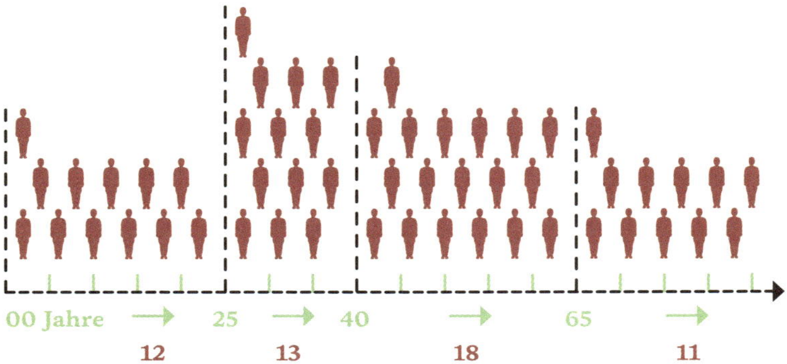

Mehrere **Busverbindungen** am Tag

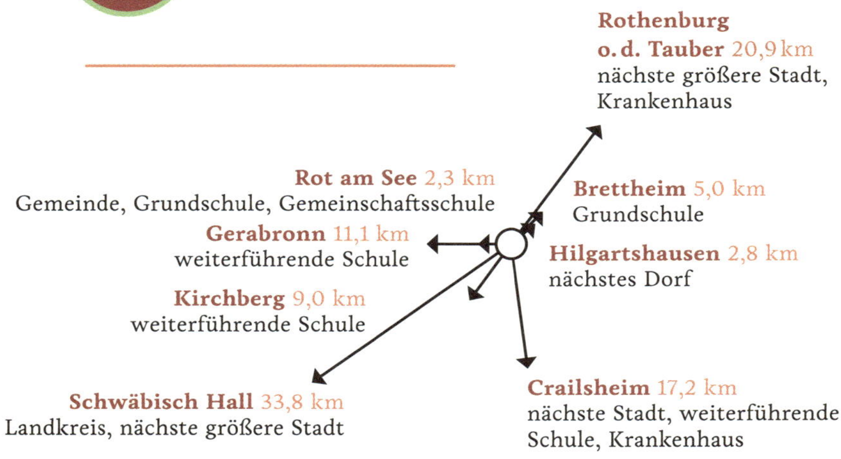

ihm beim Speien in der Nacht herausgeflogen war: »Des is dr scho ebbes archs mit derre Muswiese: 's letschte Johr hob i mei Brille verlore und des Johr mei Zäih!«

Im Laufe der Zeit entwickelte sich die Muswiese aber erst von einem Verkaufsmarkt zu einem Volksfest. Mehrmals wurde sie totgesagt und feierte stets ihre Auferstehung. Seit dem Mittelalter blieb sie Dreh- und Angelpunkt des ländlichen Lebens. Hier kaufte man Hausrat, Kleidung und Werkzeug ein und versorgte sich mit Hochzeits- und Weihnachtsgeschenken. Über Generationen hatten die Familien ihre bewährten Händler, die man kannte und denen man vertraute. Volksbelustigungen gab es zuhauf: Fahrgeschäfte, Schaubuden, Stände mit Spielzeug und Süßigkeiten, einen historischen Metzgerstanz. Zum bloßen Vergnügungspark ist die Muswiese nie geworden. Sie blieb Heimatfest, Kontaktbörse, Heiratsmarkt, Familienfeier.

Früher sah man hier teilweise fragwürdige Attraktionen wie Affen und Bären, Akrobaten und Jongleure, Feuerschlucker und Moritatensänger, eine Amazonas- und Wildwestschau, einen Liliput-Zirkus mit Meerschweinchen, die auf einem Seil tanzten und Motorrad fuhren. Heute ist die Muswiese eine Wirtschaftsmesse mit Mittelstandskundgebung und Gewerbeausstellung, mit Landmaschinenschau, Energietechnik und Jungviehprämierung. Man kann sich einen Muswiesentaler prägen, es gibt einen Muswiesenlauf, einen Luftballonwettbewerb und ein Feuerwerk. Die Zahlen sind beeindruckend: 500 Aussteller, 140 Marktbeschicker, Einzugsbereich 100 Kilometer, 300 000 Besucher, bis zu 100 000 am Tag – eine *Muss-Wiese* mit enormer Ausstrahlungskraft!

Schade, dass man in den fränkischen Bezirken so wenig Wert legt auf Hohenlohe. Die Menschen hier sehen sich als Franken und sprechen Fränkisch. Die Mittelfranken, sagen sie, haben keine Ahnung von Hohenlohe. Ihre Zeitungen berichten nichts darüber. Selbst in Rothenburg verspottet man sie als »Schwobe« oder »Werschdlesbercher« für Württemberger, weil man ihre fränkische Herkunft und Prägung nicht kennt. Sie aber kennen sich gut aus »draußen in Mittelfranken«: »Mir kenna jeds Dorf!« Höchste Zeit also, diesen lieblichen Landstrich zu entdecken.

Steindl

Stäudl (mittelfränkisch)

Gemeinde Thalmässing
Landkreis Roth
Bezirk Mittelfranken

Dorffeste Maikirchweih mit Nachfeier am Pfingstsonntag, Weihnachtsfeier, im Herbst im Wechsel Weinfest und Fischpartie

Vereine Orts- und Heimatverein Steindl mit eigenem Vereinshaus und drei Trachtengruppen

Der Name **Steindl** leitet sich wohl von *Steinen* oder *Steinbruch* ab. Oder ist es doch ein Eigenname einer österreichischen Exulantenfamilie?

Steindl wurde das erste Mal **1270** urkundlich erwähnt.

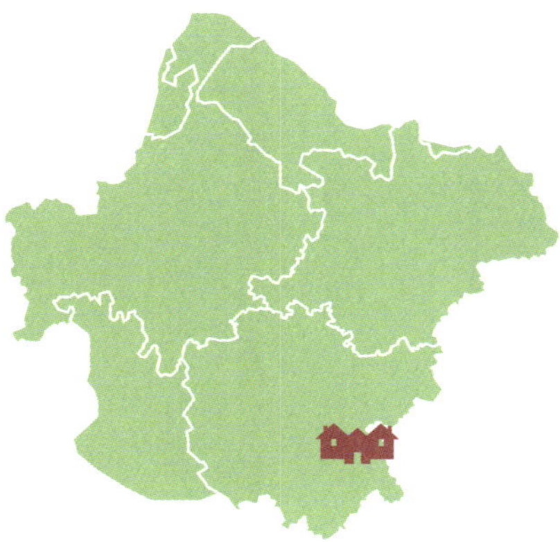

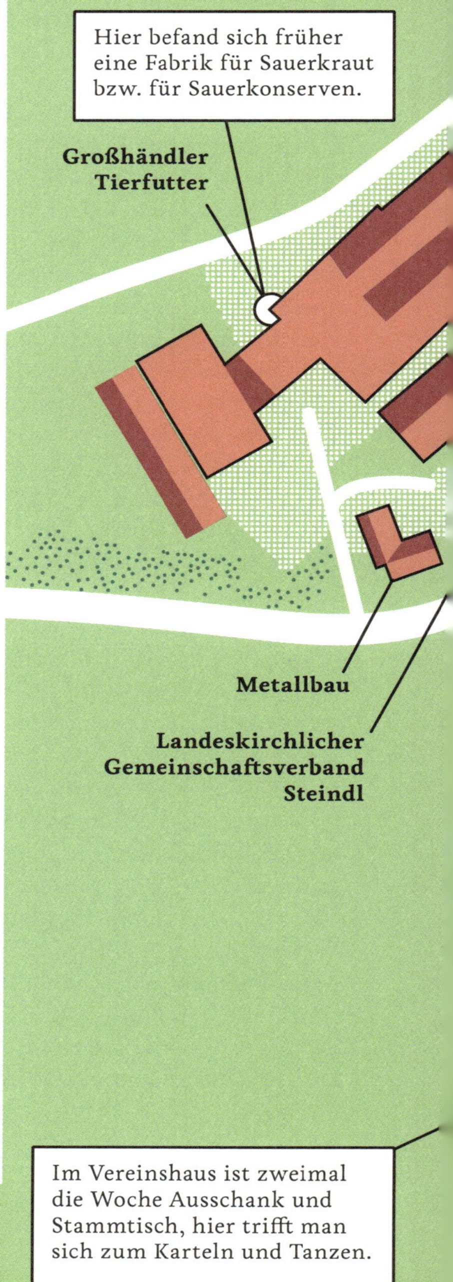

Radweg, ehem. Bahnhof
Biohof mit Laden
Drachen-fliegerclub
ehem. Wirtschaft
Vereinshaus Heimatverein
Versicherungs-makler
Angergasse
Die Dorfmitte wirkt begrünt und beschaulich.

STEINDL

Das Brauchtum im Wandel der Zeit

Es gibt Traditionen, die sterben, und Traditionen, die leben weiter. In Steindl ist beides zu finden. Fast hundert Jahre gab es die »Gredlbahn«, die Zugverbindung von Greding nach Roth. Der Bahnhof in Steindl trug allerdings die Aufschrift »Eysölden«. Das Gebäude steht noch, nur die Gredlbahn ist verschwunden. Dafür strampeln heute Pedalritter dort vorbei auf dem geteerten Radweg im südlichen Landkreis Roth.

Als das Wirtshaus in Steindl 1979 dichtmachte, wurde der Orts- und Heimatverein ins Leben gerufen, denn ein Dorf braucht ein Zentrum, ein Herz. Ab Dezember 1982 traf man sich in einer herbeigeschafften Holzbaracke, 2003 wurde dann das in Eigenleistung errichtete Vereinsheim eingeweiht. Ein schmuckes Gebäude mit Gastraum, Küche, Tanzsaal. Jeden Dienstag trifft sich dort der Stammtisch zum Karteln, auch jeden Sonntag ist offen. »Der Verein liegt uns am Herzen, dass das weitergeht mit die drei Tanzgruppen.« Die kommen hier zusammen zum Üben. Auch die Kinder und Jugendlichen sind mit an Bord: »Dou mou jeder. Des geht goor net anders.«

Durch die Maikirchweih, die Weihnachtsfeier, das Weinfest oder die Fischpartie wächst der Zusammenhalt, und damit auch das Selbstbewusstsein: »Wir werden ringsum darum beneidet.« Das hat Folgen für das Wohlbefinden der Dorfbewohner: Streit und Neid, so sagt man, gibt es in Steindl so gut wie nicht. Der Verein bewirkt, dass keine Opposition aufkommt: »Entweder bist du Mitglied – oder Außenseiter.« Folglich sind alle dabei.

Mit den Volkstanzgruppen des Heimatvereins richtete man das Augenmerk wieder auf die alte Tracht, wie man sie von den Großeltern noch kannte: der »Fleeg«, die Röcke mit den Samtbändern, die Bänderhauben, die Jacken und Westen der reichen Bauern, bei denen man an den Knöpfen erkannte: je mehr, desto wohlhabender und stolzer. Dann begann man, die Tracht bewusst aufzuheben, sich geeignete Stoffe zu besorgen und Kleidungsstücke nachzunähen. Damit treten die Volkstänzer heute auf und ernten viel Aufmerksamkeit und Applaus.

Eine andere Tradition ist mit dem Namen Leonhard Hofer verbunden. Jahrelang sammelte der passionierte Sänger aus Steindl Volks- und Heimatlieder, tippte die Texte ab und brachte sie als Buch unter die Leute. Im Jahre 1972 fand das erste Volksliedersingen statt in der vollbesetzten Wirtsstube des Dorfgasthauses. Der Beginn einer dauerhaften Erfolgsgeschichte an vielen Orten in Franken. Ohne Dirigenten, ohne festen Chor, ohne Verein oder sonstige Vorgaben kamen Menschen zusammen, um zu singen. Nur begleitet von einer »Quetsche«, einer Gitarre. Einst galten die alten Lieder – in diesem Zusammenhang auch zu Recht – als verbraucht und besudelt, weil sie in der Nazizeit und beim Militär als Mittel eingesetzt wurden, um Menschen im Gleichschritt und mit Begeisterung Richtung Krieg marschieren zu lassen. Heute empfinden viele Menschen Sehnsucht nach der Schönheit der Lieder, die es schon lange vor den Nazis gab, und nach der Freude gemeinsamen Singens. Ein Stück Tradition, das es wiederzuentdecken gilt.

Die gute alte Zeit, sie hat es nie gegeben. Das Leben war hart und ärmlich. »Früher haben die Leut schon viel mitgemacht«, resümiert eine alte Bäuerin. Man erzählt Geschichten von schwerer Arbeit, Schlägen vom Vater und vom Lehrer. Tagein, tagaus kam die Wassersuppe mit eingebrocktem Brot auf den Tisch. Aus einer alten nationalen Fahne wurde dem Mädchen ein Konfirmationskleid geschneidert, aus dem roten Stoff ein Hemd für den Bruder. Von den Amerikanern wurden sie eingesperrt in den Keller, ohne Essen und Trinken. Die Angst vor Flugzeugen steckte noch viele Jahre in den Knochen. Der Kriegsheimkehrer, der sechs Jahre als Gefangener in Russland gewesen war, ausgemergelt heimkehrte und immer schweigsam am Sofa lag mit der Katze auf der Brust. Die Arbeit in der Krautfabrik im Dorf, wo die Frauen Krautköpfe putzen mussten im Winter, stundenlang draußen standen in der Kälte und Nässe und froren. Trotzdem war man froh über das selbst verdiente Geld.

20 EinwohnerInnen arbeiten außerhalb
03 EinwohnerInnen arbeiten im Dorf

Nürnberg 46,2 km
nächste größere Stadt

Busverbindung
mehrmals täglich

Roth 20,5 km
Landkreis, Krankenhaus

Hilpoltstein 11,6 km
weiterführende Schule

Eysölden 2,4 km
Grundschule

Tiefenbach 1,3 km
nächstes Dorf

Thalmässing 5,8 km
Gemeinde, nächste Stadt
Mittelschule

00 Familien mit
Migrationshintergrund

09 Alteingesessene Familien
06 Zugezogene Familien

06 katholisch **64** evangelisch
02 islamisch **00** konfessionslos

72 EinwohnerInnen **30** Haushalte **04** Verwandtschaften

05 Familien mit Feldern

04 Nebenerwerbshöfe

04 Familien mit Nutzvieh

01 Vollerwerbshof

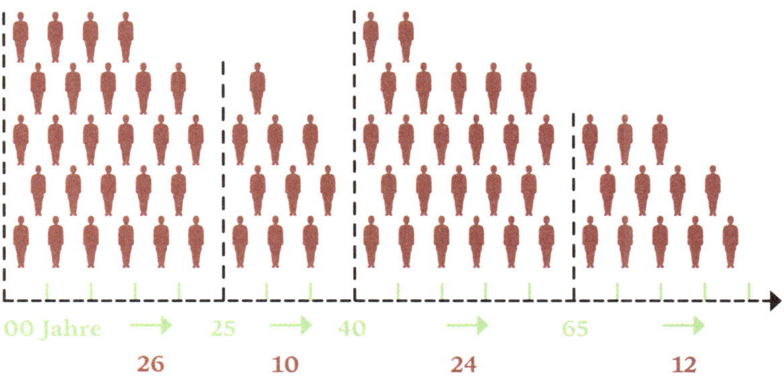

Frauen hatten früher viel zu arbeiten und wenig zu sagen. Zudem wenig eigenes Geld, oft nur das mit den Eiern und der Butter eingenommene – aber die Belastung mit Haushalt, Kindern und der Arbeit am Hof: »Das Naufspießen und Schlichten vom Heu, das Sensen und Garbenzammlegen beim Dreschen, das Mistaufladen und -breiten, Mistbrühschöpfen, Erbirngraben, Rangershauen, Buschermachen im Wald – da hast du als Fraa aa dein Mann stelln müssen«, erzählt eine 87-jährige Bauernwitwe. Ihr Mann war bereits mit 36 Jahren gestorben, nach siebenjähriger Ehe. Auf einen Schlag stand sie allein da mit den drei kleinen Kindern. Den Hof betrieb sie dann mit den Schwiegereltern jahrzehntelang weiter, bis ihn die Tochter übernahm. Die hat sich einen Lebenstraum erfüllt, nämlich einen Hof zu bewirtschaften »ohne Gift und ohne Spritzen«. Auf ihrem Naturland-Betrieb hält sie Ziegen, verkauft Fleisch und Wurst, macht aus der Milch Käse, Quark und Eis. Dazu vermarktet sie Eier, Getreide und Kartoffeln.

»Ich hab in Steindl eine schöne Kindheit gehabt«, sagt eine 50-jährige Bauerntochter im Rückblick. »Auch wenn man viel zu Fuß machen hat müssen, mit dem Fahrrad oder dem Zug. Freilich war das umständlich, oft schwierig, manches unmöglich. Aber komischerweise fiel uns das Verzichten leicht. Wir haben ja nichts anderes gekannt. Und wenn du nichts vermisst und

wenig brauchst, bist du zufrieden und dankbar für jede Kleinigkeit. Das Dorf war klein, überschaubar und sicher. Lauter Natur außen herum, ein einziger großer Spielplatz alles. Mit Baumhaus und Kartoffelnbraten. Wir haben uns dreckig machen dürfen. Alle möglichen Tiere haben wir hautnah erlebt: Kühe und Kälber, Schweine sowieso, die Muttersäue mit den Ferkeln, Gänse, Enten, Hühner, Tauben, Hasen, Ziegen, Schafe, Hunde, Katzen, Schwalben, Rehe, Vögel – eine einzige Arche Noah war das hier. Und immer war jemand da für einen, ob in der Familie oder andere Kinder. Frauen waren immer anwesend in den Häusern, in den Gärten und Feldern. Das Gute war, dass die Zeit keine Bedeutung hatte. Eher schon die Jahreszeiten, das Wetter, die Ernte. Wir Kinder mussten mitarbeiten, zumindest abwaschen, die Straße kehren, Kuchen backen, den Melkstand saubermachen, Geschwister versorgen, mitarbeiten am Feld und im Stall. Halt die Bauernarbeiten, Heu machen, Getreide ernten, hausschlachten. Das ist unvergesslich und prägt fürs ganze Leben.«

Zweimal gab es einen Großbrand in Steindl: 1988 wurde ein Stadel vernichtet, 1999 stand ein Stall in Flammen. »Sofort ist einer durchs Dorf gefahren, hat laut gehupt und geschrien und die Leute alarmiert. Damals haben alle zusammengeholfen und die Viecher herausgeholt.« Darin zeigt sich eine mögliche Stärke eines kleinen Dorfes: In der Not steht man zusammen. Die Nachbarn stellten die Tiere in ihren Gebäuden ein. »Dass man sich hilft, weil man sich braucht, war schon früher hier der Fall. Als es das Wirtshaus noch gegeben hat, haben wir Bier und Limo immer ausschließlich beim Wirt gekauft. Wir haben versucht, die Wirtschaft zu erhalten.«

Lebt es sich gut hier im »Nest in der Pampa«? Zwei zugezogene Frauen, die in einem ehemaligen Bauernhof zusammenleben, städtisch geprägt und gekleidet, zögern da keine Sekunde mit der Antwort. »Die Stadt ist mir zu laut, zu voll, zu hektisch, zu dreckig.« Das sagt diejenige, die noch zur Arbeit in die Großstadt fährt, sich aber jedes Mal aufs Heimkommen freut: »Wir haben Pferde, Hunde, Hühner, Katzen – für mich ist das ein Ort zum Wohlfühlen, zum Aufatmen. Heimat halt.«

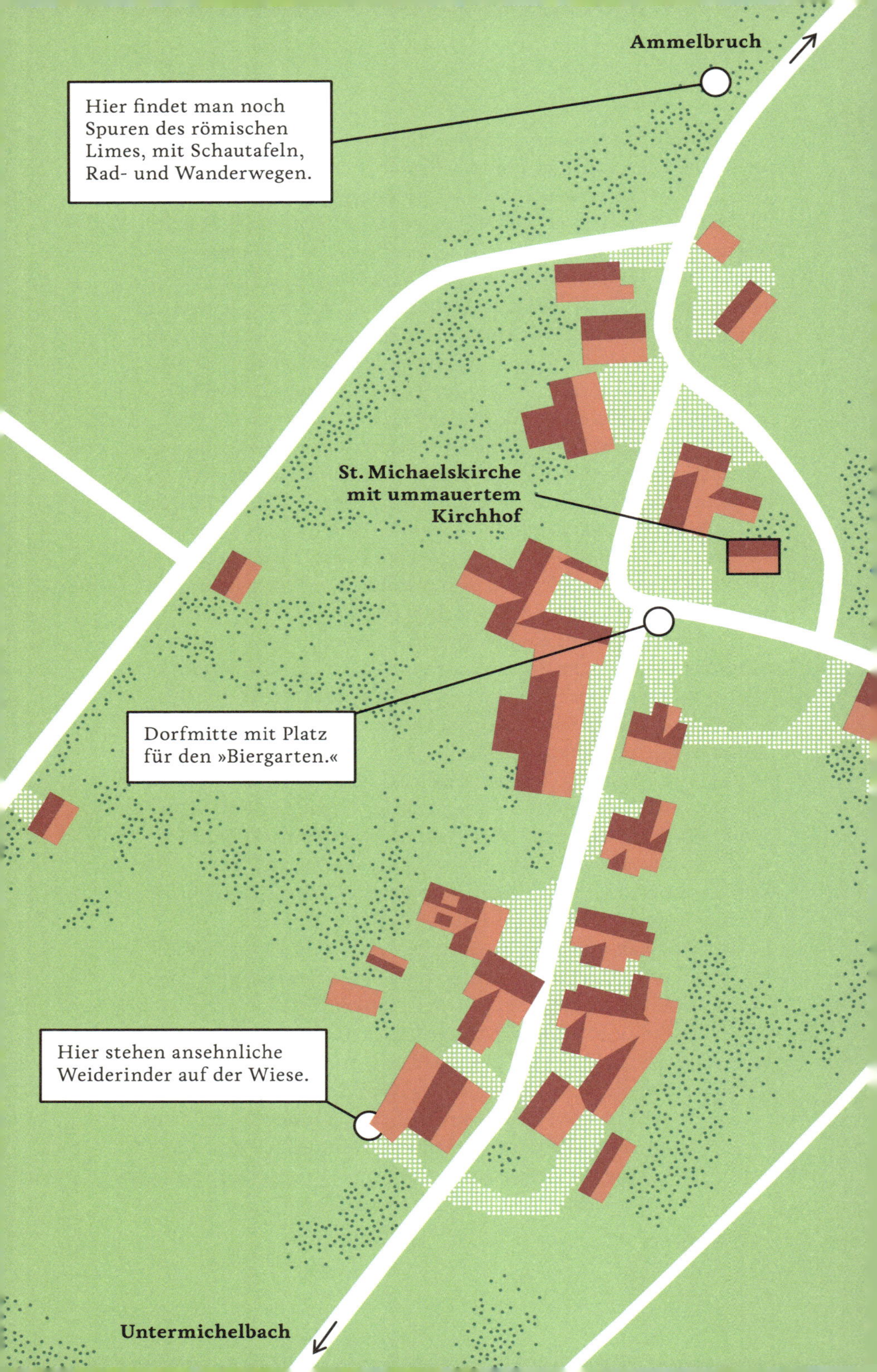
Ammelbruch
Hier findet man noch Spuren des römischen Limes, mit Schautafeln, Rad- und Wanderwegen.
St. Michaelskirche mit ummauertem Kirchhof
Dorfmitte mit Platz für den »Biergarten.«
Hier stehen ansehnliche Weiderinder auf der Wiese.
Untermichelbach

Dühren

Dihra (mittelfränkisch)

Gemeinde Wittelshofen
Landkreis Ansbach
Bezirk Mittelfranken

Dorffeste Maibaumaufstellen und Kirchweihfeier (nur dorfintern), zwei Konzerte in der Kirche

Vereine Feuerwehr und Jagdgenossenschaft zusammen mit dem Nachbarort Grüb

Der Name Dühren kommt angeblich von einer Tür, einem Tor als Durchgang im Limes.

Dühren wurde das erste Mal 1325 urkundlich erwähnt.

DÜHREN

Von einer Generation zur nächsten

Wer kennt den Ausdruck »Luttel« für die Milchflasche, die man den Kleinkindern gibt? Oder die »Blaazpfanne« für das Hefeteiggebäck? Hier sagt man »sunscht« für »sonst«, »kedd« für »gehabt«, »Eabara« für Kartoffeln und »Grätzla« für einen Korb. Im Heimatmuseum im Nachbarort sieht man die Gegenstände, die das Alltagsleben prägten: Distelstecher und Weidenspalter, »Gagalashafen« und »Fleischstippicht«, Wergelholz und Tabakschneidmaschine. Der Stolz der Bauern waren ihre »Zwillersäcke«: Getreidesäcke aus doppelt gewebtem Leinen, bedruckt mit dem Namen, der Hausnummer und dem Jahr der Hochzeit. Wurde solch ein wertvoller Sack entwendet, konnte der Dieb nichts damit anfangen, denn wenn man die Innenseite nach außen kehrte, um den Eigentümer zu verbergen, erschien der Schriftzug: Gestohlen.

Eine anmutige Gegend, versehen mit den Spuren diverser Völker. Kelten haben hier gesiedelt, die Römer errichteten den Limes, Alemannen lebten hier, dann kamen die Franken und in ihrem Gefolge das Christentum. Der Hesselberg ist uraltes Kulturland. An seinem Westrand liegt die kleine Kirchengemeinde Dühren, ein Dorf mit 35 Einwohnern. Es gibt keine Gastwirtschaft, keinen Laden, aber ein Gotteshaus. Die evangelische Michaelskirche steht mitten im Kirchhof und wird von einer Mauer eingefasst. Familiengräber scharen sich um den alten Bau. Seine gotische Anlage mit Langhaus und Ostchor spricht für eine sehr frühe Entstehung.

Kirchen, die dem Erzengel Michael geweiht wurden, traten oft an die Stelle eines alemannischen Kultheiligtums für den Kriegsgott Ziu oder Tiu. Ähnlich wie der Kriegsgott wird der Drachentöter Michael mit Schwert und Speer dargestellt. Bis ins 19. Jahrhundert soll eine hölzerne Michael-Statue in der Kirche gestanden sein. In unmittelbarer Nähe führte der römische Limes am Ort vorbei. Heute weisen Wanderwege,

Schilder und Informationstafeln auf diese einschneidende Grenze der Vorzeit hin.

Wahrscheinlich stand schon sehr bald nach dem Ende der römischen Herrschaft und dem Beginn der Christianisierung hier eine schlichte Holzkirche. Dafür spricht auch, dass sich bis heute der Termin des Kirchweihfestes nach dem Todestag von St. Mang richtet, der als Missionar im Allgäu wirkte und am 6. September 672 starb. Schon 1325 wird Dühren als selbstständige Pfarrei urkundlich erwähnt, bestehend aus fünf Gehöften. Seit 1436 teilt man sich den Pfarrer mit dem Nachbarort Wittelshofen, zu dem man in einem Verband aus fünf Gemeinden gehört. Bis heute findet alle vierzehn Tage der Gottesdienst in Dühren statt.

Als im Jahre 1988 das Bayerische Fernsehen einen Film über »die kleinste Pfarrgemeinde Bayerns« drehte, wurde auch der Stoßseufzer, ja, die Verwünschung eines Dorfgeistlichen zitiert, der es offenkundig leid war, immer aufs Neue zu Fuß in das abgelegene Dorf zu laufen: »Ach, wenn doch der Hesselberg Feuer speien und das Dührener Ländlein verschlingen würde!«

Allzu ernst kann das nicht gemeint gewesen sein, denn die Kirche lebt noch heute, mitsamt ihrer ansehnlichen Kirchenstiftung, die Wälder, Felder und Wiesen ihr Eigen nennt. 1481 wurde ein Kirchenneubau in Angriff genommen, die Jahreszahl sieht man noch über dem mittlerweile zugemauerten Südportal. Bei der Renovierung in den 1980er-Jahren stieß man auf Wandfresken im Chorraum, die gut zu sehen sind und in die zweite Hälfte des 14. Jahrhunderts datiert werden. Dass solche Zeugnisse des ausgehenden Mittelalters in einem

35 EinwohnerInnen **13** Haushalte **03** Verwandtschaften

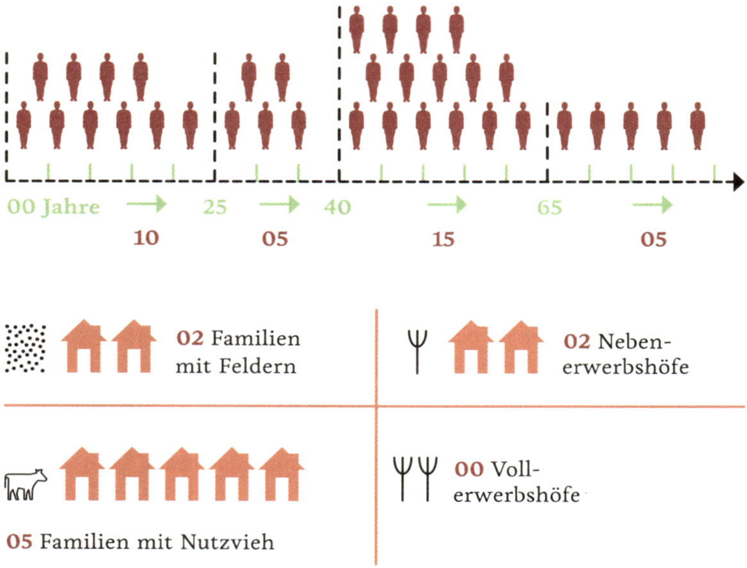

kleinen Dorf wie Dühren über die Jahrhunderte erhalten geblieben sind, ist eine Seltenheit, ein Glücksfall.

Die große Katastrophe vor dem 20. Jahrhundert war der verheerende Dreißigjährige Krieg. Selbst in den kleinen Orten kann man es erkennen. Nach dem Kriegsbeginn war Dühren für Jahrzehnte menschenleer und lag öde. Erst 1660 wurde es wieder besiedelt – von österreichischen Bauern und Handwerkern, die wegen ihres evangelischen Glaubens vom katholischen Kaiser und seinen jesuitischen Einflüsterern aus ihrer Heimat, »dem Ländlein ob der Enns«, wie es hieß, brutal vertrieben worden waren. Sehr schnell wurden sie tragende Säulen der Dorfgemeinschaft. Die Gründe für diese Erfolgsgeschichte liegen auf der Hand: Man teilte den lutherischen Glauben, die gemeinsame Sprache, wohl auch den Arbeitssinn und Erwerbsfleiß. Dazu kam bei den Zuwanderern der unbedingte Wille dazuzugehören und sich eine neue Existenz aufzubauen. Ideale Voraussetzungen für eine rasche und dauerhafte Integration, so hat es im Rückblick den Anschein.

Im Film von 1988 lebten 35 Einwohner in Dühren. Heute, nach dreißig Jahren, sind es immer noch 35 – aber das »Dorf der Bauern« ist verschwunden. Die Höfe wurden damals meist noch im Vollerwerb bewirtschaftet, und alle lieferten Milch. Während 1988 nur fünf zur Arbeit anderswohin pendelten, verdienen heute 15 Dorfbewohner ihr Geld auswärts. Milchvieh gibt es in Dühren nicht mehr. Zumindest stehen seit 1993 noch schottische Hochlandrinder auf der Weide.

Der junge Mann, der im Film noch sagte, dass er den Hof der Eltern übernehmen möchte, hat einen anderen Weg eingeschlagen und wohnt längst nicht mehr im Dorf. Der elterliche Hof ist stillgelegt, die zurückgebliebenen Maschinen haben ihren Wert verloren. »Das hat wehgetan, mit einem Mal die bäuerliche Arbeit aufgeben zu müssen und zum Zuschauen verdammt zu sein«, sagen die Altsitzer heute. Ein anderer Hof, der 1988 noch bewirtschaftet wurde, steht seit Langem leer, der Sohn wurde Pfarrer und lebt weit fort.

Saß man vor dreißig Jahren noch mit selbst gebackenem Brot und mit Wurstwaren aus der eigenen Schlachtung am Tisch, so ist heute weder das Brotbacken noch das Hausschlachten mehr üblich. Der Gemüsegarten hat aber noch seine Bedeutung behalten. Waren 1988 im Posaunenchor noch fast alle jungen Leute dabei, nämlich sechs, so ist es heute nur noch ein Bläser. Auch eine(n) Orgelspieler(in) zu finden für den Gottesdienst, ist nicht leicht. Junge Leute sind nur schwer für die Kirche zu gewinnen: »Konfirmiert – und aus is.« Zumindest die kleineren Kinder lieben es, mit dem Klingelbeutel herumzugehen und die Gaben einzusammeln. Vielleicht wachsen sie so unbewusst auch hinein in Aufgaben und Verantwortung.

Vom Kuhgespann zum Traktor und den Hochleistungsschleppern heute, alles in einem Menschenleben.

Ist das Leben hier für die Menschen heute leichter oder schwerer? Die Umbrüche in der Landwirtschaft waren radikal, ist man sich einig. Vom Kuhgespann zum Traktor und den Hochleistungsschleppern heute, alles in einem Menschenleben. Früher ging alles mit der Hand, Heuen und Dreschen, dann mit den Maschinen, und auf einmal war alles nichts mehr wert. »Früher waren wir als Bauern freier, denn wir haben für uns geschafft, für den Hof. Heute rackern sie sich auf ihren Riesenmaschinen ab für andere, die Banken, die Behörden, die Bürokratie. Jeder hockt meterhoch überm Erdboden allein am Schlepper und denkt über seine Sorgen nach.«

»Als Bäuerin war ich immer da für meine Kinder, ob am Hof oder auf dem Acker. Wir haben viel miteinander gearbeitet und gegessen und geredet. Wenn du auf Arbeit bist, bist du die meiste Zeit weg. Die Kinder sehen dich höchstens morgens und abends kurz, das war's. Als Mutter oder Vater kriegst du da wenig mit von deinen Kindern, nur am Wochenende und im Urlaub. Das ist was ganz anderes.« Schwer zu ermessen, was dies in den Familien bewirkt und hinterlässt.

»Gut ist, dass man heute alles kaufen kann, und das Geld hat dazu. Aber du brauchst halt ein Auto, sonst steht man blöd da.« Früher gab es mal Verkaufswagen für Lebensmittel und Backwaren, die regelmäßig ins Dorf kamen. Das hörte wieder auf. Aber die Einwohner sind es nicht anders gewohnt, sie schreiben ihre Einkaufslisten und füllen ihre Gefriertruhen. Was schön wäre, sagen sie, das wäre ein Wirtshaus im Dorf, vor allem im Winter. Oder ein kleiner Laden, eine Poststelle. Im Winter ist es schwerer, wenn man sich nicht auf der Straße trifft und plaudert, wenn die Tage kürzer sind und alle sich im Haus verschanzen.

Für die meisten hat das Leben im kleinen Dorf seine Vorzüge. Alles ist überschaubar, man fühlt sich stark zugehörig, wie eine große Familie. Früher gab es die Herrenbauern, die mit Pferden und den größten Höfen, die hatten ihren Stolz. Das ist vorbei. Heute ist der Neid wohl geringer, weil die Unterschiede nicht mehr so gravierend sind. Wer im Dorf wohnt, ist jemand, der arbeitet, »a Wercher und Wuhler«. Alle sind daran gewöhnt, gebraucht zu werden, etwa bei der Feuerwehr oder im Gottesdienst und Posaunenchor. Wenn es Sturmschäden oder eine Überschwemmung gibt, helfen alle zusammen, da wird keiner allein gelassen.

Vor dreißig, vierzig Jahren war die Gegend hier noch Tieffluggebiet der Kampfjets; Piloten der Bundeswehr und der Amerikaner donnerten auf Baumhöhe über Wälder und Häuser, jagten Angst und Schrecken ein und richteten massive Schäden an. Das ist vorüber. Heute herrscht hier Ruhe. Kein Auto stört einen. Höchstens die großen Gülletankwagen der Bauern aus dem Nachbarort brettern hier ab und zu durch.

Auch die 16-jährige Gymnasiastin, Enkeltochter einer Bäuerin, schätzt die Ruhe in Dühren: dass es keine Hektik gebe, keinen Lärm. Eigentlich müsste man Ferienwohnungen anbieten, denn zum Entspannen und Urlaubmachen sei das Dorf gut geeignet. Sie kann sich vorstellen, später hier zu leben, nach Schule und Studium. Viele ihrer Mitschüler in der Stadt, sagt sie, kennen kaum Pflanzen, Bäume und Tiere, geschweige denn bestimmte Arbeiten, um Futter, Nahrung und Getreide zu produzieren. Das findet sie schlecht.

Sie versteht zwar den Dialekt der Oma, sprechen aber kann sie ihn nicht so richtig. Ein Zeichen unserer Zeit. Auch bei der Sprache zeigt sich die Monokultur: Den Kindern wird in den Kindergärten und Schulen die Mundart nicht zugelassen, geredet wird ausschließlich Hochdeutsch, die Erzieher und Lehrer beherrschen selber keine authentische Mundart mehr.

15 EinwohnerInnen arbeiten außerhalb
03 EinwohnerInnen arbeiten im Dorf selbst

06 katholisch **29** evangelisch
00 andere **00** konfessionslos

Nur ein Schulbus fährt in die nächste Stadt

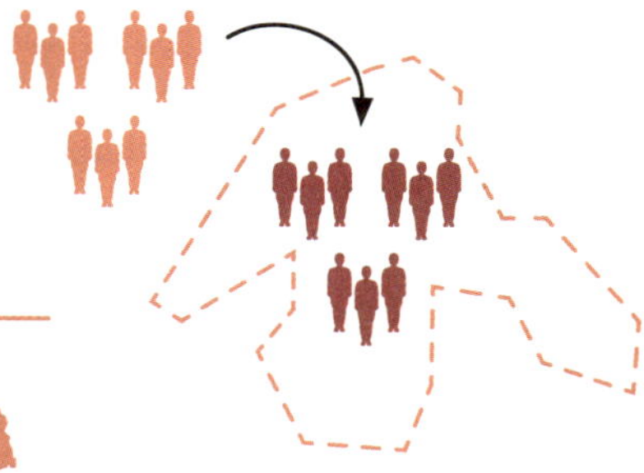

03 Alteingesessene Familien
03 Zugezogene Familien

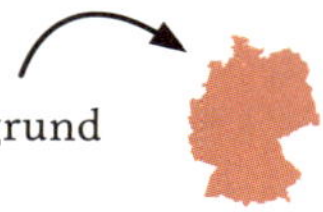

00 Familien mit Migrationshintergrund

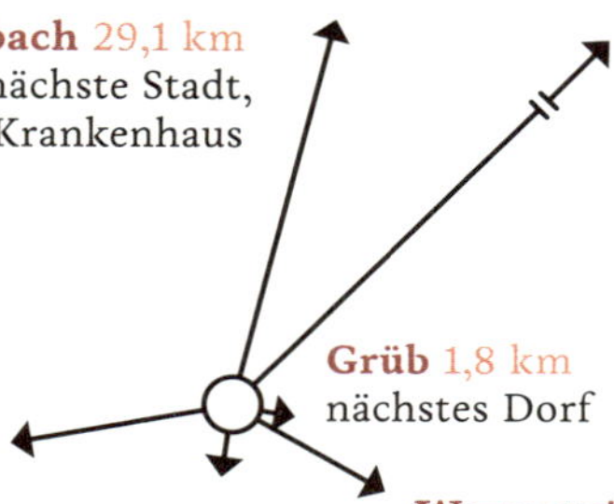

Nürnberg 94,0 km
nächste größere Stadt

Ansbach 29,1 km
Landkreis, nächste Stadt, Krankenhaus

Grüb 1,8 km
nächstes Dorf

Dinkelsbühl 16,2 km
weiterführende Schule, Krankenhaus

Wassertrüdingen 12,7 km
nächste Stadt, Hauptschule, weiterführende Schule

Wittelshofen 4,1 km
Gemeinde, Grundschule

Ein kultureller Verlust ohnegleichen. Wie auf den Feldern die Vielfalt verschwindet, so auch im menschlichen Miteinander des Sprechens. Das Besondere und Eigentümliche geht verloren, sogar in den winzigen Ortschaften.

Ein kleines Dorf kann aber auch die Rettung sein. Eine Einwohnerin, die durch einen Schicksalsschlag ihren Mann verlor, erlebte, wie die Nachbarn im Dorf ihr halfen, den Bauernhof am Laufen zu halten, Vieh und Felder mit versorgten, zupackten auf dem Mähdrescher und im Wald. Diese Erfahrung hat alle näher zusammenrücken lassen, hat Trost und Halt gegeben. Die Frau ist in ihrem Glauben gestärkt worden. Heute ist sie die Mesnerin und im Kirchenvorstand. Die eigene Kirche im kleinen Dorf macht selbstständig, fördert das Gemeinschaftsgefühl. Der Gottesdienstbesuch schweißt zusammen, sorgt für Anteilnahme und Gespräch. Die sechs Katholiken sind voll im Dorf integriert: »Da gibt's Gott sei Dank keine Unterschiede mehr, so wie in früheren Zeiten.«

Jeder kann dabei sein und mitmachen. Man gründete eine dorfinterne WhatsApp-Gruppe, bei der jede Person die Parole »Biergarten« herumschicken kann. Das bedeutet dann, dass man sich später mit Stuhl und Getränken an einem festen Platz im Ort trifft, zum Plaudern und geselligen Austausch. Auch Kinder sind willkommen. Früher gab es die Milchrampe, die Dorfstraße oder die Dreschmaschine, wo man zusammenkam. Jetzt muss man es selbst organisieren, mithilfe der Neuen Medien.

Man gründete eine dorfinterne WhatsApp-Gruppe, bei der jede Person die Parole »Biergarten« herumschicken kann.

Wer weiß, vielleicht erwächst daraus ja wirklich noch eine Art Wirtshaus in Dühren?

Weinfranken

DAS WEINBAUGEBIET Drei Terroirs prägen auf etwa 6270 ha Rebfläche den Frankenwein: Buntsandstein, Muschelkalk und Keuper.

KLEINSTWINZER sind in Franken stark vertreten. Sie bewirtschaften den größeren Teil der Rebfläche, führen die Vinifizierung im Betrieb mit eigener Kellertechnik durch und vermarkten die Weine selbst.

DER BOCKSBEUTEL ist eine flache und bauchige Flasche, in die etwa 30 % aller Weine aus Franken abgefüllt werden. Der Name ist wahrscheinlich auf die Ähnlichkeit seiner Form mit dem Hodensack eines Ziegenbocks zurückzuführen.

Typisch fränkische Weine

SILVANER ist traditionell die bekannteste Rebsorte der Region, er galt lange auch als »klassischer« Frankenwein. Der erste Anbau in Franken (Castell) kann urkundlich für das Jahr 1659 belegt werden.

MÜLLER-THURGAU ist eine relativ unempfindliche Sorte, die sich auch für mittlere und geringe Lagen gut eignet und mit 25 % heute die am weitesten verbreitete in Bayern ist.

ROTWEINE machen insgesamt nur 18,3 % des Anbaus aus, den ersten Rang nimmt der Spätburgunder (4,5 %) ein.